Cordula Koepcke

REINHOLD SCHNEIDER
Eine Biographie

Cordula Koepcke

REINHOLD SCHNEIDER

Eine Biographie

echter

Text- und Bildnachweis:
Sonette S. 90, 100, 102/103, 103, 155, 164, 166, 171, 173, 181, 192/193, 195/196, 245, 245/246, 247, 271/272 und 272 aus: Gesammelte Werke in zehn Bänden. Bd. 5: Lyrik. ©Insel Verlag, Frankfurt am Main 1981.

Das Umschlagbild sowie alle Abbildungen im Innenteil wurden mit freundlicher Abdruckgenehmigung von der Badischen Landesbibliothek Karlsruhe zur Verfügung gestellt.

Die Deutsche Bibliothek – CIP-Einheitsaufnahme

Koepcke, Cordula:
Reinhold Schneider : eine Biographie / Cordula Koepcke. –
Würzburg : Echter, 1993
ISBN 3-429-01495-6

© 1993 Echter Verlag Würzburg
Umschlag: Ernst Loew
Gesamtherstellung: Echter Würzburg
Fränkische Gesellschaftsdruckerei und Verlag GmbH
ISBN 3-429-01495-6

Inhalt

Vorwort	7
Der Bruch	9
Aufbruch ins Nirgendwo	17
Maria	22
Tragisches Lebensgefühl	48
Grenzgänge	55
Die Form	62
Die spanische Form	62
Innozenz und Fichte	69
Innozenz der Dritte	76
Fichte oder: Der verborgene Mystiker	82
Das Brandenburgische Konzert	89
Sonett	99
Auf neuen Wegen	104
Das Gegenreich	117
Krone und Reich	127
Ein Freund	133
Die Potsdamer Jahre	139
Der Protest	149
Der Wanderer	156
Anna Maria	168
Der Sanitäter	174
Die Schuld	184
Vor dem Sturm	194
Der Fall	201
Wegscheide	214
Geliebter Süden – Unüberwindlicher Norden	225
»... was noch nie geschehen ist...«	232
Ein ehrlicher Name	239
Winter	250
Baden-Baden	250
Wien	257
Heimkehr	269
Quellennachweise und Anmerkungen	273
Literaturverzeichnis	283
Personenregister	287

Vorwort

Am 17. Mai 1931 schrieb Reinhold Schneider in sein Tagebuch: »... wenn auch ein ganzes Leben dem Werke dient, so ist doch das Leben entscheidend, und nur durch das Leben wirkt das Werk.« Dreiundzwanzig Jahre später veröffentlichte er seine Aufzeichnungen »Verhüllter Tag« und vermerkte im Vorwort: »Eine Selbstbiographie ist nicht beabsichtigt ... An den Lebensumständen eines Autors liegt nichts.« Aber der junge Schriftsteller wußte, was auch der gereifte wohl kaum bestritten hätte: daß Leben und Werk nicht voneinander zu trennen, daß sie miteinander verwachsen sind, so daß, wer sich dem Werk zuwendet, auch dem Leben des Autors begegnet – in irgendeiner Gestalt, die sich im Laufe der Entwicklung verändern kann.
Jene »schlechte Detailneugier« und das unwichtige »Bedürfnis nach literarhistorischer Akribie«, vor denen Werner Bergengruen in seinem Vorwort zu Reinhold Schneiders nachgelassenem Buch »Pfeiler im Strom« 1958 warnte, können allerdings ein Leben und den Menschen, der es gelebt hat, nicht fassen. Überhaupt ist ein Mensch nie zu entschlüsseln, so daß der Biographie als Genre immer etwas Unabgeschlossenes, aber auch Offenes eigen sein wird, wenn sie ihre Grenzen nicht überschreiten will.
Aber selbst wenn sie diese Grenze beachtet, ist sie ein Wagnis und nur ein Versuch der Annäherung – mehr nicht. Er kann unternommen werden in dem Bewußtsein, daß das Letzte und vielleicht Entscheidende, was einen Menschen ausmacht, unzugänglich bleibt. Das besagt schon, daß die Neugier sicherlich kein ausreichender Grund für die Beschäftigung mit einer außerordentlichen Persönlichkeit des Geisteslebens sein kann, wohl aber deren Nähe zum Menschen der Gegenwart.
Reinhold Schneider hat einmal geschrieben, daß der vom Leiden des Menschen und der Kreatur Erschütterte durch Arthur Schopenhauer angesprochen werden könne wie von einem Bruder. In Anlehnung daran darf gesagt werden, daß Reinhold Schneider in seinem Suchen und Fragen, seinem Weg entlang der Ab-

gründe des Lebens, seiner Wahrhaftigkeit, die der Not von Glaube und Unglaube nicht auswich, dem heutigen Menschen ebenso brüderlich verbunden ist. Der gewaltige Spannungsbogen seines Lebens und Werkes wurde getragen von einer Persönlichkeit, deren Entwicklung vom heroischen Nihilismus Nietzsches bis zur Überzeugung reicht, daß es einen Unglauben gibt, der in der Gnadenordnung steht.

Den Problemen und Nöten der Zeit – wie NS-Diktatur, akute Kriegsgefahr und beginnende Umweltzerstörung – antwortete Reinhold Schneider mit Mut zur Konfliktbereitschaft und Bescheidenheit: Er wollte nichts weiter sein als Schriftsteller, Schreiber, Stimme. Diese Stimme hat über die Jahrzehnte hinweg nichts an Eindringlichkeit verloren und ist vielleicht heute in mancher Hinsicht fast noch aktueller als in den fünfziger Jahren.

Bei der Arbeit an dieser Biographie gaben freundliche Unterstützung: die Badische Landesbibliothek Karlsruhe, die mir Zugang zu ihrem Reinhold-Schneider-Archiv gewährte, wo Frau Dr. Hildegard Maulbecker in unermüdlicher Bereitschaft und mit sicherem Rat die Beschäftigung mit dem schriftlichen Nachlaß Reinhold Schneiders erleichterte und recht eigentlich ermöglichte, sowie der Insel Verlag (Frankfurt/M.), der den Abdruck von Gedichten Reinhold Schneiders erlaubte. Herr Wolfgang Blancke (Fulda) übermittelte Materialien aus seiner Bibliothek; Prof. Dr. Ekkehard Blattmann (Sprockhövel) informierte über neueste Forschungsliteratur; Frau Cilly Engemann (Düsseldorf) stellte einen schwer auffindbaren Zeitungsaufsatz zur Verfügung, vermittelt durch Frau Gerda Northoff (Preetz); Dr. N. Luise Hackelsberger-Bergengruen (Neustadt a.d. Weinstraße) gab Einblick in ein unveröffentlichtes Vortragsmanuskript und Maleen Gräfin Hatzfeldt (Köln) in einen Brief ihres Vaters, Thankmar von Münchhausen, vermittelt durch Sr. Maria Felicitas Plotzek OCD (Köln); Dr. Jürgen Steinle (Köln) stellte seine Dissertation zur Verfügung und gab zusätzliche Informationen; schließlich leisteten Mitarbeiterinnen der Universitätsbibliothek Kiel bei der Beschaffung der erforderlichen Literatur tatkräftige Hilfe. Ihnen allen sei auch an dieser Stelle herzlich gedankt.

Kiel, im Winter 1992　　　　　　　　　　　　*Cordula Koepcke*

Der Bruch

Auf der Schloßtreppe steht ein alter Herr, etwas beleibt, schwarzer Anzug, weißer Bart: der Großherzog. Eine kleine alte Dame von unverkennbarer Ähnlichkeit mit dem großen Friedrich fährt die Edelkastanienallee zum Schloß hinauf: die Großherzogin Luise. Im Kurhaus singt Caruso. Vor dem traditionsreichen Hotel Messmer wehen die Fahnen der Nationen. Hier haben vierzig Sommer lang die Majestäten Wilhelm I. und Augusta gewohnt. In der Küche wurde für Elisabeth von Österreich, die legendäre Sissy, gekocht; in diesen Räumen hat der Kaiser der Franzosen, Napoleon III., mit dem preußischen König und Bismarck verhandelt, und während der Großen Woche, wenn die Pferderennen stattfinden, ist Baden-Baden mehr noch als sonst schon Mittelpunkt einer Welt.
Am Rande dieser Welt der Berühmten, Mächtigen, Reichen, der Kranken und nach Gesundheit Verlangenden wird am 13. Mai 1903 Reinhold Schneider geboren, Sohn der Erbin des Hotels Messmer in Baden-Baden, Wilhelma geborene Messmer, und ihres Ehemannes, des Hoteliers Wilhelm (Willy) Schneider aus Colmnitz im Erzgebirge. Dieses zweite Kind aus einer Ehe ungleicher Partner erhält seinen Namen nach dem damals hochgeschätzten Bildhauer Reinhold Begas, bekannt geblieben durch die von ihm stammende Büste Wilhelms II. »mit Flügelhelm«. Im Hotel Messmer steht ein Abguß im Speisesaal, dahinter, sorgfältig drapiert, die Standarte, die auf dem Dach wehte, wenn der alte Kaiser, Wilhelm I., und Ihre Majestät im Hause Wohnung genommen hatten.
Eine Tante Reinhold Schneiders ist Patenkind der Kaiserin Augusta und empfing von ihr den Namen. Als junges Mädchen ist sie von der hochgestellten Patin nach Berlin eingeladen worden. Seine Mutter erhielt als Kind eine Brosche von den kaiserlichen Gästen zum Geschenk und wird nicht müde, immer wieder zu berichten, wie die verehrungswürdigen alten Herrschaften beim Ball der Kutscher höchstselbst den Tanz anführten.
Das Haus ist voller Menschen, es lebt durch die Menschen – bis die Saison vorüber ist: Im Herbst wird eingemottet und abge-

schlossen. Das Haus, das ohne Türen und ohne Wände zu sein scheint, solange der Strom der Gäste, der Fremden in ihm pulsiert, wird öde und dunkel. Die Familie zieht in eine der Villen im oberen Garten, der eher einem Park gleicht. Und wie im Sommer keine Mahlzeit gehalten wird, ohne daß Pagen, Sekretäre, Portiers, eben all die vielen Bediensteten, ohne die das Haus seinen Gästen nicht dienen kann, hinein- und hinauslaufen, Nachrichten überbringen, Anweisungen empfangen, soll nun »das Zerrissene wieder zusammenwachsen«[1].
Aber wie lange dauert es denn, bis die Läden wieder aufgestoßen werden, das Heer der Angestellten – zuletzt die Köche – wieder einzieht, der Trubel, der Wirbel von neuem beginnen? Schnell gehen die Wochen, die Monate dahin, aber in ihrer Mitte leuchtet Weihnachten. Der sich erinnernde Sohn schreibt: »... als der glücklichste Augenblick erscheint mir heute der gemeinsame Heimweg von der Kirche durch den von Nebel durchwogten Park in die obere Villa, die wir am liebsten hatten. Am Abend hatte mein Vater seine festlichste Stunde. Er stand, sehr sorgsam gekleidet, vor dem Weihnachtszimmer, nun wirklich ganz in der Mitte, Hausvater, dem alle anvertraut waren. Auf seiner Arbeit ruhte das Haus.«[2]
Aber auch Beängstigendes geschieht, bedrängt und lastet bis in den Schlaf: »An einem dunklen Winterabend fiel ein Schuß.«[3] Der Karlsruher Rechtsanwalt Hau ermordete seine Schwiegermutter unter den dichten Tannen auf dem am Garten hinführenden Weg; die Verletzte wird in die Villa getragen. Noch nach Jahrzehnten lebt die Erinnerung an die blutbefleckte Causeuse, auf der sie gestorben ist.
Doch den blonden Jungen mit dem nachdenklichen Gesichtsausdruck schreckt schon früher »das Gefühl eines Sturzes ins Bodenlose«[4] aus dem Schlaf – ein Erleben, das immer wiederkehrt. Schwer erträgt er, daß der Vater einem Händler seine armselige Ware nicht abgekauft hat. Später, als er längst erwachsen ist, quält ihn die Erinnerung an den niedrigen Lohn, die schlechte Unterbringung der Küchenmädchen, die unfreundliche Behandlung, die sie von den überreizten Köchen erdulden mußten. Hart und unveränderlich stießen die Gegensätze aufeinander. »Seltsame Welt vor dem ersten Kriege! Ich kann sie nicht an mein späteres Leben anfügen: sie gehört zu mir, aber sie ist nicht mehr mein.«[5]

Reinhold Schneiders Eltern, Wilhelma Schneider, geborene Messmer, und Wilhelm Schneider (genannt Willy) 1899, dem Jahr ihrer Eheschließung.

Reinhold Schneider im Alter von etwa fünf Jahren.

In dieser Welt, die einmal weit zurückweichen wird ins Unwirkliche, besuchen die Kinder Reinhold und sein zwei Jahre älterer Bruder Willy eine kleine Privatschule im Dachgeschoß eines Hauses am Schloßberg. Durch das Fenster geht der Blick weit in

die Rheinebene. Der Unterricht – in einer kleinen Gruppe, in einem Zimmer, am tintenbefleckten Tisch, sechs oder acht Schüler – hat eine besondere Nuance: Die Lehrerin ist Norddeutsche, aus Danzig, und evangelisch. »Nach einem bewundernswerten, aber verlorengegangenen Rezept erteilte sie ... Evangelischen, Katholiken und Juden, auch den Religionsunterricht gemeinsam, ohne daß sich ... ein Geistlicher darum kümmerte.«[6]
Die Mutter entstammt einer katholischen Familie, zu der Franz Anton Mesmer gehörte, der bekannte Arzt, der den Magnetismus in seine Vorstellungen und Heilmethoden einfügte. Der Vater aber ist evangelisch. Die Eltern sind katholisch getraut, die Kinder werden in der Konfession der Mutter getauft und erzogen. Erst nach des Vaters Tod entdeckt der jüngere Sohn, daß seine väterliche Familie seit Jahrhunderten evangelisch gewesen sein muß. Darauf deuten auch die Vornamen hin, die einen pietistischen Anklang haben.
Die mütterliche Familie ist reich. Die alten Onkel und Tanten können es sich leisten, plötzlich zu verschwinden und in Monte Carlo dem Glücksspiel zu frönen oder in Nizza den frühlinghaften Winter der Côte d'Azur zu genießen.
In der väterlichen Familie dagegen ist generationenlang das Handwerk tragender Boden der Existenz. Von der alten Schloßmühle von Frauenstein im Erzgebirge, unweit von Freiberg, einer Schneidemühle, später Walkmühle genannt, weil dort die Lohgerber das Leder walkten, leitet sich der Familienname her. Später wurde sie Holzsägewerk und ist erst 1968 wegen eines Talsperrenbaus abgebrochen worden. Der letzte Besitzer hieß Karl Schneider.[7]
Die Eltern und Großeltern von Wilhelm Schneider waren Sattler, Zimmerleute, Gärtner. »Gefördert vom Gutsherrn, war sein Vater vom Sattler zum Gastwirt aufgestiegen; er hatte sich so viel erspart, daß er sich mitten in Colmnitz in einer Art Villa zur Ruhe setzen konnte.«[8]
Aber nicht nur wegen seiner Herkunft und seines evangelischen Bekenntnisses steht Wilhelm Schneider fremd in der Familie. Um ihn ist »eine merkwürdige Art von Alleinsein, die eigentlich nicht zu seinem offenen, arglosen Wesen«[9] paßt, »eine Art Schatten«[10]. Er ist gebildet und gut ausgebildet, als Hotelier weit herumgekommen, hat in Ägypten, in Assuan, gearbeitet und 1895 eine Reise nach Jerusalem gemacht. In einem Notizbuch

finden sich nach seinem Tode Aufzeichnungen darüber; gesprochen hat er davon nie.
Die konfessionelle Trennung prägt sich für den sensiblen Sohn wahrnehmbar aus: »Der Katholizismus der mütterlichen Familie war eine natürliche Gegebenheit, aber durchaus liberal; was mein Vater in sich bezwungen, verschwiegen haben mag, weiß ich nicht.«[11] »Im Winter, wenn das Hotel geschlossen war, konnte es geschehen, daß er plötzlich eines Sonntags zur Kirche ging; es war ihm dann etwas Feierliches eigen.«[12]
Von der Mutter wird nichts dergleichen berichtet. Eine schöne, elegante Frau, die beiden Söhne neben sich, ist sie auf den Fotos der Zeit Ausdruck bürgerlichen Wohlstands. Auf Bildern, die sie mit ihrem Mann zeigen, wirkt sie neben seinem Ernst eher bedrückt, nicht recht am Platze. Hier sind, der Sohn erkennt es, ganz unterschiedliche Lebensströme verbunden worden, die nicht wirklich miteinander harmonieren. Ihr zweiter Mann, Dr. Joseph Mayer, nennt die Mutter später eine »geborene Frohnatur«[13].
Der Sohn, der wohl über die mütterliche Familie, aber nicht über die Mutter berichtet, schildert den Vater: »Einzelne seiner Untergebenen hingen mit großer Verehrung an ihm. Er hatte kein Geschick, die Menschen sich zu verbinden oder sich in sie einzufühlen. Was an ihm wirkte, konnte nur die Unantastbarkeit befolgter sittlicher Überzeugungen sein. Es war eine Art von Nüchternheit, die uns fremd war. Da er alles Sittliche einfach voraussetzte, konnte er nicht erziehen, Schwierigkeiten und Gefahren nicht sehen und also auch nicht beantworten. Aber sein Beispiel prägte sich ein.«[14]
Dieser tätig-ernste Mann, der einem Hause mit großer Tradition vorsteht, lebt dennoch nicht in einer vollkommen traditionellen Vorstellungswelt: »Seine politische Meinung war die der Frankfurter Zeitung«[15], eines liberalen Blattes. Die Bemerkung des Sohnes: »Auf die geschichtlichen Erschütterungen war er nicht vorbereitet«[16], muß als Ausdruck von dessen viel späterer Einstellung gewertet werden, die Liberalität eher der puren Fortschrittsgläubigkeit als einer freien Grundauffassung zurechnet.

In der Schule der realen, naturwissenschaftlichen Richtung findet der junge Reinhold nicht, was er braucht. »Hier«, schreibt

Die Brüder Willy und Reinhold Schneider.

der Zurückblickende, »wurde eine Synthese des verwässerten deutschen Idealismus mit den Naturwissenschaften versucht; sie sollte Grundlage der Menschenformung sein.«[17] »Der Geschichtsunterricht, infolge der Glaubensspaltung ein fast unlösbares Problem, wich nach Möglichkeit der geschichtlichen Bedeutung des Glaubens aus.«[18] »Die Religionslehrer waren unter gewissen Konventionen geduldete Gäste.«[19]
Der Erste Weltkrieg verändert das Leben. Stürmischer Begeisterung folgen fahle Ernüchterung, Angst, Aufbruch, Flucht. Als eine junge Russin den Siegesjubel im Kurgarten hört und empört ihren Balkontisch auf das Dach der Terrasse schleudert, verlangt die Menge die Herausgabe der Feindin. Wilhelm Schneider lehnt ab. Als Antwort fliegen Steine. Nachts reisen »die letzten russischen Gäste – die Familie eines hohen zaristischen Beamten – weinend ab, dem Abgrund ihres Schicksals entgegen«[20].
Auf einem Waldspaziergang blitzt dem Kind der Gedanke auf, der Krieg könne verloren werden. Aber das vergeht. Vergangen ist auch die Pracht des einstigen gesellschaftlichen Lebens. Nie wieder wird es sein wie zuvor. »Niemals mehr standen Pferde im Stall.«[21] »Die Wege vergrasten, die Büsche wucherten über die Bänke.«[22]

In diesen Jahren bricht etwas auseinander: Der Anfang des Lebens wird von Gegenwart und Zukunft getrennt. »Es war unmöglich, diesen Bruch je zu verheilen.«[23]

Das Kriegsende ist die Katastrophe schlechthin. Im Kofferlift fährt die Büste Wilhelms II. in den Speicher. Entlassene französische Gefangene stehen vor dem Haus, fragen nach dem Heimweg. Deutsche Soldaten verkaufen ihre Waffen oder werfen sie weg. Aber noch ist der Abschied von gestern nicht der Abschied von der Stadt, von allem, was bisher das Leben war. Die Dichtung, leidenschaftlich geliebt, begleitet die letzten Schuljahre. Gerhart Hauptmann wird zum tiefen Erlebnis, Friedrich Hebbel zum bewunderten Leitstern. Alles andere ist unwichtig. Sonst ist da keine Orientierung, nur Sichtreibenlassen – im Blick auf alle Zeichen der Auflösung, auch in der eigenen Familie. 1922 (nach Reiner Haehling von Lanzenauer* 1919) verkauft der Vater das Hotel und verliert durch die Inflation sein Vermögen.
1921 hat Reinhold Schneider das Abitur gemacht. Aber er weiß nicht, was er nun beginnen soll. Angst vor dem Leben preßt ihn. Einen geistigen Beruf traut er sich nicht zu. So wird er Landwirtschaftspraktikant auf Schloß Langenstein, bei der Gräflich Douglasschen Gutsverwaltung. Hier arbeitet er knapp sechs Monate – in bizarrem Bemühen und deprimierendem Versagen. Vor Winterbeginn bricht er auf; ohne Anmeldung kehrt er heim. Die Eltern sind enttäuscht. Der Gescheiterte erinnert sich später: »Ich sollte die unverrückbare Erfahrung machen, daß man an keinen Ort, in keine Beziehung zurückkehren kann.«[24] Er wird noch öfter kommen, aber dann ist er Besuch. Abschied nimmt er jetzt und noch einmal dreißig Jahre später, wenn das Hotel Messmer abgerissen wird. Dann weiß er, daß es im Leben, wenn es gelingen soll, darauf ankommt, Abschied zu nehmen ohne Vorwurf.[25]

---

* Seite 23.

Aufbruch ins Nirgendwo

Verwirrt, ohne zu wissen, wie er leben sollte und wozu er lebt, folgt der achtzehnjährige Reinhold Schneider seinem Bruder Willy (Wilhelm Rudolf) nach Dresden zur kaufmännischen Ausbildung. Sieben Jahre wird er in der Kunstanstalt Stengel & Co. GmbH arbeiten – Jahre voller tödlicher Leere und, was die berufliche Arbeit angeht, wieder voller nicht endender Niederlagen. Unfähig zu kaufmännischem Denken und Handeln, wird ihm schließlich die kaufmännische Korrespondenz übertragen. Fremde Sprachen werden ihn lebenslang faszinieren, obwohl er keine wirklich sprechen kann. Aber lesen kann er sie, und sie zu schreiben, lernt er jetzt. Schon als Schüler hat er Calderón im spanischen Original gelesen.

Lesen, fliehen aus der bedrückenden Umwelt, aus dem Kämmerchen, das er in der nüchternen, häßlichen Dresdner Neustadt bewohnt! Fliehen vor dem Anblick des Öden – in den Straßen, in der Druckerei. Auf der Straßenbahnfahrt zum Geschäft klammert sich der Unglückliche an ein Buch. Während der Arbeitsstunden liegt es auf seinem Kontorpult, durch seine Gegenwart stärkend und tröstend, wenn die Monotonie zu überwältigen droht: Monotonie der Phrasen, in denen die Menschen, mit denen er arbeitet, sich ergehen; Monotonie des Tagesablaufs, den plötzlich ein Schrei zerreißt: Dem Lehrling verkehren sich die Augen, das Weiße zuoberst; mechanisch bewegt sich der Zeigefinger hin und her. Dann dieser gräßliche Schrei, und der junge Mann stürzt mit Schaum vor dem Mund zusammen. »Es war der Protest der Abgründe, gegen diese Art zu leben. Ich konnte mich jedes Mal lange nicht beruhigen, wenn es sich ereignet hatte.«[26]
In den Nächten liest der junge kaufmännische Angestellte. Schopenhauer schafft glückliche Augenblicke. Die Lektüre wird zur Wegweisung: »Ich suchte seinen Quellen, seinen Anregungen zu folgen; es war fast wie eine Gemeinschaft; ich ersehnte die Stunden dieses Zusammenseins leidenschaftlich ... Das Rad des Ixion stand still.«
Er liest Nietzsche. Noch ist es der Anfang. Später wird der Widersacher des Christentums aus christlichem Erbe ihn noch weit mehr beschäftigen. Die kleinen Schriften Immanuel Kants wer-

den zum freudigen Erlebnis, vor allem die »Grundlegung zur Metaphysik der Sitten«. Von allen Autoren, die er liest, wird der Selbstmord abgelehnt, dennoch ist die Versuchung groß. Wozu lebt er? Er weiß es nicht. Er kann nicht einmal mit sich selber leben. Wie soll er wissen, wozu er lebt? Das Volk, die Gesellschaft stehen in diesen Monaten vor dem Abgrund, die Inflation grassiert, das Elend breitet sich aus. Er nimmt es nicht wahr. Was geht es ihn an? »Ich verkaufte meinen Mantel, ging beschämt aus einem Laden, als ich bemerkte, daß mir das Geld für ein Achtel Wurst nicht reichte; von da an lebte ich abends von Brot und Kunsthonig, der in Würfeln in Pappgehäusen zu kaufen war und mich wenigstens an den auf den Jahrmärkten der Kindheit geschätzten türkischen Honig erinnerte.«[28]
Mittags ißt er in einer Gastwirtschaft ein Tellergericht. »Später wurde es schlimmer ...«[29] Etwa zwei Jahre lang ißt er nichts Warmes. Die Krankheit, die später unabweislich zu seinem Leben gehört, hat wohl damals ihren Anfang genommen.
Aber die größte Gefahr liegt in ihm selbst: Vom Vater hat er die Anlage zur Schwermut geerbt. »Nacht für Nacht auf dem Heimweg ging die unheimliche Verheißung mit: dies ist das letztemal, daß du große Last trägst; die Lichter der entfernten Stadt flackerten über den Himmel, und die Leuchtkäfer stoben durch die Zweige; ich bog wieder in die menschenleere Straße ein, und bei jedem Schritt, beim Aufschließen der Haustür und auf jeder Stufe der Treppe sagte ich mir: das letztemal, endlich das letzte.«[30]
Er fühlt sich nicht mehr zugehörig zu den Menschen, zu ihrem Leben, zu dem, was geschieht. »Ich fühlte mich, begleitet vom Tod, im Besitz einer überschwenglichen Freiheit.«[31]
Eines Tages steht zu ungewohnter Stunde der Bruder vor seiner Tür: Ein Telegramm ruft beide nach Baden-Baden, der Vater ist gestorben.
Krank war er, krank an Leib und Seele. Das aus dem Hotelverkauf gezogene Vermögen schwand in der Geldentwertung. Seine Frau verließ ihn. Als er die Ankündigung der Scheidung erhielt, brach er zusammen und nahm sich das Leben. Am 1. Juni 1922 hat man ihn tot aufgefunden. Die Lokalpresse bringt einen Nachruf auf den ehemaligen Eigentümer des Hotels Messmer, der mehrere Jahre Stadtverordneter und Vorstand des Vereins Badener Hotelbesitzer gewesen ist.*

---
* Nach Reiner Haehling von Lanzenauer, Seite 24.

Willy und Reinhold Schneider um 1920

Den Sohn trifft dieses lautlos-grausige Entweichen mit fast vernichtender Härte. An einem Morgen hält er die Urne in der Hand, die des Vaters Asche birgt, sie ist ganz leicht. »Aber das Wort, das er zu mir sprach durch sein Leben und Wesen, ist sehr schwer und dunkel.«[32]
Wer war er gewesen, dieser Vater – einstmals um sein Glück beneidet und dann »vom enttäuschenden Geschick gezeichnet«[33]. Vorübergehend »an seiner Frau, seinen Söhnen, seinem Eigentum: einer, der in einer völlig abgelaufenen Zeit der Welt und den Menschen vertrauend, sich in sein Glück verirrt hatte ...«[34]
»Mein Vater«, schreibt der Sohn Jahrzehnte später, »ging ungewissen Schrittes ins Dunkle. Ich gehe ihm nach«[35].

Wenige Wochen nach dem Tod des Vaters übermächtigt den Sohn das Erbe der Schwermut, die Last des Wissens, dem Vater, der ihm so viel bedeutete, so wenig gezeigt zu haben, was er ihm war, und die Qual des Lebens, das Leiden ist. Was sich ihm lange als Versuchung genähert hat, wird nun einladend empfangen: die Stille, der Frieden des Todes.
Aber der Versuch mißlingt. Die alte Dame, bei der er wohnt, wischt das Blut auf und meint vorwurfsvoll, ein solches Nasenbluten habe sie noch nicht erlebt. Der Bruder holt ihn in seine Wohnung, und dort nimmt sich die Vermieterin, die einundvierzigjährige Anna Maria Baumgarten, seiner an.
Reinhold kennt sie schon von seinen Besuchen bei Willy. Anna Maria Baumgarten schildert die erste Begegnung später so: »Eines Tages läutete es; ich machte auf und vor der Tür stand eine überschlanke Jünglingsgestalt. Schüchtern wurde ich gefragt, ob Herr Willy Schneider zu Hause sei; er wäre sein Bruder.«[36]
Von nun an kam er des öfteren, stand in den schönen Räumen mit den alten Möbeln, Bildern und Teppichen und sagte leise: »Wie daheim.«[37]
Jetzt, vom Tode gestreift, mit einer Erfahrung belastet, die ihn aus dem Kreis der Menschen noch mehr als vorher schon aussondert, erlebt er, was er später so beschreibt: »Wer sich auf solche Weise einmal von Welt und Menschen geschieden hat, wird sich nie mehr in ungeteilter Gegenwart an ihren Tisch setzen.«[38]
Anna Maria Baumgarten nimmt sich seiner an, wendet sich ihm zu, hat Zeit für ihn, fragt behutsam, führt ihn ins Leben zurück.

Reinhold Schneider um 1921.

Maria

Das Jugendbild zeigt eine lächelnde, schöne, junge Frau, den Kopf leicht zur Seite geneigt. Die Augen fragen und leuchten zugleich. Im Jahr ihres Kennenlernens ist Anna Maria Baumgarten mehr als doppelt so alt wie Reinhold Schneider. Sie ist gleicherweise erschüttert von der Tiefe seines Elends wie von dem Reichtum seines Denkens und Fühlens. Ihm aber begegnet mit dieser um zweiundzwanzig Jahre älteren, schönen, gebildeten, temperamentvollen Frau, der die Grazie und Eleganz der grande dame eigen sind, ein schicksalhafter Zusammenklang mit einem Menschen, der in äußerster Sensibilität auf den Ton antwortet, den er mit seinem ganzen Wesen anschlägt.
Man lebt zu dritt in der Struvestraße 33 – Willy und Reinhold Schneider als Untermieter bei Anna Maria Baumgarten, die nach dem unerwarteten Tod ihrer Mutter gezwungen war, von ihrer geräumigen Wohnung zwei Zimmer zu vermieten.
Die Dresdner Jahre, die in Reinhold Schneiders späterer Erinnerung nur dunkel und schmerzvoll verhangen sind, werden von dem Bruder und Anna Maria Baumgarten auch anders geschildert.

Am 25. Mai 1922, dem Himmelfahrtstag, brechen sie gemeinsam auf zum Schloß Pillnitz. Die Fahrt auf der Elbe, das Schlößchen »im jugendlichen Park«, »an dem stillen Weiher«[39], die Stimmung des durchsonnten Frühlingstages führen die drei Menschen so eng und innig zusammen, daß sie im Gedenken an dieses Erlebnis den 25. Mai fortan ihren Freundschaftstag nennen.
Von nun an sind sie unzertrennlich. Reinhold und Maria, so wird sie bald von ihm genannt, verbindet die Liebe zur Literatur. Jean Paul wird zum Inhalt erster gemeinsamer literarischer Gespräche. Den »Komet« hatte Reinhold einst mitgenommen, als er als Gutseleve nach Schloß Langenstein aufbrach. Willy dagegen sorgt für Heiterkeit und Abwechslung.
Eines Tages bringt er Karten für eine Zirkusveranstaltung mit. Anna Maria Baumgarten hat Bedenken: Das damals sehr ernst

genommene Trauerjahr ist noch nicht abgelaufen. Aber Reinhold meint: »Gerade Ihre Mutter wird glücklich sein, Sie wieder einmal froh lachen zu sehen.«[40] In der Vorstellung ist er völlig hingerissen. Er beklatscht begeistert alle gelungenen Späße der Clowns und alle artistischen Kunststücke. Aber dann wird er still, »sein Gesicht leichenblaß«. Er sitzt »zusammengekrümmt mit ineinander verkrampften Händen ..., die Knie hoch an den Leib gezogen«. Seine Augen sind »schreckensweit in die Ferne gerichtet«[41]. Reinhold Schneider erlebt eine Vision: Er sieht das Zirkuszelt »lichterloh brennen«[42]. Menschen und Tiere kommen in den Flammen um. »Orkanartig« breitet »sich das Feuer über die Stadt aus«[43]. Wie bei einem Erdbeben bricht die Erde auf, aus den Spalten schießen Flammen, vom Himmel prasseln Feuersbrünste, und glühende Asche versengt und vernichtet, was noch am Leben ist. Der Blick in den Abgrund und die Lebensfreude der Jugend stehen eng beieinander. Der Zug zum Dunklen, zum Leiden ist ererbt; die Freude wird von den Umständen getragen, und der wichtigste Umstand dieser Zeit ist, daß er liebt: Mit aller Leidenschaft, derer er fähig ist, verliebt sich der Neunzehnjährige in die reife, schöne, sensible Frau mit dem lebhaften Naturell und wird wiedergeliebt – auf eine distanzierte Weise, die ihn zu verzehren droht und zugleich festigt.

Die bislang unveröffentlichten Briefe jener Zeit an Anna Maria Baumgarten verraten das Ineinander von Bewunderung, Dank für die Lebensrettung, gemeinsame Interessen und – Liebe. Am 6. Juni 1923 schreibt Reinhold an die bei Verwandten weilende Maria:
»Lieber Puz! Vielen Dank für Ihren lieben, reizenden Brief, der uns große Freude machte ... Daß Ihnen Phaidos und Phädron* so gut gefallen, freut mich sehr, der Schluß des letzteren kann an Erhabenheit niemals übertroffen werden. Das ›Heidedorf‹ von Stifter kenne ich nicht, habe überhaupt erst wenig von ihm gelesen, was mir aber alles sehr gut gefiel; nach dem ›Hochwald‹ ist mir noch der ›Waldsteig‹ in schönster Erinnerung. Sie haben recht, Grillparzer muß man unbedingt verehren, was er litt, ent-

---

* Gemeint sind Platons gleichnamige Dialoge.

schuldigt alles, dazu die jämmerliche Zeit, zu der er verdammt war. Ob wohl jemals eine bedeutende, heroische Frau in seinem Leben eine Rolle spielte, wie die Marchesa von Pescara* oder Beethovens ferne Geliebte? Ob das seinem Leben Schwung gegeben hätte, der notwendig ist, weil er fortreißt? Nichts konnte die Schwelle seines Bewußtseins überschreiten, ehe er es sezierte und so verzehrte er sich, seine Freunde und seine Gestalten. Gobineaus Renaissance habe ich jetzt zu Ende gelesen, ein vornehmes, großes Werk‹.«
Aber nicht nur über seine Lektüre berichtet der bewundernd in die Ferne Denkende. Was später in der Erinnerung nur dunkle Farben annehmen wird, hat in der Gegenwart eine viel breitere Skala[43a]: »Heute geben Fritz und Adolf Busch ein Concert«, heißt es im selben Brief, »habe aber keine Lust allein oder mit Hilde: entweder Sie oder die Bücher«.
Der nächste Gedanke, der ohne Absatz angeschlossen wird, ist ganz der alltäglichen Wirklichkeit gewidmet, und die heißt im Jahre 1923 Inflation: »Draußen im Gang ist schon wieder ein neuer Trupp Conservenbüchsen aufmarschiert; [der Bruder Willy arbeitet in einem großen Dresdner Hotel und kauft für erhaltene Devisen sofort Lebensmittel] der A. W. [Ander Wuz (Willy Schneider)] hat auch einen wunderschönen Grießpudding zubereitet, über den ich mich jetzt gleich hermachen werde.«
Dann ein ganz anderer Gedanke, aber er liegt in der Zeit, die hin und her schwankt zwischen Großstadtkult und der Neigung zum einfachen Leben: »Ob man ohne Großstadt auskäme und dafür die Natur, eine Bibliothek, den Flügel und den Puz [Anna Maria Baumgarten] hätte? Wer kann daran zweifeln. Ich würde noch heute das Gelübde ablegen, nie mehr eine zu betreten. Nur eines müßte man bitter vermissen, die große Instrumentalmusik und die Malereien und Plastiken. Aber im innigen Verkehr mit der unbewußten Natur könnte man ja Kräfte und eine Erlebnisfähigkeit bekommen, die für alles entschädigen.«
Aber dann ist er schon wieder bei der Lektüre. In Marias Bücherschrank hat er eine englische Schulausgabe von »Macbeth« gefunden und versucht sich daran, muß aber schließlich doch die Übersetzung heranziehen: »Ich möchte mir die unvergleichliche

---

* Die Dichterin Vittoria Colonna (1492–1547).

Tragödie schrittweise erobern und ganz zu eigen machen. Habe jetzt solches Kopfweh, daß ich zu Bett gehen muß. Schlafen Sie recht gut, jeden Tag soll es Ihnen besser gehen!«[44]
Schon einen Tag später, abends gegen elf Uhr, hat er Neues zu berichten:»Kommen eben sehr befriedigt vom Schauspielhaus zurück. Mit ›Fräulein Julie‹ wird sich wenig an dramatischer Wucht und Kraft in der modernen Literatur vergleichen lassen. Es ist der Zusammenstoß einer großen, vornehmen und leidenschaftlichen Individualität mit der Gemeinheit der Welt. Die Frau ist durchaus nicht niedrig aufgefaßt, um so mehr dafür der Mann. Die grenzenlose Einsamkeit, die durchaus abnormen Verhältnisse, unter denen sie geboren ward (auch sie wurde, wie ›der Vater‹ gegen den Willen der Mutter geboren) und lebte, rechtfertigen sie so weit, daß die Schuldfrage nicht nur diskutabel wird, sondern meines Erachtens offen bleibt.«
Der junge Reinhold Schneider analysiert das Stück nach allen Richtungen, sieht in den »abnormen Verhältnissen«, unter anderem in dem Geschlechterhaß, künstlerisch den wunden Punkt, »wie so oft bei den Naturalisten«, und kann dann doch nicht umhin auszurufen:»Wo findet sich aber wieder ein Drama, das auf einem so gedrängten Raum eine derartige Fülle des dramatischen Lebens entfaltet ...? Es gibt wenige derart erschütternde und tief symbolische Szenen, wie jene, wo Julie sich, vom Blut getrieben, vom Stolz (ihrer Individualität) zurückgehalten von jenem niedern Menschen in seine Kammer führen ließ und während das Unsagbare, das das Größte sein sollte und hier das Widerlichste ist, geschieht, draußen das Pack seinen Spottchor singt. Muß man einem Menschen nicht alles verzeihen, für den die größte Stunde und eine der tiefsten Offenbarungen des Lebens eine solche Gestalt annimmt? ...
Die Vergewaltigung der Natur ist das Thema dieses historischen Stückes, der Natur durch die Natur, der Seele durch den Leib, und die Einsamkeit eines bedeutenden Menschen ist seine erschütternde Melodie.
Es ist spät, schlafen Sie recht gut, Liebe! Liebe, die Sie alles heilen und versöhnen!«[45]
Die Geliebte hat ihn psychisch geheilt und versöhnt mit dem Leben – durch ihre Zuwendung, ihre Sensibilität, ihre Gegenwart, ihr Sein – und damit gerettet.

Am folgenden Tag »nach 6 Uhr abends«, also eben aus dem Kontor zurückgekehrt, kommt er noch einmal auf das Stück zurück: »Was für eine Stimmungsgewalt liegt in diesem Sommernachtsstück! Es läuft der Bahn der großen, echten Tragödie sehr nahe, ergibt aber doch nicht ihre Wirkung. Der Grund ist rein künstlerischer Natur: das ganze Stück macht den Eindruck eines fünften Aktes. Ich weiß nicht, ob ich es damit recht getroffen habe, was ich meine, das Zwingend-Notwendige fehlt, die Voraussetzungen sind entweder überhaupt zu kühn oder unstatthaft für eine Tragödie oder sie sind nicht klar genug auseinandergesetzt. Wie dem auch sei, Julie ist eine überragende, fast möchte ich sagen: herrliche Gestalt, jedenfalls hat niemand ein Recht, Strindberg auf Grund dieses Dramas einen Frauenfeind zu schelten.«
Viel lieber würde er mit ihr darüber sprechen, statt ihr zu schreiben: »Hätten Sie's doch miterlebt, ich bin gewiß, Sie wären derselben Ansicht gewesen.« Für ihn hat das Stück prinzipielle Bedeutung: »Ich habe mir immer eine Dichtung gewünscht, die die Unerbittlichkeit dieser seelischen Gesetze behandelt. Das Thema dieses *naturalistischen* Stückes ist ein *ewiger* Konflikt zwischen Blut und Seele. Die Seele ist die größere Macht.«
Dann geht's weiter von der Kunst und ihrer Theorie zur handfesten Realität: „Der gute A. W. hat eine herrliche Platte à la Puz* (Erbsen, Reis ...) zusammengestellt, alle Teller gewaschen und die Töpfe gespült.« Ohne Übergang folgen dann diese Sätze: »Heute war endlich ein schöner Tag, hoffentlich haben Sie ihn recht genossen, ich sehne mich so sehr, wieder einmal spazierenzugehen, ohne Sie hat's aber keinen Reiz.
Gute Nacht, schicken Sie mir einen schönen Traum! Es ist eine wundervolle Juninacht, ich mag gar nicht hinaussehen, was kann ich davon haben?«[46]
Die Sehnsucht steigert sich. Am nächsten Tag kann er sich nicht mehr zurückhalten: »Endlose Qual des Sich-Sehnens, die mich krank macht und mir die letzten Gedanken nimmt. Immer noch so lange, ich tue nichts anderes, als auf Sie warten, so schwer dachte ich mir diese Wochen doch nicht. Was ich auch lesen mag, um mich zu entschädigen, immer sage ich mir, wie ganz anders wäre es doch, wenn sie da wäre. Leben! Wirkliches Le-

---

* Anna Maria Baumgarten

ben, das kann kein Buch ersetzen. Schwüle Nächte – müde Tage...«
»Ich stelle mir vor, wie es wäre, wenn Sie jetzt plötzlich hereinkämen – – –; ... und dann, wenn Sie wiederkommen in unsere alten lieben Zimmer – – – Liebste! Ich denke immer nur an diesen Tag, an dem das Märchen wirklich wird!«[47]
Einen Tag später: »Wir haben eben ein Fläschchen Wein auf den Putz sein Wohl getrunken, zwei andre stehen schon bereit zum Empfang..« Und dann, wieder ohne Übergang, anschließend: »Furchtbare Melancholie des Sonntagnachmittags! Wie soll ich Dich jemals allein ertragen? Meine Natur neigt im tiefsten nach wie vor zur Schwermut (...) und wenn mir das Licht Ihrer Liebe nicht leuchtet, will ich lieber sterben als das ertragen. Nichts denken! Nichts, als daß wir uns lieb haben – – –.«[48]
Aber natürlich muß auch noch manches andere bedacht und mitgeteilt werden: Die Zugeherin war da, hat freudestrahlend die erhaltene Ansichtskarte gezeigt und alles »ganz ordentlich«[48a] gemacht. Sie ist bereit, künftig täglich oder viermal die Woche zu kommen.
Der zeitliche Hintergrund macht sich bemerkbar: Die Inflation galoppiert. Ein Paket wird vorbereitet, ein Anzug soll geschickt und offenbar verkauft werden, und schließlich wird das Wiedersehen geplant, aber nicht in Dresden, sondern in Stuttgart: »Unsere Reise läßt sich ja auch nicht mehr weiter aufschieben, da Mama darauf besteht; der heimliche Grund ist aber der, daß wir endlich unseren Putz wiederhaben wollen.«[48b]
Die öde Arbeit, die Menschen im Geschäft, das alles ist lästig. »Aber wenn ich an Sie denke, daß ich Sie lieben darf und Sie mich auch gerne haben, bin ich wie verwandelt und meilenweit von diesem Wust entfernt.« »Wer weiß, was Sie sind und Sie lieben darf, kann nie trivial werden.«[48c]
So ist es auch nicht trivial, an die Geliebte beim Essen erinnert zu werden: »Der A. W. hat heute sein Meisterstück vollbracht: wunderbare Omeletts, die er dem Puz sehr gut abgespickt hat.« Und da auch der Gegenstand dieser glühenden Liebe des Praktischen nicht entbehren kann, schließt sich gleich der Satz an: »Das Paket geht wohl erst am Mittwoch ab, da wir heute nicht alles besorgen konnten.«[48d]

Um diese Zeit hat Schneider noch sein kleines Zimmer in der Mosenstraße, aber er wohnt dort kaum noch. Er schreibt an Anna Maria Baumgarten: »Ich habe eine gewisse Angst vor meinem kleinen Zimmer draußen, in dem ich so schwere Stunden durchgemacht habe, und nun steht gar noch ein Koffer draußen mit den Kleidern meines lieben Vaters, ich habe den Mut nicht, sie allein auszupacken, mindestens am Abend nicht. Sie wissen ja, ich kann nicht ohne Sie leben. Der Quell ist versiegt und *meine* Kräfte sind längst erschlafft (groß waren sie nie) ich lebe nur noch durch Sie und um sie (sic). Was für Sie Interesse hat, das hat es auch für mich, was für Sie wertlos ist, ist auch für mich wertlos. Endgültige Trennung heißt Tod für mich, deshalb wird mir auch schon ein Abschied so schwer ... Sie fragen, was daraus werden soll und ich höre diese Frage froh und gelassen an; denn seitdem ich die Steuer aus den Händen warf (d. h. werfen mußte) bin ich dem Schicksal für jede Verschlingung und für jeden wahren Konflikt dankbar. Mag es doch geschehen! Mag es doch donnern und krachen! Wir sind doch viel mehr, als bloß Menschen auf dieser Erde, die ohnehin nur in unserer Phantasie existiert. Erleben wir doch uns selbst und *unsere* Tragödie! Wären wir von jenem wollüstigen Fanatismus besessen, der gerade im Schmerz und in der Katastrophe sein Glück findet, wir kämen vielleicht schneller zum Ziel (d. h. für mich das Ende) als so! Ich kann nichts dagegen haben, wenn endlich einmal Szenenwechsel eintritt. Aber ich philosophiere mit Kräften, die doch gar nicht mehr mir gehören und mir nie gehört haben! Von Ihnen kommt alles und Ihnen gehört auch alles und schon deshalb *können* wir nicht getrennt werden.«[49]

Dankbarkeit und Liebe sind ineinander verschlungen. Aus Marias Hand empfing er das Leben neu. Alles kommt von ihr, der geliebten Frau, alles gehört ihr: sein Philosophieren, das er offenbar schon jetzt, als gerade Zwanzigjähriger, als eine denkerische Leistung ansieht; seine Weltsicht, die bereits das Tragische als bestimmendes Element benennt; sein unabwendbar von Schwermut umdunkeltes Leben, dem er jetzt sogar – die Lektüre Nietzsches scheint sich auszuwirken – einen kämpferischen Akzent verleiht.

Dankbarkeit und Liebe, aber auch die besitzergreifende Geste jugendlichen Ungestüms bestimmen dieses wiedergewonnene und doch gefährdete Leben. Alle Kräfte sind auf die geliebte

Frau gerichtet: »Mit Ihnen im Herzen lege ich mich nieder, mit Ihnen im Herzen stehe ich auf. Was ich tue, geschieht im Gedenken an Sie, ohne Sie kann ich nichts tun. Mein Schicksal liegt in Ihrer lieben Hand und ich bin so ruhig, so froh und glücklich darüber.«[50]
Aber diese Liebe eines jungen Mannes ist nicht nur geistig, seelisch-sensibel, sie ist auch blutvoll, sie ist gebändigt und unbändig zugleich: »Ich dachte mir gestern, was wohl das schönste sein würde. Es wäre, wenn ich erwachte, Sie würden neben mir schlafen, der Mond würde auf die Kissen scheinen und ich würde Sie betrachten, ohne Sie zu wecken, Ihrem Herzschlag lauschen und Ihren Atem fühlen.«[51]

Anna Maria Baumgarten hat die Mitte des Lebens bereits überschritten, als ihr diese Briefe eines rauschhaften Gefühls zufliegen. »Sehen Sie nicht, wie meine Gedanken und meine Sehnsucht um Ihre Veranda flattern und wandern wie die Vögel? Sie stoßen auf und nieder wie von der Sommerluft trunkene Schwalben, fliegen gegen die Scheiben, fallen nieder und flattern gleich wieder von neuem.«[52]
Was es für die so Angesprochene bedeutet haben mag, von einem jungen Mann, dessen hohe Begabung sie offenbar früh erkannt hat und mit dessen tiefer Gefährdung sich ihr der ganze Mensch offenbart hatte, hingebungsvoll geliebt zu werden, läßt sich nur vermuten. Kein Zweifel aber, daß auch sie liebt, verhaltener zwar, aber, wie die Zukunft zeigen wird, kaum weniger glühend und besitzergreifend. Sie allerdings fragt sich, was der junge Mann, der fast noch ein Jüngling ist, wohl von ihr hört, aber weit von sich weist: Was soll daraus werden?

Am 6. Juli 1923 schreibt Reinhold Schneider aus Baden-Baden an Maria:
»Liebe Freundin! Sie sind so gütig und nehmen an so vielem Anteil, das Ihrer Aufmerksamkeit eigentlich nicht würdig ist, daß Sie vielleicht auch Gefallen daran finden, ein Stück jenes einsamen Weges zu gehen, den ich mit erträumten Freunden und Geliebten und in Freundschaft mit der Natur zurücklegte. Nehmen Sie diese Verse hin, weil sie ohnedies Ihnen gehören, wie

alles, was ich habe und nicht als Kunstprodukt, sondern als ein Stück meines Wesens. Ich könnte sie ›Sehnsucht‹ überschreiben, die Erfüllung ist das Leben. Immer Ihr Wuz.«[53]
Die Gedichte, schwermütige Verse von der Last des Lebens und der Schönheit der Natur, sind noch fern den späteren Sonetten. Sie drücken mehr die Seelenstimmung des jugendlichen Autors aus, als daß sie als Dichtungen Gewicht haben. So auch das Gedicht »An meinen Baum«.

Ich schlief zu Deinen Füßen, / Du rauschtest über mich hin! / In Deinem Wipfel mein Grüßen, / In Deinem Hauche mein Sinn.

Ich glaubte, das sei das Leben, / So ward ich geweckt und erstand / und sah mich von Fremden umgeben / In fremdem Land.
Und wenn ich vorüberschreite, / So sprichst Du nicht mehr zu mir. / Und wenn ich weine und leide / Regt sich kein Blatt an Dir.[54]

Einundzwanzig Gedichte schickt er an Maria: »So weit war es gekommen! Sie können vielleicht verstehen, daß andauernde Stimmungen dieser Art, wie sie in den letzten Gedichten einen schwachen Niederschlag gefunden haben, mich zu jenem Entschluß getrieben haben, von dem nur Sie mich zurückhalten konnten ...«[55]

Das Land wird von der Wirtschaftskrise geschüttelt. Reparationszahlungen, die der Versailler Vertrag festlegt, geraten deshalb in Verzug. Daraufhin besetzen belgische und französische Truppen das Ruhrgebiet. Das alles berührt den jungen Reinhold Schneider nicht. Er bleibt ganz in sein eigenes, persönliches Leben zurückgezogen. Das Denken und Reflektieren, die Geliebte, die er unverändert umwirbt, die Bücher – das ist sein Leben.
In den Werken von Miguel de Unamuno, dem spanischen mystisch-existentialistischen Schriftsteller – vor allem in »De sentimiento trágico de la vida en los hombres y en los pueblos«, deutsch unter dem Titel »Das tragische Lebensgefühl« – wird der Hunger nach Unsterblichkeit beschrieben. Überzeugt hat ihn der bedeutende Baske nach eigener, allerdings viel späterer Aussage nicht. Aber der auf unabwendbare und unentrinnbare

Tragik gestimmte Ton ergreift den immer wieder dicht an den Abgründen von Psyche und Schicksal sich entlang Tastenden, und der Zurückblickende weiß, was er Unamuno verdankt: »Ich fand hier den Mut zum unversöhnlichen Konflikt, zur Tragödie, aber umschlossen von einer mystischen Sphäre, die Nietzsche nicht zugänglich war.«[56]
Der unsicher seinen Weg Suchende rafft sich auf und schreibt an Unamuno einen verehrungsvollen Brief (13. 12. 1926). Er erhält darauf keine Antwort, aber viel später aus einem von anderer Seite zugesandten Zeitungsartikel die Gewißheit, daß Unamuno von seinen Büchern zustimmend und lobend Kenntnis genommen hat.

Unamunos »Andanzas y Visiones« (Schicksale und Visionen) weisen Reinhold Schneider auf Portugal hin. Im Selbststudium beginnt er, die Sprache zu erlernen.

In all diesen Jahren der niederdrückenden Kontorarbeit, der unentwegten Bemühung, das Leben, die Welt, die eigene Person denkend zu bewältigen, ist Maria die Gesprächspartnerin. Gemeinsam befassen sie sich mit den großen Philosophen, zu denen nun, durch Unamuno angeregt, auch Kierkegaard tritt. Die nie abgebrochene Beschäftigung mit bedeutender Dichtung – neben Shakespeare Hebbel, Kleist, Schiller und immer wieder Gerhart Hauptmann, später auch der Amerikaner Walt Whitman, Eichendorff, Arnim und Hölderlin – setzt sich fort. Maria versteht, folgt dem von Philosophie und Poesie Faszinierten feinfühlig auf seinen Gedankenwegen, ermutigt und stützt ihn.

Wenn sie verreist ist, schreibt er ihr in einem Gemisch aus glühenden Liebesbekenntnissen, Reflexionen über Literatur und Philosophie, Berichten über Theater- und Opernaufführungen und eben auch täglichen Geschehnissen. Sogar politische Berichte tauchen unvermittelt auf, so über die in Sachsen und Thüringen ausgebrochenen kommunistischen Aufstände, über die er am 28. Mai 1923 schreibt: »Die Lage ist z. Zt. hier kritisch, die Geschäfte sind seit ein paar Tagen geschlossen, so daß man keinerlei Einkäufe machen kann. Die Kommunisten ziehen herum, ... passiert ist bis jetzt noch nichts, scheint mir auch nicht gefährlich zu sein; ich hielte es für das beste, die ganze Bande zu verhaften.«[57]
Inzwischen hat die Reichsregierung den Ausnahmezustand erklärt und läßt die Unruhen niederschlagen.

Einen Tag nach dem oben erwähnten Brief sind für Reinhold Schneider schon wieder andere Mitteilungen aktuell: »Wir sind heute in guter Eintracht über Rembrandt und Michelangelo zu Hause geblieben, haben uns ein Bohnengemüse gekocht und Kompott verspeist. Für Donnerstag planen wir Egmont in sehr guter Besetzung.«[58]
Am 21. Juni kann er melden, daß zu seiner großen Beruhigung die schon so lange bestellten Kohlen geliefert worden sind. Am 24. Juni fragt er: »Fühlen Sie nicht, daß mein Herz in Ihnen schlägt und daß ich kein eigenes Leben mehr habe?«[59]

Die an Anna Maria Baumgarten in den Jahren bis 1928 gerichteten Briefe sind Niederschlag einer sich immer mehr vertiefenden, aber auch immer drängenderen Neigung, die nach einer Entscheidung verlangt. Am 20. Mai 1924 heißt es: »Liebe, die verborgen bleiben muß, Leben, das nicht enden darf, wie es soll, Tage voll brennender Glut, auf die keine Nacht folgen darf, die kühlt, und Nächte voll Qual vor verschlossenen Türen. Leben – Leben – über das das Schicksal im Frühdämmer schon die Askese verhängt hat.«[60]
Maria aber weicht der Entscheidung aus. Zu einem freien Bekenntnis ihrer Liebe, zum Überschwingen des großen Altersunterschiedes ist sie nicht fähig. Sie weiß um die Gefahren, die einer solchen ungewöhnlichen Verbindung schon von ihrer Anlage her drohen. Aber das ist es nicht allein, was sie zögern läßt. Sie ist auch fest eingebunden in die bürgerlichen Konventionen, scheut das Aufsehen, das Befremden der Umgebung, wohl auch ihrer Familie, von der sie abhängig ist. So könnte sie den Konflikt nur lösen, indem sie sich zurückzieht; das aber will sie nicht. Gefesselt von ihrer Neigung zu dem so viel jüngeren Mann, sicherlich auch in Sorge um seine psychische Stabilität, hält sie das Verhältnis in der Schwebe, bis der Mann nach jahrelangem Werben und Fordern sie in einem anderen Licht zu sehen beginnt.

In die vielen drängenden, fruchtlosen Gespräche leuchtet wie ein Zukunftsstern Unamuno hinein. 1952 schreibt Reinhold Schneider an Otto von Taube: »Auf mein Leben hatte er [Una-

muno] bestimmenden Einfluß. Ich kann sagen, daß er einige Jahre meiner Jugend fast beherrscht hat; ein Aufsatz von ihm über Coimbra brachte mich nach Portugal und von da zum Escorial und weiter ...«[61]
Portugal, Coimbra – sollte dort die Landschaft sein, die ihm sein Leiden erträglicher macht, ihn befreit von dem dunklen Mantel der Melancholie?»Es ging mir«, schreibt er später,»um die Bewältigung des Untergangs; sie konnte nur gelingen, indem ich den Untergang hineinnahm in mein Leben. Abweisbar war er nicht, ist er nie gewesen. Immer härter pochte er an.«[62]
Dieser Untergang hat persönliche Konturen. Er wird aber auch zusammen gesehen mit dem Untergang der eigenen Familie, des eigenen Landes und Volkes, das am Rande des Abgrundes taumelt. Untergang als geschichtliche und existentiell-menschliche Größe zeichnet sich ab, geht ihm auf.

Die äußeren Lebensverhältnisse haben sich für ihn kaum verändert:»Mich bringt hier die Katzbalgerei und der sinnlose Unfug meiner Arbeit bald um; ich werfe Rettungsanker, aber mit geringem Erfolg«, schreibt er am 11. April 1928 an Friedrich Singer. »Ich habe in all den Jahren noch keinen Grund unter meinen Füßen bekommen.«[62]
Der junge kaufmännische Angestellte bietet außerhalb seiner Kontorstunden billige Übersetzungen an: hundert Worte vom Englischen und Französischen ins Deutsche – 50 Pfennige; aus dem Deutschen ins Englische und Französische – 75 Pfennige; aus dem Spanischen und Portugiesischen ins Deutsche – 75 Pfennige; aus dem Deutschen ins Spanische – 90 Pfennige. Aber immer mehr festigt sich in ihm die Überzeugung, daß er zu anderem bestimmt sei. Zum 30. Juni 1928 kündigt er deswegen seine Stellung, erhält ein lobendes Zeugnis – »können ihn nur bestens empfehlen ...«[63a] und bereitet die ersehnte Reise nach Portugal vor.
»Ich riskiere in Anbetracht der nicht vorhandenen Mittel mancherlei, habe aber ein gewisses Vertrauen, daß ich mich durchschlagen werde. Im übrigen ist dieser Entschluß eine absolute Notwendigkeit; denn ich kann den stumpfen Trübsinn meiner bisherigen Existenz nicht mehr ertragen ... Jedenfalls tausche ich auch das kärglichste Leben gern für das bisherige ein, wenn ich frei bin«[64], schreibt er an Friedrich Singer. Noch drastischer, aber auch differenzierter drückt er sich der Mutter gegenüber

aus: »Es bedarf an sich keiner weiteren Erklärung, daß ich das Amt eines Kontor-Schemel-Rutschers nicht mehr länger ausüben kann.«[65] Die Aussichten im Buchhandel und Verlagswesen sind auch schlecht. Da bietet sich ein Angebot, vermittelt durch einen Onkel von »Spatz« (Maria) an, in Ägypten eine Stelle anzunehmen.
Ägypten – noch nicht Portugal. Aber ob hier oder dort, die eigentliche Begründung trifft auf beides zu: »Ich könnte ... die Stelle im späten Herbst oder Winter antreten, nachdem ich aber auf eine siebenjährige Gefangenschaft im Büro zurückblicken kann, möchte ich, wenn ich es irgendwie ermöglichen kann, dazwischen einige Zeit für mich und meine innere Entwicklung haben. Dies ist für mich eine direkte Notwendigkeit, denn mein äußeres Leben ist in stärkstem Maße von meiner inneren Entwicklung abhängig.«[65]
Am 3. August 1928 tritt Reinhold Schneider von Hamburg aus die Schiffsreise nach Portugal an – in Begleitung von Maria, die diese Unternehmung weitgehend finanziert, und gleich öffnet sich ihm ein weiter Blick: Die englische Küste steigt »hell und fein«[66] aus den Fluten empor. Dover mit seinem »mächtigen Schloß« beeindruckt fast genauso wie die »phantastische Felsenküste Nordfrankreichs«. In »traumhafter Bläue« gleiten sie auf dem tausendsechshundert Tonnen großen Dampferchen durch den gefürchteten Golf von Biscaya. »Unvergeßlich wird uns eine Nacht im Golf sein«, schreibt der beglückte Reisende an seinen Bruder, »als der Halbmond im dunkelsten Orange aus den verschleierten Wassern stieg; es war, als ob die Welt noch nicht geschaffen wäre und jene Geheimnisse sich vor unseren Augen abspielen sollten, die im Anfang waren und die nie ein menschliches Auge sah. Lange noch standen wir auf der Kommandobrücke, die Milchstraße spannte sich über unserem Mast, der leise auf und nieder schwankte und dem wir folgten als dem einzig Wirklichen in diesem Traum.«[67] Zusammen mit Maria erlebt er das Unfaßbare, das schier Unglaubliche in tiefem Entzücken. Die Sprache paßt sich dem Erleben an, wirkt weit, großzügig, zeitweilig hymnisch und plastisch zugleich. So spricht und schreibt ein Mensch, von dem eine große Last abgefallen ist. Die Sehnsucht nach Befreiung von der Qual des ungeliebten, ungeistigen Broterwerbsberufes hat die Schwierigkeiten, die das Verhältnis zu Maria schon in Dresden belastet haben, in den Hinter-

grund gedrängt. Jetzt werden sie überdeckt vom ganz und gar Neuen des Erlebens zu zweit, als könne doch wahr werden, was er sich so tief und sehnsüchtig gewünscht hat: die letzte Gemeinsamkeit mit Maria.
Am 27. August treffen die Gefährten in Coimbra ein, der Stadt, von der Unamuno so hinreißend berichtet hat, daß Reinhold Schneider sie so schnell wie möglich sehen, kennen, erleben will. Und gerade hier kommt es zur entscheidenden Erfahrung. Am 8. September 1930 schreibt Reinhold Schneider darüber in seinem Tagebuch: »Wieder in Coimbra, wo ich vor zwei Jahren mit Maria so unglücklich war. Wir saßen stundenlang auf dem Bett und weinten. Erster Zusammenstoß des Phatasmas mit der Realität. Hier wollten wir wohnen, ein Jahr oder noch länger, aber wir hielten es keine Woche aus. Natürlich mußte es so kommen. Wäre ich nicht so maßlos enttäuscht und so unglücklich gewesen und hätte ich damals nicht die letzte Hoffnung auf ein Zusammenleben mit Maria in Portugal aufgeben müssen, wäre der ›Camoes‹* ein besseres Buch geworden. Aber dieses Maß fordert zuerst ein Erlebnis ohne Trost. Wir müssen uns ohne Hoffnung gefangen fühlen, ehe wir befreit werden; wir müssen den Tod bis zur bittersten Sekunde erfahren: dann erst wird das Tor sich öffnen.«[68] Hier kündigt sich bereits an, was von nun an als Leitmotiv dieses Lebens auch in der schriftstellerischen Arbeit Ausdruck findet: die zentrale Bedeutung des Todes, der Mitte des tragischen Lebensgefühls.[68a]
Das Tagebuch wird in Spanien begonnen, ein knappes Jahr nach der Portugalreise. Die erste Eintragung erfolgt in Madrid unter dem Datum des 24. Mai 1930. Mit Anhängen ist es bis zum März 1936 geführt worden. Neben »Winter in Wien« als Ausklang dieses Künstlerschicksals ist es das wohl wichtigste persönliche Zeugnis Reinhold Schneiders. Nicht zu verwechseln mit dem Reisetagebuch »Portugal«, ist das sechs Jahre umfassende große Tagebuch nicht zuletzt ein Dokument der Veränderung. Maria wird zum Mittelpunkt der Wandlung des Jünglings zum Mann und seiner Entwicklung zum Künstler. Die Jahre der Werbung, der flehenden Liebe, der demütigen Dankbarkeit sind vorüber. Coimbra 1928 hat gezeigt, daß diese Frau zu seinem Schicksal, doch – noch – nicht zu seinem Leben gehört.

* Der »Camoes« ist Reinhold Schneiders erstes Buch.

Am 30. Mai 1930 notiert Reinhold Schneider in Madrid:»Maria schreibt, sie gedenkt mit Wehmut des Tages, an dem wir uns vor acht Jahren getroffen haben. Vielleicht wünscht sie diese Zeit und die Jahre, die ihr folgten, zurück. Da sie es tut und ich es nicht tun kann, zeigt es sich, wer von uns mehr gelitten hat. – Ich weiß es wohl, daß ich an jenem Himmelfahrtstag und noch einige Tage, vielleicht auch Wochen danach, glücklich war; glücklicher als jemals wieder. Aber wie habe ich dieses Glück bezahlt! Nein, ich wünsche nichts zurück. Mag ich jetzt auch in der Hölle leben; es wird nichts besser, wenn ich noch tiefer in die Hölle zurückgehe. Und doch: sie liebt; sie ist verlassen; sie tut mir unendlich leid. – Ich liebe nichts und niemand; das ist vielleicht noch schlimmer. Es ist sicher, daß ich sie sehr geliebt habe; ich hätte für sie sterben können. Das Wunderbare war: ich liebte in ihr den Schmerz.«[69]

Die Frau, die zum Inbegriff der Lebensretterin und der geistigen Partnerschaft geworden war, hat ihren Nimbus verloren. Selber »entschieden«[70] liebend, aber die Liebe nicht voll lebend, den letzten Mut zur Konsequenz nicht aufbringend, sich zu dieser Liebe auch offen zu bekennen, bleibt sie schließlich mit ihr allein, ohne sie allerdings aufzugeben und ohne daß beide den Kontakt zueinander verlieren.

Parallel dazu verlaufen für den Mann Entwicklungen, die immer wieder auf Maria als Ausgangspunkt verweisen: »Die Jahre mit Maria, so sehr ich sie liebte, lassen eine nicht mehr zu erhellende Verdüsterung in mir zurück; die Zeit, die ich jetzt durchlebe, in der ich rücksichtslos über mich selbst hinweggehe und hinweggehen muß, tut, was noch zu tun blieb. Unter Ausschaltung des Herzens zu leben, ist mir nicht möglich; ich tue es schon seit Jahren, dadurch verbiegt sich meine Form. Bisher hat das Leben mir nichts, aber auch gar nichts erfüllt. Ich lebte deshalb von meiner Sehnsucht. Weil mir das nicht mehr genügt, verneine ich alles. Es geht ein Bruch durch meine Natur, und der schadet dem Werk.«[71]

Das Werk, es wird nun zur bestimmenden Mitte. Immer schon war eine Ahnung in dem Knaben, dem Jüngling von einer Bestimmung, die dem normalen Leben unbekannt ist. Das Kind schreibt erste Gedichte und faßt sie 1916 in einem Büchlein zusammen: »Es sind der ›Gedichte‹ wenig, / Es sind der ›Gedichte‹ schlecht; / Doch auch das schlechteste ›Gedichtlein‹ / verlangt hier sein gutes Recht.«[72] Reinhold widmet das blaue Oktavheft »seinen lieben Eltern«.[72a] Der Jüngling verfaßte Verse und bringt sie der geliebten Frau, die ihn im weitesten Sinne vom Tode errettet hat. Auch die Fron der Büroarbeit hat den dichterischen Impuls nicht ersticken können. Das alles ist vielversprechend. Aber erst der Schritt in die freie Existenz ist die Voraussetzung für die künstlerische Verwirklichung, und da Maria nicht fähig ist, wirklich mit ihm zu leben, wird er Künstler werden ganz aus eigenem Leben und Streben – asketisch bestimmt aus notvollem Verzicht.[72b] Doch noch ist Maria zu nah, um ohne sie zu sein, und sei es auch nur in der Verneinung:»Sie wird in ihrem ganzen Leben niemals finden, was sie sucht, wie sie es auch bisher nie gefunden hat. Trotz den herrlichen Anlagen war sie nicht fähig, sich zur rechten Zeit für irgend etwas zu entschließen, etwas Entschiedenes zu tun ...«»Es ist wirklich wahr, daß wir, läge das Verhängnis der Jahre nicht zwischen uns, hätten glücklich werden können. Jung und ungebrochen wäre sie die Frau, die ich mir wünschte. Daß ich sie immer geliebt hätte, ist gewiß. Ob aber sie mich in ihrer Jugend geliebt hätte, bezweifle ich; nein, ich glaube das nicht. Sie hätte mich damals nicht verstanden ... Für sie, eine künstlerische Natur, war das Bürgertum ein namenloses Verhängnis. Denn um sich zu befreien, war sie nicht stark genug, das heißt, sie wollte nur frei sein, ohne zu bezahlen. Als ob nicht jeder Schritt zum Selbst Blut kostete!« Aber was wird aus ihr werden, wie wird ihr Schicksal sein?»Ihr künftiges Leben wird unendlich traurig sein, und ich werde immer meinen Teil daran tragen, auch wenn ich von ihr getrennt bin; dann vielleicht noch mehr. Sie wird vieles, sehr vieles noch versuchen – ohne Glück. Nichts ist tragischer als eine Frau ohne Ziel. Stelle ich sie mir in ihrer Einsamkeit vor, so schneidet mir das ins Herz; lebten wir aber zusammen, so litten wir beide noch mehr. Es ist ein unheilbarer Fall. Für mich hat sie viel geopfert; dennoch scheint mir, ich opferte ihr noch mehr. Ich habe Leben geopfert; Leben nicht gelebt! Sie vielleicht Schmerzen, Kräfte, Mittel. Eigenes Leben zugunsten eines andern nicht zu leben, und das zu verbergen: das ist das Schwerste, was ich tun konnte.« Aber er kann auch nicht über die eigene Beteiligung an der Katastrophe einfach hinwegsehen:»Wenn ich ehrlich bin, muß ich zugeben, daß ich in diesem einzigen Fall nicht ohne

Reue bin. (So sehr ich sonst alle Reue unterdrücke.) Wie sollte ich ihr denn sagen, daß ich nach einer anderen Leidenschaft verlangte. – Es ist vorbei, ich bin allein. Und wie einsam ich auch bin: ich kann nicht zurück. Der Gedanke ist mir in dieser ganzen Zeit niemals ernsthaft gekommen.«[73]
Eine unausgelebte Liebe ist gestorben. Eine Frau, die unentschieden auf der Schwelle der Liebe wie des Lebens stehengeblieben ist, steht einem Mann gegenüber, der sich zu retten versucht vor der Übermacht von Schuld- und Reuegefühlen in nicht immer gerechte Urteile und in »das Werk«, das noch nicht da ist, von dem er aber weiß, daß es kommen wird – und das weiß und daran glaubt auch die Frau. Sie, die so tief geliebt wurde, konnte doch nicht verhindern, daß das Unabweisliche kam, das sie immer gefürchtet hat und das sie abzuwehren suchte, indem sie die Liebe an die Distanz band.

Diese Distanz hat nun eine andere, schmerzlich trennende Qualität angenommen, nachdem das Unabänderliche geschehen ist und die Liebe des Mannes am Anblick des Alters erblindete: »Ich kenne die Tragödie des Alters«, schreibt der junge Mann in seiner spanischen Dachkammer in sein Tagebuch, »und weiß, warum ich am ersten Tag Marias Hände am leidenschaftlichsten küßte. Weil sie am deutlichsten die Spuren des Alters trugen, und ich es nicht wahrhaben wollte. Dieser Schmerz unter der scheinbaren Leidenschaft ist noch heute in mir, und er wird mich wohl nie mehr verlassen. Die Jugend will sich mir niemals schenken. Oft kommt eine Ahnung in mir auf, daß ich Marias Schicksal haben werde: alles zu spät. Das wäre die Vergeltung für die unumgängliche, ungewollte Schuld, und ich wüßte dann doppelt gut, was Alter ist. Der Ring schließt sich, und in seiner Mitte hält er das Bild Marias.«[73a]

Die Briefe gehen weiter in kurzen Abständen hin und her. Er teilt Maria unverändert seine Pläne mit. Nach Rom will er. Da schreibt sie, hofft sie, daß dies ein gemeinsames Ziel für sie sein könnte. Er reagiert abwehrend: »Maria schrieb; wir sollten zusammen nach Rom. Ich weiß nicht, was ich tun soll. So sehr ich mich auf ihre Unterhaltung, ihr Verständnis freue: es sind so viele Keime zu Krisen da, daß kaum ein paar Tage ruhig vergingen. Wahrscheinlich litte ich noch mehr, als wenn ich allein

wäre. Die Übermacht des Alters macht mich krank. Dunkles Problem.« Und dann bricht sich die Rechtfertigung neben der Einsicht Bahn: »Wenn man die Freiheit so teuer bezahlt wie ich, hat man wohl ein Recht darauf. Ich glaube auch, daß es nicht mehr leicht ist, mit mir zu leben.«[74]
Hilflosigkeit wandelt ihn an, der ein Gefühl schwinden spürt, das ihm viel bedeutet hat, einen Menschen der Veränderung preisgegeben sieht, der ihm einst teuer war, der von der Schwermut überwältigt zu werden droht und, um sich zu retten, das eigene Leben und die unentbehrliche Freiheit herauszieht aus dem Gemisch von Zukunftsangst, Ratlosigkeit und dem Ernst der Lebenswirklichkeit. Daraus erwächst der Versuch der Rechtfertigung ebenso wie das Gefühl der Verantwortung: »Ich habe eine solche Unruhe im Blut, daß ich nirgends bleiben mag und kann. Sie ja auch, aber sie spiegelt sich nach Frauenart etwas vor. Auch ihr Alter sucht diesen Frieden, meins nicht. Träfen wir uns nun, und dazu in Paris, so begänne die alte Tragödie: Ich leide; sie wird nicht begreifen wodurch; ich scheine sie zu lieben und liebe sie doch nicht. Ich wäre ja so bereit zu lieben; so leicht bereit, aber nicht sie. Sie ist gewiß mehr wert als viele andere, die ich lieben könnte. Sie versteht mich zudem auch besser; aber es ist unmöglich. Nehme ich ihr nun die letzte Illusion: was soll dann geschehen? Sie meint, ich warte auf sie; doch das ist ja nicht wahr. Ich wäre bereit, noch viel länger zu warten, ohne sie zu sehen. Längst täusche ich ihr nichts mehr vor. Doch sie kann nicht begreifen; sie kann nicht; denn das wäre das Ende ihres Lebens ... – Sie meint, in mir das Leben zu besitzen. Was hat sie? Einen Menschen, der seiner Arbeit gehört; der sich namenlos sehnt und den sie nicht stillen kann. Sie meint, es müsse Stunden geben, wo alle Pflichten fallen. Ich kenne diese Stunden nicht, so wenig wie das Lachen und jene Freude, die die Frau will. Ich kann mich nicht entsinnen, je diese unbelastete Freude empfunden zu haben. Dafür habe ich die große Freiheit, die nur auf den Anruf wartet.«[75]
Mehr und mehr festigt sich das Gefühl, nun frei und unabhängig leben zu müssen, aber die quälende Auseinandersetzung mit dem, was war, und mit dem, was sein wird, geht dennoch weiter: »Wenn ich wirklich mit Maria nach Italien ginge, wäre außer dem Verständnis, das sie für mich hat, nicht viel Gutes zu erwar-

ten. Wir wachsen notwendig auseinander, und ich leide in einer vorgetäuschten Gemeinsamkeit viel mehr, als wenn ich ganz allein bin. Den Konflikten kann man eben nicht entgehen«, fügt er, ganz im Sinne Unamunos, hinzu. »Der meine ist ganz irreparabel, den das Leben und seine Entwicklung selbst setzen. Er muß sich in dem Maße vergrößern, wie die Intensität meines Lebens zunimmt.« Und dieses Leben, sein Leben, das aus der Erfahrung, unter der er leidet, hervorgeht und ihn in eine vehemente Verzichthaltung drängt, soll nur dem Werk, dem erhofften, ersehnten, erfüllten Werk dienen.

»Der Schriftsteller muß absolut allein sein«, schreibt er, »gerade heute, wo alles zum Kompromiß drängt. Je weniger Verbindungen er hat, um so gewisser ist er in seiner Äußerung«, und Reinhold Schneider wird dieser Maxime lange Zeit folgen. »Am besten ist es für den Schriftsteller«, meint er, »wenn er keinen Wohnsitz hat, nirgends anzutreffen ist.«[76]

Er entschließt sich, Maria zu sagen, daß er auf ein Leben mit Bindung an eine Frau verzichten muß. Aber der eigentliche Auslöser für diese schwer errungene Einsicht ist die Erkenntnis, daß er mit *dieser* Frau keine lebenslange Bindung eingehen kann und auch nicht mehr eingehen will. Er weiß genau: »Das Unüberbrückbare ist natürlich der Hebel des Entschlusses.«[77]

Bereits in dem frühen Sonett »Zeit der Liebe« vom 7. Mai 1927 lauten die letzten Zeilen:

Dich sah ich früh, von Liebe fortgerissen, / Und ohne Hoffnung, je dich mein zu nennen, / Muß ich mich unablässig von dir trennen.[78]

Jetzt, allein in Spanien, dem großen Gesetz der Form nachspürend, beginnt er, der einst glaubte, ohne Maria nicht leben zu können, die eigene Lebensform zu suchen, das Gesetz des eigenen Lebens zu erkunden. Der Schmerz der Trennung läßt ihn nicht los, aber er weiß auch, daß »in der Entsagung eine enorme Möglichkeit der Steigerung« liegt, die er sich »dienstbar machen muß. Früher«, schreibt er ins Tagebuch, »habe ich das nicht erkannt. Man muß sich als Verzichtender nur stets als Sieger, niemals als Büßer fühlen: das ist das Geheimnis fruchtbarer Asketen. Wir müssen den großen Konflikten Raum schaffen, indem wir die kleinen negieren. Also: wenig Psychologie, viel Zielbewußtsein und Wille zur Tat.«[79]

Aus eigener Not und Nietzsches Geist versucht der junge Schriftsteller, der an seinem großen Buch über Philipp II. von Spanien arbeitet, sich seinem Schicksal zu stellen. Dabei ist ihm jene Überheblichkeit nicht ganz fremd, die da entsteht, wo Unsicherheit versteckt regiert und unterdrückte Schuldgefühle Trotz und Widerstand erregen.

In Heidelberg, wo er sich nach der Spanienreise, aus Paris kommend, vom 9. bis 22. Dezember 1930 aufhält, sehen sie sich wieder. »Maria reiste ab; wir wurden wieder innige Freunde; dieses Verhältnis, das auf unsägliche Schmerzen aufgebaut ist, wird doch dauern.«[80]
Er reist durch Deutschland, auf der Suche nach sich selbst, versunken bereits in die Berufung des Schriftstellers, und die einst geliebte, nun nur noch liebende Frau, fährt ihm nach. »Ich war kühl, als Maria reiste«, notiert der Achtundzwanzigjährige am 1. Juni 1931 nüchtern und ehrlich ins Tagebuch, »hatte alle Gedanken bei einem Sonett. Später ergriff mich ihre erschütternde Liebe ...«[81]
Dabei bleibt ihm – und das für immer – das Bewußtsein einer unlösbaren Bindung: »... in einem tragischen Fall: im Falle Marias wurde ich Schicksal für einen anderen.«[82]
Aber an dem einsamen Weg sieht er kein Vorbeikommen. An einem Frühherbstabend in Göttingen, neun Jahre nach ihrer ersten Begegnung, schreibt er: »Maria ging; wir verstanden uns tief. Es ist seltsam, daß diese Gemeinschaft in der Einsamkeit um so inniger wird, je schmerzlicher sie ist.«[83] Einsamkeit und Schmerz – gehören sie für ihn zu seinem Leben? Was andere fliehen – hat er sich ohne viel Widerstand darein ergeben?
Und während seine Unruhe ihn durch die Länder und Städte treibt und er sein Leben selbst als extrem empfindet, wächst der Wunsch nach einer Gefährtin, die ihn versteht und doch frei sein läßt.

In München, im Winter 1931, leuchtet etwas wie eine Möglichkeit auf, aber schnell wird sie abgewiesen: »Vielleicht kann ich nur dort lieben, wo ich verzichten muß. Denn im Grunde ist es gerade das, was ich in der Liebe suche: der stärkste Verzicht. Es

wäre deshalb ebenso töricht als weise, wenn ich im Begriffe wäre, mich zu verlieben.«[84]
Eine junge Frau, die Jane des Tagebuches, fesselt ihn. Für sie geht er sogar zum Faschingsball, wissend, daß sie nur noch ein Jahr zu leben hat. »Der Saal war bunt, die Masken wirbelten; sie tanzte viel und wurde immer heiterer. Wenn aber die große Posaune sich aufrichtete und in den Saal hallte, hörte ich das Signal; und beim Blick auf die sich drehenden Menschen wurde ich den Gedanken an die eine nicht los, die verfallen ist. Wo wird dieses herrliche Haar sein in einem Jahr? Die hohe Gestalt; wo wird sie ruhen? Und diese unsagbar schönen, gütigen, frohen Augen, auf welche finstere Decke werden sie blicken?«[85]
»In dem Augenblick, als ich erfuhr, daß sie in einem Jahr sterben werde, begann ich sie zu lieben. Aber es wird stiller; ich überwinde; ich schlafe, ich arbeite wieder. Sie wird für mich Wirklichkeit bleiben, ob sie ist oder nicht; wie sie auch Wirklichkeit ist, obwohl ich sie nicht besitze. Hier oder dort, gleich fern, gleich nah.«[86]
Das klingt fast, als brauche er, um sich zu verlieben, die Gewißheit, daß die Liebe ihn nicht auf die letzte Probe der Entscheidung stellt. Die extreme Situation läßt ihn das Verhältnis von Mann zu Frau grundsätzlich reflektieren: »Der Mann ist ebenso primitiv wie gemein; was er sucht: eine Göttin, die er anpissen darf. Er erhöht, um zu erniedrigen, seltener erniedrigt er auch, um zu erhöhen. Das alles nennt man Liebe, mit voller Approbation der Frau.«[87]
Der schonungslosen Selbstverurteilung folgt der Verzicht: In einem Brief nimmt er Abschied. »Vielleicht habe ich etwas Übermenschliches versucht; ich kann jedenfalls weder hier mitleben noch erinnert werden und verreise deshalb für einige Tage, wahrscheinlich nach Weimar, wo die Nähe der Großen, die mein Leben bestimmen, in mir noch zuerst das Gefühl der Heimat erweckt; denn im Grunde habe ich keine: niemals und nirgends. Die kleinen thüringischen Städte sind mir vertraut; dort finde ich auch noch zur Not ein paar Menschen, an deren Tisch ich mich abends setzen darf, wenn ich mein Schicksal nicht mehr ertrage.« Hier stellt er Distanz her, um sich zu retten:
»Es ist mir leider nicht möglich, das Bild, das ich gerne in meinem Zimmer gehabt hätte, abzuholen, weil es mir nicht möglich ist, mit den Menschen, die in irgendeiner Beziehung zu meinem

Erlebnis standen, zusammenzukommen. Daß dieses Erlebnis ein rein egozentrisches war und sich ganz durch mich und ohne Deine Schuld entwickelte, brauche ich nicht darzulegen. Ich habe nur die eine Bitte an Dich, mir nicht zu schreiben; ich darf nicht die Hoffnung haben, etwas von Dir vorzufinden, wenn ich zurückkehren will. Lasse bitte das Manuskript des Philipp an meine hiesige Adresse zurückgehen – ...« Und dann, fast entschuldigend: »Ich hatte gehofft, Dir ein besserer Freund sein zu können; an dem Willen dazu fehlte es mir nicht; doch hatte ich die Rechnung gemacht ohne die unterirdische Heftigkeit meiner Natur. Irgendeine Sorge meinetwegen brauchst Du nicht zu haben; ich überwinde mit Sicherheit; jetzt wie immer am besten allein. Meine Aufgabe wird wieder Besitz von mir nehmen; und sie ist derart, daß man unter ihrem Gebot Ungeheures erleiden kann, ohne zu zerbrechen.

Mein letztes Wort ist ein Dank für das Geschenk, das Du mir gemacht, einfach dadurch, daß Du mir begegnet bist, und der innigste Wunsch für Deine Gesundheit und Dein Glück. Dein Reinhold.«[88]

Zurückgeworfen auf das Vertrauen in die eigene Kraft, auf die Zuversicht, einer Berufung zu folgen, ergibt sich der Achtundzwanzigjährige in die Tragik seines offenbar unabwendbaren Schicksals: dem Glück entsagen zu müssen.
Aber noch einmal scheint sich dieses Geschick zu wenden, als ihm in seiner Berliner Zeit eine junge Frau begegnet, die ihm als Sekretärin bei der Fertigung seiner Manuskripte hilft, wohl noch bis fast zum Schluß seiner Potsdamer Zeit. Willy Schneider schreibt 1969, also im Rückblick auf das vor mehr als dreißig Jahren Geschehene: »Hanna hatte ... die große Gabe und Fähigkeit, meinen Bruder, der ja schon damals oft unter schwerer Melancholie geradezu selbstzerstörerischer Art litt, ein wenig und sehr zartfühlend der Lebensfreude zurückzugeben, wenn auch nur auf Augenblicke, und das war schon sehr *viel*! Hanna war, das bin ich gewiß, ein wertvoller Mensch und fern jeder Berechnung, die außerdem wohl befähigt war, die Arbeit und das Schöpferische zu begreifen und dem Bruder geistige Gefolgschaft zu bieten. Ganz sicherlich wäre sie ihm eine verständnis-

volle Frau gewesen, denn sie liebte ihn und *verstand* sein Wesen.«[89]
Willy Schneider – tief verletzt durch das Zerwürfnis, das ihn in der letzten Lebenszeit seines Bruders von diesem trennte und an dem Anna Maria Baumgarten auch nach Auskunft von Josef Rast, Reinhold Schneiders Schweizer Verleger, offenbar nicht schuldlos war[90] – schreibt weiter: »Natürlich mußte diese legitime Verbindung von der andern Seite verhindert werden, ob es zu meines Bruders Guten war, bezweifle ich heute auf das ernstlichste. Wie und auf welche Weise diese schöne Verbindung gelöst wurde, vermag ich nicht zu sagen, auf jeden Fall war eben die Trennung für *ihn* fraglos verhängnisvoll und hat das Lebensgefühl und vielleicht den Lebenswillen in ihm zerstört. Ich weiß nur, daß er sehr unter der Trennung litt und sich auch einer schweren *Schuld* bewußt gewesen ist.«[91]
Der Empfänger dieses Briefes, Friedrich Singer, ein Freund der Brüder Schneider und angeheirateter Verwandter – seine Frau Eva war eine Cousine aus der Familie Messmer –, schreibt dazu am 19. Februar 1969: »Ich bin fest davon überzeugt, daß Reinholds Leben einen anderen, weit positiveren Verlauf genommen hätte an der Seite Hannas.« Auch er ist sicher, daß Anna Maria Baumgarten die Trennung erzwungen hat. Singer erinnert sich: »Ich weiß doch nur allzu klar, wie ich lügen sollte, damit sie [Anna Maria Baumgarten] nicht erfuhr, wenn er sich mit der anderen treffen wollte.« Und Singer fährt dann fort: »Die Sache mit Hanna ... war also keine Episode, sondern ein lebenlenkendes, in die Tiefe gehendes Hauptereignis dieses Lebens.«[92]
Viele Jahre nach diesen Vorgängen schreibt der auf sein Leben zurückblickende Reinhold Schneider: »Mit Recht ist mir vorgeworfen worden, daß in meiner Arbeit, im Sein und Tun der Gestalten der Eros nicht zu seinem Rechte komme. Ich glaube doch, daß er für mich den Aspekt der Welt entschieden hat. Ich sehe keine Glücksmöglichkeit, keinen idyllischen Zug.«[93] »Ich lernte begreifen, daß nur der Verzicht bleibt, wo die Wahl zwischen Verzicht und Lüge gestellt ist. Denn das Demütigendste ist die Lüge.«[94]
Anlage und Schicksal fallen zusammen: Aus den Verstrickungen, in die die Liebe zu Maria geführt hat, gibt es keine Befreiung, auch weil die Neigung zum Geschehenlassen, zum Sich-Fügen, zum Verzicht Aktivität verhindert.

Maria weiß früh um das, was vor sich geht. Sie macht keine Szene. Sie leidet – und sie läßt es den Mann wissen. Der schreibt am 28. März 1932 an sie: »Zurückgekehrt an die Stelle Deines entsetzlichen Leidens, werde ich auf das tiefste erschüttert ... Die Unergründlichkeit Deiner Liebe macht Dich zur Heiligen; die Schuld, sofern sie nicht das Fatum trifft, liegt auf mir; aber ich mußte diese Schuld nehmen und tragen, ich konnte mich ihr nicht entziehen. Daß Du so littest: dies ist das Unüberwindliche in mir selbst, der nicht zu vertreibende Schatten über jedem möglichen Glück. Wo ist Recht, wo ist Unrecht? Das Höchste und Einzige wurde uns verweigert, und die Kräfte und Hoffnungen unserer Naturen, die unsere Gemeinsamkeit hätte vereinigen können, verstreuen sich ins Weite, ins Zufällige vielleicht; aus dem tiefen Sinn unserer Begegnung wird ein Widersinn; wenn wir jetzt uns und unser Dasein noch retten wollen, so müssen wir dieses Schicksal annehmen und aus der Entsagung machen, was – in unserem Falle – auch aus der Erfüllung hätte werden können und müssen – ein unwandelbares Streben nach unseren höchsten Möglichkeiten. Du allein, Du Einzige, außer jedem Vergleich Stehende, konnte(st) mir diesen Antrieb geben; darum bist und bleibst Du mein Schicksal; und darum können und müssen wir uns zeitweise trennen, ohne einander zu verlieren, denn wir hängen nicht allein mit unserm Sein zusammen, sondern in einem viel stärkeren Maße mit unserm Wollen und Verlangen, mit allem, was auf ein Ziel über uns gerichtet ist. Ich bitte Dich nicht um Verzeihung, aber ich habe über alle Vorstellung gelitten unter dem Gefühl, daß Du leidest; ich werde den marternden Gedanken, Dich in dieses Leiden gestoßen zu haben, nie in mir ersticken können und wollen. Auf Deine Liebe kann ich auch jetzt nicht verzichten: ich weiß, daß nicht nur in mir, sondern auch in meinem Werk etwas zerbricht, wenn diese heilige Liebe sich mir entzieht.
Ich sehe in Deine Augen, einzige Frau; ich sehe die Tränen darin, und es peinigt mich wie Feuer. Laß mir den Lebensatem der Andern: diese letzte Möglichkeit der Versöhnung durch ein einfaches Herz, das mir teuer ist. Das Endgültige aber kommt aus Dir und bleibt Dir, und nicht allein das Werk, auch das Gefühl.«
Die Nachschrift dieses Briefes enthüllt den Zustand, in dem Schneider sich befindet: »Dieser Abend war und ist der trostlo-

seste meines Lebens.«[95] Vielleicht fühlt er bereits: Die Bitte, ihm die Brücke zum Leben zu lassen, die Hanna für ihn ist, wird nicht erfüllt. Maria klagt nicht an, sie verurteilt nicht – sie leidet und sie verbirgt es nicht. Sie stellt eine Antwort in Aussicht, die nicht kommt, und damit bleibt alles in der Schwebe und offen, ihr zukünftiges Verhalten nicht bindend, so wie sie in Heidelberg oder Göttingen plötzlich da war, wenn sie spürte, daß sich die Beziehung lockerte.

Bei Reinhold Schneider siegen schließlich Dankbarkeit, Schuldgefühl und das Verantwortungsbewußtsein für einen Menschen, von dem er fürchtet, daß er aus eigener Kraft den Konflikt nicht bestehen wird.

Aber es ist nicht mehr wie vorher. Die Zeit der Kosenamen ist vorbei. Der Name Maria versinkt in der Vergangenheit. Was bleibt, sind neben Schmerz und Trauer sowie der Verpflichtung zu Dank und Schuldbewußtsein das Wissen um die eigene Berufung und – Resignation. Denn das Bekenntnis zu der »Andern« nützt nichts; weder im Gefühl noch im Denken ist er frei und freigegeben worden. Die neue Lebensphase kündigt sich im Brief vom 25. April 1932 an, obwohl der Versuch, Hanna in diese schwierige Konstellation hineinzunehmen, noch jahrelang angedauert zu haben scheint. In diesem Brief nennt Reinhold Schneider die einst von ihm so überschwenglich geliebte Frau, die unaufhaltsam auf so ganz andere Weise als für ihn vorstellbar zur einzigen Gefährtin seines Lebens wird, »Liebste Anna Maria« und unterzeichnet mit »Dein Freund«[96].

Wenige Tage später schreibt Reinhold Schneider mit Bezug auf Hanna in sein Tagebuch: »Von einer gewissen Stufe der Geistigkeit und des Leidens am Geist an kann allein die Frau als Natur, die starken, einfachen und unverbildeten Herzens ist, Gefährtin des Mannes sein. In dieser Sphäre sucht der Mann nicht mehr den Gegner im Weibe: er hat alle Gegnerschaft in sich selbst.«[97] Neben diese verhaltene, ins Objektive gebändigte Äußerung, tritt einen Satz später die von persönlichem Erleben durchzitterte Erfahrung: »Aus der Freude über die Nähe eines Lebens, aus der Dankbarkeit für eine Neigung wird Neigung; aus der

Neigung Liebe; aus der Liebe Leidenschaft. Sind die Umstände ihr entgegen, beginnt der Verzicht: kurze Nächte, in denen das Herz wie eine Stichflamme zuckt; lange, trostlos grauende Morgen des Wartens, verfliegende, gezählte Stunden des Zusammenseins, und wieder die lange, unbeherrschte Unruhe des Herzens. Aus dieser Einsamkeit, in die das Frühjahr flimmert und blitzt, steigt schließlich die Schwermut; dunkler und mächtiger als je. Es ist auch wieder ein Intervall zwischen den Werken: eines der Todestäler zwischen den Gipfeln.«[97a]
Mühsam bewältigt sich in solchen Sätzen aufdämmernde lebensbestimmende Entsagung. Schließlich wird das, was quälende persönliche Realität ist, in die Nüchternheit der Objektivierung gezwängt: »In der Liebe ist nicht die Begegnung entscheidend, sondern die Liebeskraft des eigenen Herzens.«[98]

Tragisches Lebensgefühl

Der Schwermut Erbe ward mir übermacht,
Es ist mein Untergang und ist mein Leben;
Wohl fühlte ich's in frühen Tagen schon,
Doch kommts aus frühern, aus des Anfangs Nacht.[99]

Das 1928 geschriebene Sonett »An meinen Vater« ist Bekenntnis zur Qual der Melancholie. Des Vaters wie des Sohnes Schicksal wird davon mitbestimmt – so sehr, daß nach des einen Erliegen und nach der mißlungenen Tat des anderen die ernsthafte Auseinandersetzung mit dieser Grundkomponente des eigenen Lebens unausweichlich wird.
Arthur Schopenhauer wird zum Meister und Lehrer des zerquälten, von seinen Lebensumständen und seiner Lebensangst gepeinigten Hochsensiblen. Viel später schreibt Reinhold Schneider: »Noch heute bin ich Schopenhauer dankbar für die Größe der Weltsicht, mit der er kalte einsame Abende und Nächte beschenkte.«[100]
Schopenhauers Überzeugung, daß die Welt, die Menschheitsgeschichte ein Tummelplatz der Leidenschaften ist, entspringt und entspricht seiner Auffassung, der Mensch und sein Leben seien nichts anderes als eine Jagd nach Scheinwerten, sie drehten sich im Kreise, und am Ende stehe der Tod. Das Absolute sei nicht Geist, sondern zielloser Wille, blind und ungebändigt. Die Intelligenz, der Intellekt, der nach Schopenhauer nur Werkzeug des Willens ist, durchschaut endlich die Sinnlosigkeit allen Seins und Lebens, was die Verneinung des Willens zum Leben bedeutet – die Erlösung von der Welt. Vom Daseinsdrang aber könne der Mensch nur erlöst werden durch die Umkehr des Willens, durch Selbstopfer, Selbstabtötung, was an indische Vorbilder (Buddhismus) anschließt. Das Christentum, wie es sich historisch entwickelt hat, lehnte Schopenhauer ab; er sah darin eine Volksmetaphysik. Die Verneinung des Lebens, also die pessimistische Grundströmung von Schopenhauers Philosophie, war zugleich Urgrund seiner Mitleidsethik. Er erfaßte Liebe als Mitleid. Im Mitleid werde die Einheit allen Seins errungen. Alle Mitgeschöpfe – Menschen, Tiere, Pflanzen – gehören in diese

Einheit der Zubemitleidenden hinein, während das Absolute ein vernunftloses irrationales Drangprinzip ist. Im Grunde ändert sich im Ablauf der Geschichte nichts: Der Mensch leidet und fügt anderen Leiden zu.

In dem Stellenwert, den Schopenhauer dem Triebleben zumaß, sind wesentliche Einflüsse auf die Entwicklung der modernen Psychologie, beginnend bei Sigmund Freud, beschlossen. Die Konsequenz aus seiner pessimistischen Welt- und Lebenssicht ist aber nicht etwa der bewußt herbeigeführte Tod, der Selbstmord, sondern die Abwendung vom Egoismus und die Lösung von den Gütern dieser Erde. Das buddhistische Lebensideal leuchtet auf.

Der junge Reinhold Schneider – belastet mit dem Gedanken an den Tod des verehrten und geliebten Vaters und dem Versuch, das eigene Leben zu beenden, tief hineingetaucht in das Erleben der Fragwürdigkeit allen Seins – wird von Schopenhauers Welt- und Lebenssicht nicht einfach nur beeindruckt, sondern geradezu getragen. Hier wird sein Wunsch, von der Last des Lebens erlöst zu sein, zwar geteilt, aber nicht durch die Lösung des gewaltsamen, selbst herbeigeführten Todes. Hier findet sich quasi die Rechtfertigung für das Leiden am Leben, das ihn beherrscht in dunklem, nie zu erhellendem Zusammenklang von Anlage und Einstellung.

Die Nichtigkeit der Welt und ihrer Güter, wie Schopenhauer sie postuliert, führt aber nicht zur Verneinung der Welt, sondern zu ihrer Bejahung im Aufschwung, der ein Sichniederbeugen ist – zu den Leidenden, Geschundenen, Geschlagenen – zu jeder Kreatur. Hier ist der Ansatzpunkt, der auch ein so verdunkeltes und sinnlos erscheinendes Leben wie das des jungen Reinhold Schneider in Dresden in eine bejahende Bahn führt. Das Nein zur Welt, wie sie ist und immer sein wird, enthält im dadurch ausgelösten Mitleid das Ja zur Existenz, zum Leben.

Das Nein-Ja Schopenhauers zu Welt und Leben findet in Schneiders Weltsicht und Empfindung eine tiefe Entsprechung. Später schreibt er: »Wer das Leid des Daseins, das Leiden am Dasein nicht empfindet wie er, als Leiden eines einzigen, einigenden Lebens, bedarf seiner nicht. Wer aber die Unheilbarkeit der Welt (unheilbar im irdischen Sinne, aus ihr selbst), das stumme, rat- und hilflose Leiden der Geschöpfe und die Unstillbarkeit in der eigenen Brust, die Selbstzerfleischung des Willens in ihr von Stunde zu Stunde erfährt, und zwar als ein Unzerteilbares, das sich aus einer Wurzel streitend verzweigt, wer ahnt, was die Bäume bewegt und das Wasser und die Steine und die Sterne, die den Alten ja Wesen waren, und im Auge des Tiers den grundlosen Schmerz gewahrt; wer über den Anblick eines alten, verwachsenen Bettelweibs nicht hinwegkommt, das auf einer Türschwelle in Madrid wie ein Kleiderbündel liegt, der mag sich von Arthur Schopenhauer angesprochen fühlen wie von einem Bruder.«[101]

Hier weiß sich ein Leidender angenommen. Die Tragik des eigenen Lebens, »die dort beginnt …, wo ein Mensch aus seinem Kreise treten muß«[102] – das heißt, daß notwendig werden muß, was eigentlich unmöglich ist[103] – muß bejaht werden, um erträglich zu sein. Das Ja zum Nein ist mit dem Nein vorgegeben und bedeutet seine Überwindung.

Das Tragische ist ausweglos, es ist Gefühl und Verhängnis: »Es ist das Schicksal der Gestalter des Tragischen, daß nicht nur ihr Leben, sondern auch ihre Leistung wieder zum Ausdruck des Tragischen wird. Darin liegt, noch in weitem Abstand von ihrer eigenen Zielsetzung, das eigentliche Dauernde. Es ist das, was sie eigentlich wollten und mußten: Die Verwirklichung des Tragischen in seinen höchsten Möglichkeiten: das Leben in seinem Verlauf und in seinem Resultat als vollkommene Tragödie. Denn das Tragische ist nichts anderes als der Sieg einer Form auf Kosten ihrer Existenz: der unwiderrufliche Sieg.«[104]

Das eigene Lebensproblem wird von dem jungen Tagebuchschreiber ins Objektive transponiert. Die Aufgabe und das Problem der Form tauchen auf; es wird aber übermächtigt von dem Gefühl, das ausgeht von dem spanischen existentialistischen Dichterphilosophen Miguel de Unamuno, der in seinem Hauptwerk »Das tragische Lebensgefühl« die Existenz als Todeskampf sieht und darstellt. Leben sei Agonie, Übergang zum Tode. Unsterblichkeit gibt es bei ihm nur durch das eigene Werk, das Gedächtnis der Menschen.

Bei Unamuno kehren die Großen der europäischen Geisteswelt ein: von den Mystikern bis zu Sören Kierkegaard, den er seinen Bruder nennt – »hermano Kierkegaard«. Erst über Unamuno kommt Reinhold Schneider auch zu Pascal, Kant und Nietzsche. Der Mensch Kant, sein Leben, und Nietzsche, der Philosoph des heroischen Lebensgefühls, werden weithin mitbestimmend für das eigene Leben.

Für Unamuno ist das Tragische vor allem ein Gefühlswert,»und gegen Gefühlswerte halten keine Gründe stand. Denn diese sind eben immer nur Gründe, sogar wenn sie die Wahrheit enthalten«[105].Unamuno scheut weder den Konflikt mit der Politik – er wird aus Spanien verbannt – noch mit der Kirche, und so schreibt Reinhold Schneider am 13. Dezember 1926 an den Philosophen:»Was ich Ihnen aber am meisten verdanke, das ist die Befreiung der Philosophie aus der Tyrannei der Begriffe, die Entdeckung des *Menschen* Kant, der Mut zu unauflöslichen Konflikten und das Vertrauen auf die Fruchtbarkeit der Dissonanzen.«[106] Dieser Gedanke, daß die Gegensätze fruchtbar sind, bleibt bestimmend für Schneider, auch wenn er später bisweilen davon abzuweichen scheint.

Über den Konflikt hinauszugelangen im Bewußtsein seiner Existenz und trotz des Neins zum Leben dennoch das Ja zu sprechen, das aber ist Reinhold Schneiders lebenslange Aufgabe. Er erkennt sie in diesen frühen Jahren der Klärung, und zu den Wegweisern und Wegdeutern Schopenhauer und Unamuno tritt Friedrich Nietzsche hinzu.

Der Atheismus Schopenhauers hatte überzeugt. In Nietzsche trifft der junge Reinhold Schneider auf den »prometheischen Denker«[107], von dem Lou Andreas-Salomé an Paul Rée schrieb, »sein Lachen sei eine Tat«[108]. Was Nietzsche für Schneider zu dieser Zeit, also zu Beginn der dreißiger Jahre, ist, hat er später so ausgedrückt:»Der Versuch, ohne Gott zu leben, scheiterte, auch die Wertsetzung, die diesem Versuch dienen sollte, muß fallen: sie kann zu keiner Kultur führen, sondern nur in das Nichts. Dennoch war die Welt in ein Stadium getreten, wo dieser Versuch gemacht werden mußte: daß er [Nietzsche] ihn auf sich nahm mit all seinen furchtbaren Folgen, dies ist Nietzsches große geschichtliche Tat; sein Verdienst und (wenn ein solches Wort erlaubt ist) sein Dienst am Ewigen.«[109]

Auch Nietzsche gewann das Ja zum Leben der entscheidenden Verneinung des christlichen Unsterblichkeitsgedankens ab. Der Gedanke der ewigen Wiederkehr beflügelt den jungen Schrift-

steller, der in Spanien an seinem »Philipp« und an seinem Tagebuch schreibt, zu einer eigenen Version: »Wie wenn es eine metaphysische Tragik gäbe; wenn die Konstellation, in der wir hier stehen, nach dem Tode fortdauerte, und so in alle Ewigkeit? Wenn der Tod also die Tragödie nicht löste und sie nur der Ausschnitt wäre eines unendlichen und immer unabänderlichen Geschehens? Wenn die Freiheit sich niemals öffnete? Der Gedanke ist zunächst grauenhaft, bezeichnet aber den Gipfel des Heroischen, den der Mensch erklimmen kann. Er würde für mich, der ich nicht wie Bernanos katholisch bin, etwas ähnliches bedeuten, wie Nietzsches ›ewige Wiederkunft‹, aber doch mit weniger Zwang, mit mehr Entwicklung über der Schranke. Zum Gefängnis darf das Jenseits nicht werden. Die Idee ist aber so groß, ihr Einfluß auf das Leben könnte so unermeßlich werden, daß sie mich sogar dazu bringen könnte, an eine auf gewisse Weise persönliche Fortdauer zu glauben, wenn auch natürlich unter der Voraussetzung einer grundlegenden Verwandlung, die nicht durchdringlich ist. Aber der tragische Glaube, sich selbst und sein Verhängnis wieder zu finden, reißt über den Tod hinaus. Dies ist der wichtigste Satz! Das wäre eine Überwindung des Todes ohne Verzicht auf die Tragik, im Gegenteil, zu Gunsten einer eminenten Vertiefung der Tragik.«[110]
Dann aber führt er den Gedanken weiter, vom Allgemeinen zum Persönlichsten gelangend: »In der christlichen Vorstellung der Hölle, von der Bernanos, ohne die Schranke des Katholizismus je überschreiten zu wollen (und er hat Schranken), ausgegangen ist, verrät sich in der Tat ein bis in die letzten Gründe der Ewigkeit vordringendes tragisches Weltgefühl. Das Verhängnis, das auf Erden sichtbar wurde, kann nicht mehr vom Menschen genommen werden. Damit rollt das Leben schon ganz im Kreis einer unabänderlichen Ewigkeit ab. Der Gedanke geht in mein Leben über, er wird mich vielleicht immer beschäftigen; ja es scheint schon, daß er in mir zur Herrschaft kommt. Die Welt wird jeden Tag härter, und ich sehe wohl, daß ich nur in dieser harten Welt leben kann. Das Idyll, so scheint es, wird sie nicht um einen Grad mildern können. Um in christlicher Sprache zu reden, würde ich mir also meinen Platz unter den Verdammten suchen; denn etwas anderes als ein Symbol kann die christliche Religion nicht für mich werden. Ich gehöre zu sehr dem Norden an, und der Norden rebelliert immer; das ist seine weltgeschicht-

liche Aufgabe.« Diese Tagebucheintragung schließt mit den Worten: »Die Nächte sind hart, die Tage auch: es ist wenig Hoffnung hier und in Ewigkeit.«[111] Zu dieser Zeit nennt sich Reinhold Schneider einen »Metaphysiker ohne Religion«[112]. Immer wieder in den Jahren zwischen 1922 und 1935 umkreisen Schneiders Reflexionen das Grundmotiv seines Denkens und Fühlens, das Basisthema seines Lebens: das Tragische, das unabänderlich verbunden ist mit dem Tod. Dabei gelangt er zu der Überzeugung, daß die Erkenntnis des Tragischen im Grunde von dem Erkennenden die heroische Tat verlangt. »Die Realität liegt in der Tat«, schreibt er am 19. Mai 1933 ins Tagebuch[113], wobei sicherlich der zeitgeschichtliche Hintergrund – der Machtantritt der Nationalsozialisten – eine Rolle spielt. Nur wenige Sätze weiter aber stellt er die Dissonanz, mit der der Tragiker lebenslang existieren muß, in der Feststellung her: »Der Mensch kann sterben, nur um zu leben.«[114] »Der Tod ist nichts anderes als ein Durchbruch zum Leben, denn die Formen stellen wohl dar, sind aber nie die absolute Realität. Alle Gestalt hat ihren eigentlichen Wert als Symbol, nicht als Wirklichkeit.« Damit ist vor allem die menschliche Gestalt, die Form in Gestalt der Physis gemeint. »Wo man aber die Gestalt an sich zum höchsten Wert macht, vergeht man sich am Sinn des Lebens.« Und dann folgt, in Klammern versteckt, der Satz: »(Nietzsches Kardinalirrtum die Überschätzung der Form. Es ist der Kardinalirrtum des Tragikers.)«[115]
Der Tragiker Reinhold Schneider, der zu dieser Zeit bereits in mehreren Büchern das Problem der Form durchmessen hat, lebt mit diesem Irrtum und folgert daraus: »In der Konzeption des Lebens als einer erscheinenden metaphysischen Wirklichkeit liegt ihr wesentliches Moment: die Gefahr und der Antrieb der Empörung. Wie sollte ich mich beugen, da ich unendlich bin? Dieselbe Gefahr liegt auch im Gegenteil, in der konsequenten Endlichkeit. Der Mensch wird immer an die Macht stoßen. Dieses Bewußtsein seines letzten Scheiterns ist vielleicht die höchste Frömmigkeit und Ehrfurcht, die ihm übrigbleibt.«[116]
Der Einsicht in die Ambivalenz menschlichen Lebens folgt unvermittelt, aber letztlich konsequent, der gepreßten Seele entströmend, wie ein Stoßseufzer – oder wie ein Gebet? – der Ausruf: »Du hast mich zum Empörer geschaffen, und Du wirst mich auch stürzen, Herr! Laß mich in beidem Dein sein!«[117]

Das tragische Lebensgefühl und das Bewußtsein, auf dieser Erde keinen letzten Halt zu finden und doch durch die Tat auf dieser Erde seinen Ort zu markieren, einen immer wieder wechselnden Ort, macht den Tragiker Schneider zu einer ambivalenten Existenz: Nihilist und Metaphysiker in einem. »Nur der Untergang dessen, was ich allzu sehr liebe, kann mich bis in die Wurzeln des Lebens erschüttern. In dieser Spannung zwischen der übergroßen Liebe zur irdischen Wirklichkeit und dem Bewußtsein ihrer endlichen Unzulänglichkeit ist das Leben und Wesen des Tragikers begründet. Er kann eigentlich nie sein, aber er ist.«[118] Diese Eintragung vom 26. Mai 1933, in Potsdam gemacht, findet ihren Abschluß in dem Satz: »Letzte Definition des Tragischen: Es ist die Notwendigkeit des Unmöglichen.«[119]
Diese Spannung auszuhalten, das Unmögliche zu ertragen, als Person, als Volk, als Weltschicksal, erkennt Reinhold Schneider um sein dreißigstes Jahr als sein Schicksal, als Schicksal der Menschheit überhaupt. Er, der Metaphysiker, der sich nicht als Christ versteht, stellt sich der Aufgabe, die damit verbunden ist, als Konsequenz seines tragischen Lebensgefühls, das von der Unvereinbarkeit der Gegensätze ausgeht und die Dissonanzen erst fruchtbar werden läßt, indem er dem Zuruf von Miguel de Unamuno folgt: »No, nada de vivir al día; hay que vivir a los siglos« – Nicht dem Tag, sondern den Jahrhunderten leben![120]

Grenzgänge

Nach bewußtem Leiden und eingestandener Unmöglichkeit, ein sinnentleertes Leben länger zu ertragen, bricht Reinhold Schneider in seinem sechsundzwanzigsten Lebensjahr auf, seiner Berufung und seiner Sehnsucht folgend. Er ist ohne wesentliche Geldmittel. Die Kosten der Reise nach Portugal kann er nicht selbst bestreiten. Er führt nichts weiter mit sich als das Wissen um die Unauflöslichkeit lebensbestimmender Konflikte zwischen Diesseits und Jenseits, zwischen Gestern und Heute, zwischen Menschen, die sich liebten und lieben, aber sich morgen nicht mehr lieben werden.
Hinter sich läßt er das zerrissene, unter dem Ansturm der unterschiedlichsten Kräfte angefochtene, bedrohte Deutschland. Aber anders als noch wenige Jahre zuvor erkennt er jetzt, dank der Erweckung durch Unamuno, den »leidenschaftliche(n) Streit in der Zeit«, »die unentwegte Herausforderung«[121]. »Das ewige Leben, das Unamuno meinte, war das Unmögliche, das Tragische selbst: es war der hambre de inmortalidad [der Hunger nach Unsterblichkeit], der nicht gesättigt werden konnte. Und dieser war der Lebensgehalt der Menschen und Völker, der Geschichte.«[122]
Als einzelner hatte er erfahren: »Das Ich als Ziel und Sinn ist tödlich ... Das Ich wird erst tragbar, wenn es eingewoben ist in die Geschichte: den geheimnisvollen Ablauf einer Entfaltung, die am Irdischen nicht gemessen werden kann.« Und später folgert er daraus: »Aber diese Vollendung der Person im Auftrag kostet das persönliche Leben.«[123]

Was die beiden ungleichen, aber doch so eng miteinander verbundenen Reisenden nach Portugal führt, ist, neben Unamunos Hinweis auf Coimbra, das Gespür für geschichtliche Vorgänge im Widerschein der Dichtung. Reinhold Schneider beginnt sein portugiesisches Reisetagebuch mit Sätzen, die ankündigen und begründen, daß hier anderes gesagt werden wird, als der an Reiseliteratur interessierte Leser erwartet:
»Vielleicht wird man nicht wegen der Landschaft nach Portugal

reisen, vielleicht auch nicht wegen der Literatur – so einzig sie in ihren großen Werken ist –; was an diesem Lande bezaubert, ist seine Seele, was hier erschüttert, ist die rücksichtslose gewaltige Linie seines Schicksals. Von ihnen strahlt es auf die schroffen Gebirge und verhangenen Täler, auf die leeren Felder, die verwilderten Gärten und die festlichen Palmenalleen am Meere zurück, auf das Meer selbst, das Schöpfer und Vernichter ist; sie umspielen jeden Stein, der gefügt ist, und alle die Trümmer, die sich lösten. Hier fesselt der Mensch und sein eigentümliches Los am Rande des Erdteils, am Anfang des Meeres, und weil er immerfort spürbar ist in jedem Stein, den er einmal brauchte, auf jedem Stück Erde, darauf er ging, wird endlich der ganze schmale Küstenstreifen zu einem Erlebnis, das sich nicht wiederholen kann.«[124]

Dieses Unwiederholbare wird Reinhold Schneider in Portugal doppelt gewiß: In Coimbra, der Stadt, der im Reisetagebuch ein eigenes Kapitel gewidmet ist, wo die beiden ersten portugiesischen Könige ruhen, wo die nahen Täler »von verschleierter Lieblichkeit«[125] sind, die Form der Hügel an Elegie erinnert, dort erfährt er, daß der Liebe seiner Jugend, die er für die Liebe seines Lebens gehalten hat, keine Dauer bestimmt ist. Er ist an eine Grenze gelangt, die er nicht überschreiten kann, weder in die eine noch in die andere Richtung, und doch wird er zum Grenzgänger – aus Liebe? Oder weil er schließlich in Jahren, die jetzt noch fern sind, die Kraft zur letzten Trennung nicht aufbringt?

In Coimbra beschreibt er um so eindringlicher die Liebe der Studenten, aber eigentlich ist es die Liebe Portugals: »Jeder dieser Studenten ist ein Dichter, jeder trägt die verhängte, zehrende, immer unglückliche, immer verhängnisvolle portugiesische Liebe im Herzen, diese Liebe an der Grenze des Todes, die zur Einsamkeit verdammt, diese Liebe der Täuschungen, der endlich nichts bleibt als die Täuschung, die Illusion. Immer ist der Liebende betrogen, verraten, immer lebt er ganz allein, existiert im Grunde nichts als er, auch die Geliebte nicht. Sie ist nur der Wirbel, der Schmerz, der seine Tiefen in Aufruhr bringt; ist dies geschehen, so rollt seine Welt sich ab unter Wolken und Blitzen, ohne daß jemand eingreifen kann: der Liebende sieht nur sich selbst und darüber den ungewissen Schimmer eines Frauenbildes, um das er leidet, leiden will, zu dem er niemals den Weg er-

lösender Gemeinsamkeit findet. Die Geliebte ist treu und untreu, engelhaft und dämonisch, gnadenspendend und verderbend, aber alle diese Eigenschaften kommen nur aus dem, der sie anbetet; was sie selbst ist, läßt sich nicht mehr erkennen unter den Nebeln eines in sich selbst verbrennenden Gemüts.«[126]
Portugal, das Land an der äußersten Grenze Europas, wird zur wiederholten Erfahrung von tiefen Lebenseinschnitten – der Liebe und des Todes.

Das Reisetagebuch hält in einer Sprache, die zwischen Grauen und Empörung schwankt, die Begegnung mit der Vergänglichkeit königlicher Pracht fest. Im Pantheon der Familie Braganza, die 1640 den Königsthron von den sechzig Jahre lang herrschenden Spaniern übernahm, begegnet Reinhold Schneider in den kistenförmigen Särgen, in die man durch ein Glasfenster schauen kann, der geschichtlichen Vergangenheit wie dem Verfall von Mensch, Familie und Staat. »Dies sind keine Toten, über denen das Geheimnis der großen Verwandlung zusammenschlug, die übergehen auf eine wunderbare, verborgene Weise in einen anderen der unzähligen Blutkreisläufe des Universums: dies ist Stoff und Staub, dem nicht nur die Bindung des Lebens, sondern auch die Bindung des Todes fehlt, die ebenso zart, ebenso heilig ist wie jene.«[127]
Die Empörung über den Zustand der Särge, die Zurschaustellung der Toten überkommt den sensiblen Betrachter: »Mein Herz tobt; mühsam taste ich mich hinab; ich sehe noch, wie der Schimmel durch den schönen blonden Bart des Königs Luiz wächst, während der halboffene Mund hohl dazu lächelt.«[128]
Der Tod ist mehr als nur eine Metapher für den jungen Mann, der seinem ersten schriftstellerischen Werk entgegengeht. Er ist ihm vertraut aus der eigenen tragischen Lebenswirklichkeit und er ist ihm ständiger Begleiter aus Erfahrung. Er ist Vergangenheit und Gegenwart, er ist Grauen und Versuchung, und er verlangt nach Ehre: »Diese Koffer sind gefährlich, als wären sie geladen von Kraft ...«[129] »Da ist eine Familie, die ihre Toten offen verfaulen läßt, ein Staat, der seine höchsten Repräsentanten vor der Schmach sichtbarer Verwesung sich nicht zu schützen verpflichtet fühlt ... Keine Hand rührt sich, einen Schleier zu dekken über die zerfetzten Gesichter, für die weder das Königtum

noch das Menschentum ausreicht, um sie vor der Schmach des Todes zu retten.«[130]

Das Erlebnis wirkt fort, beschäftigt Phantasie und Geist: »Langsam mache ich mich in den folgenden Wochen vertraut mit den stummen, dunklen Gesichtern, die ihre Furchtbarkeit verlieren, je tiefer sie in mich eindringen; sie gehen über in den Bereich des Lebens, in dessen letzte Gründe sie versinken, um ihm eine größere Fülle seiner Dunkelheiten zu geben, und lassen mich immer deutlicher das Rauschen des großen Stromes vernehmen, auf dem sie schweigend und geheimnisvoll und wir in Licht und Lebendigkeit ziehen.«[131]

Leben, Tod und Liebe – unter diesem Dreigestirn, Schritt für Schritt auf schmalem Grat, Grenzgänger des Lebens, bewegt sich Reinhold Schneider nicht erst in Portugal. Aber in Portugal findet er das Land, das die Melodie der Schwermut, der Sehnsucht, der Wehmut singt wie kein anderes und ein Wort dafür kennt, wie keine andere Sprache: saudade – unübersetzbar und alles umfassend, was der junge Mann aus Deutschland, der seinem ersten wirklichen Werk entgegenstrebt, in sich austrägt: Traurigkeit, Bedrückung und maßlose, ziellose Sehnsucht.

Im Dezember oder Januar, niemand weiß es ganz genau, wurde im Jahre 1524 Luis Vaz de Camoes geboren, Portugals Nationaldichter, der Schöpfer des großen Epos »Lusiaden«, der Dichter vielgerühmter Sonette. In seinem Werk ist alles enthalten, was Portugal – seine Seele, seine saudade – ausmacht. Er liebt und ist von der Geliebten getrennt. Er zieht als Eroberer durch die Welt. Indien, das ferne Weltreich der Portugiesen, nimmt ihn auf. Aus einem Schiffbruch rettet er nichts als sein Werk. Das ist symbolisch – für Camoes, für Portugal.

Das Weltreich ist lange zerfallen, aber das Lied des Camoes von Portugals großer Zeit lebt. Eigentlich ist es mehr der Abglanz des Gewesenen: Der Dichter schuf mit seinem Werk das gültige, ins Künstlerische gesteigerte Bild der großen Zeit seines Volkes. Sein Leben, sein Schicksal sind überschattet von Traurigkeit. Reinhold Schneider, der in den wenigen Monaten voller Qual und Glück bis Januar 1929 das Manuskript seines ersten Buches »Das Leiden des Camoes« niederschreibt, fühlt die Verwandtschaft zu diesem Dichter, der bereits im Untergang des portugie-

sischen Weltreichs steht. Schneider erkennt: »Unter der tragischen Wolke seiner Schwermut verbirgt sich, wie es nicht anders sein kann, der Tod; denn es gibt keine Traurigkeit ohne ihn oder die Vertreterin seiner immerwährenden Gegenwart: die Zeit.«[131a]
Dies fühlend, ja wissend, beginnt der Kampf um den angemessenen Ausdruck: »Ich hatte bisher nichts geschrieben außer einigen Versen und zwei Seiten Prosa; da ich nun vor dem Papier saß, überstürzte mich die ungeahnte Last. Nach vielen Stunden war kaum eine Seite gediehen: und auch sie taugte nichts.«[132]
Mühsam geht es weiter. Aber er ist ein ähnlich Fühlender, Gleichgestimmter und vermag deshalb dem Vorangegangenen den angemessenen Abgesang anzustimmen: »Alles, was in Portugal geschah, bekommt allein von Camoes seinen Sinn, und selbst wenn es groß war, so wird es durch ihn noch größer. In ihm ist alles, was je zu Taten trieb, und auch das, was niemals Tat werden konnte: die Sehnsucht, die erstickte, der Gedanke, der nicht gestaltete, ist in ihm. Die mißlungenen Versuche der Wirklichkeit, die zerbrochen sind an der Vielheit der Motive, leben fort in ihrem Antrieb: Indien wird wirklich erobert von reinen Glaubensrittern, Portugal gebietet wirklich den Völkern der Erde. Ist der Niedergang einer Nation nicht fürstlich bezahlt, wenn ein Dichter die Grabschrift schreibt?«[133]
Der Dichter selbst aber, Camoes, Träger und Erleidender eines heroischen Lebens, zeigt in den nach seinem Tode aufgefundenen Blättern seines lyrischen Werkes »Parnaß« die andere Seite seines Wesens und Lebens, die dreihundertfünfzig Jahre später ein deutscher Dichter beschreibt: »Luis de Camoes, der das Verderben liebte in der Liebe, der größte Schwermütige, der Ewig-Klagende, der die tiefste Lust in der Traurigkeit empfand.«[134]
In allen Tiefen aufgewühlt, schreibt Reinhold Schneider sein Buch im Gefühl brüderlicher Verbundenheit – im Geist der saudade.

Am 18. Februar 1929 reist der junge Autor mit einem Dampfer der Woermann-Linie über Tanger und Malaga nach Genua und von dort weiter durch Oberitalien nach Oberlößnitz, wo er Ende April eintrifft. Ab Ende Mai wohnt er in Dresden-Loschwitz – als freier Schriftsteller!

Als er an der Last des Ausdrucks, der Formung des imponierenden Stoffes schier verzweifelte und es schien, als werde er den »Camoes« nicht bewältigen, war er zwischen Ende Oktober und Ende November in Spanien und hatte im Escorial in der kleinen Sterbekammer Philipps II. gestanden – dicht am Altar. Mit diesem Eindruck kehrte er nach Portugal und schließlich nach Deutschland zurück, in seinem Gepäck das bis heute unveröffentlichte Manuskript »Das einzige Nein. Brief aus einem Nachlaß«, in dem mit autobiographischen Bezügen ein Selbstmordversuch beschrieben wird.

Heimgekehrt schreibt Schneider sein erstes Drama: »Donna Anna d'Austria«, das nicht mehr auffindbar ist, nur ein zehnseitiger Entwurf ist vorhanden. Außerdem entsteht im November/Dezember 1929 die Tragikomödie »Fackeln am Tejo«, die erst 1970 in einer Lesung der Städtischen Bühnen Freiburg aufgeführt wird.

Früher noch, schon am 19. Juli 1929, entwirft Reinhold Schneider eine Novelle, die er vom 13. bis 28. August ausführt: »Zwischenspiel in Beerreuth« ist die Geschichte eines übernormal großen Mannes von freiem, selbstsicherem Auftreten, der die Liebe einer kleinen, zierlichen Frau gewinnt, sie aber auch verliert, sobald die Unterschiede, in der Umgebung des Mannes durch die seiner Körpergröße angepaßten Einrichtungsgegenstände, unübersehbar sinnfällig werden.

Die tief ins Symbolische reichende, die geschilderten äußeren Gegebenheiten weit überschreitende Handlung der Novelle beruht teilweise auf Erfahrungen des mit 2,04 Meter (andere Angaben: 2,10 Meter) auffallend großen Autors. Die Arbeit wurde erst posthum veröffentlicht, da Reinhold Schneider seine Meinung ändert und an Anna Maria Baumgarten am 28. Mai 1930 schreibt: »Ich möchte die Erzählung nicht drucken lassen, auch wenn sie angenommen würde. Man soll nicht alles aussprechen, und dieses Problem ist gerade bei seiner Sichtbarkeit und Klarheit viel zu delikat, als daß man in der Öffentlichkeit von ihm handeln kann.«[135]

Bevor Mitte November der »Camoes« endgültig abgeschlossen und Anfang 1930 verschiedenen Verlagen angeboten wird, reist Reinhold Schneider im Sommer in Begleitung seines Bruders über das Erzgebirge, wo Verwandte des Vaters besucht werden, nach Prag, Salzburg und Zürich. Dann geht es weiter nach Ba-

den-Baden, Merseburg und Leipzig. Am 1. August trifft der Unruhige wieder in Loschwitz ein. Noch im selben Jahr empfiehlt der einflußreiche Autor und Kritiker Friedrich Schnack dem Verleger Jakob Hegner den »Camoes«, der das Buch zunächst ebenso abgelehnt hat wie andere Verlage.
Doch Schneider ist bereits von anderen Vorhaben erfüllt. Wie Camoes, der die Grabschrift auf Portugals Weltgeltung verfaßte, schickt er sich an, auf seine Weise Epitaphe zur Weltgeschichte der Völker zu schreiben. »Der Schriftsteller«, heißt es in einem Brief an den Freund Friedrich Singer, »ist kein Geschichtsschreiber und muß nicht jahrelang Quellenstudien machen. Der Schriftsteller muß allein die Fähigkeit haben, eine vergangene Zeit von innen zu erfassen, und dies hängt nicht vom Umfang der Studien ab.«[136]
Anfang 1930 tritt Schneider eine der kurzen Reisen an, die charakteristisch sind für seine Lebensführung, die sich der inneren Unruhe seines Naturells anpaßt. Er besucht Naumburg, Erfurt, Eisenach, Fulda, Gelnhausen, Frankfurt, Mainz und Heidelberg. Immer wieder bricht er auf, in die Nähe und in die Ferne, einer Notwendigkeit folgend, die in seiner Natur, in seinen Anlagen liegt.[137]
So fährt er im Frühjahr 1930 in die Provence. Sein Bruder Willy und der Dresdner Freund Heinz Rösel begleiten ihn. Dann geht es weiter über Palma de Mallorca nach Madrid, wo er am 20. Mai eintrifft. Vier Tage später eröffnet er mit dem Satz »Drunten lärmt Madrid« sein Tagebuch, von dem er am 26. Februar 1931 an Anna Maria Baumgarten schreibt, es könnte einmal seine »interessanteste Veröffentlichung«[138] werden, und an seine Mutter, er schreibe nur an seinem Tagebuch, das vielleicht überhaupt einmal seine beste Schrift werde.
Mit seinem – geringen – Anteil an der Lebensversicherung seines Vaters finanziert Reinhold Schneider diese Reise. Sie soll der Abfassung seines Buches über Philipp II. von Spanien dienen. 1928, als er, zutiefst unglücklich über sein anscheinendes Versagen gegenüber den Schwierigkeiten der Arbeit am »Camoes«, nach Spanien floh, hatte er erschüttert im Sterbezimmer Philipps gestanden. Jahrzehnte später faßt er das, was ihn damals traf, in die Worte: »Es wurde ein Gewicht in mein Leben geworfen, das durch viele Jahre sank und sank.«[139]

Die Form

»Ich fühlte die Stunde aufgehn, da die Epitaphe geschrieben werden mußten.«[140]

»... ich kann niemals tun, was erwartet wird. Ich tue, was ich muß.«[141]

Dieser Selbsterfahrung folgend, hat Reinhold Schneider in drei großen historischen Darstellungen seiner von ihm als zwingend empfundenen Aufgabe als Schriftsteller entsprochen. Nachdem »Das Leiden des Camoes oder Untergang und Vollendung der portugiesischen Macht« und das Reisetagebuch »Portugal« 1931 erschienen sind, folgen »Philipp II. oder Religion und Macht«, »Die Hohenzollern – Tragik und Königtum« sowie »Das Inselreich – Gesetz und Größe der britischen Macht«. Alle drei Werke, aber nicht nur sie, ordnen sich um das Gesetz der Form.

Die spanische Form

»Ich sitze in einem hellen Zimmer über den Dächern«, schreibt Reinhold Schneider in sein Tagebuch. »Die Physiognomie der Stadt [Madrid] ist häßlich bei Tag wie bei Nacht. Sie hat keine Form.«[141a]

Die ungestalten Türme, die ohne Sinn und Ziel fallenden und steigenden Linien – die ganze Konstruktion der Stadt scheint zerbrochen, zersplittert. Dazu die beschränkten Menschen: »Wenn ich den ›Philipp‹ schreibe, tue ich es nicht ihretwegen, sondern für mich. Vielleicht muß man gegen sein Herz schreiben, zumindesten gegen seine Sympathie. Man muß sich loslösen, dann wieder lieben, aber was?«[142] Schon der übernächste Satz offenbart Ängste: »Oft bangt mir vor dem ›Philipp‹, mit dem ich nun endlich beginnen will; dann denke ich wieder: auch Bangen gehört zur Arbeit. Im tiefsten Grunde glaube ich, daß ich's kann, so unausführbar mir die Arbeit manchmal scheint ... Vor allem darf ich nicht fragen: für wen? Man könnte ja auch die Frage an die Welt, das Leben stellen, und was dann? All das ist unfruchtbar; ich habe solcher Dinge genug. Es muß sein, es ist ein Befehl, ein Gesetz; besser eine Pflicht als das Nichts.«[143]

So beginnt Reinhold Schneider die Arbeit an seinem Buch über Macht und Religion und deren Repräsentanten Philipp II. von Spanien. Er ist sich schon klar darüber, daß über diesen König schreiben bedeutet, eine ganze Form sichtbar werden zu lassen. Nur vier Tage nach der ersten Eintragung wird ihm das wiederum deutlich, nachdem er Louis Bertrands Buch »Philipp II. à l'Escorial« [zitiert nach Schneider, Tagebuch] gelesen hat. Hier sind Kongruenzen zwischen dem Franzosen und ihm, aber jetzt ist er sicher in seinem Vertrauen in die eigene Kraft: »Nun, das ist nicht das erste Mißgeschick und nicht das letzte. Vielleicht ist es ein Glück; ich werde schon jetzt dazu gedrängt, die Form wesentlich zu erweitern.«[144]

Dann resümiert Schneider die Grundgedanken: »Philipp ist durchaus reaktionär; aber eben in der Reaktion erfüllt sich die Lebens- und Machtform, die er vertritt.« Ganz klar ist: »Ziel der Darstellung ist nicht die katholische Religion, sondern das Tragische.«[145]

Klar in der Aussage, klar in der Sicht. Schneider ist, als er beginnt, den »Philipp« zu konzipieren, von einer fast kalten inneren Einsamkeit erfüllt. Er lebt ähnlich wie Philipp im Escorial: »... ich bin sogar zu einsam, um Verse zu machen. An wen? Für wen?«[146]

Der junge Autor, dessen erstes Buch gerade gedruckt wird, hat bisher nur wenige Verse und einige Kurzessays veröffentlicht. Nun unternimmt er die grandiose Anstrengung, Leben und Werk von Spaniens größtem und umstrittenstem König in ein Konzept zu fassen. Die tiefsten Widersprüche, nämlich Macht und Religion, und die tragischsten Gegensätze, nämlich Reformation und Gegenreformation, sollen darin Ausdruck finden. Dabei denkt er immer wieder an Nietzsche: »Welch ein Wille zum Tragischen.« Von da schweifen die Gedanken zum Norden, der die Form zertrümmert, auch die Form Philipps, es ist seine historische Mission. Der Norden, der selber baut und schafft, »aber immer in Verbindung mit dem chaotischen Element, das der Süden exakt ausscheidet.«[148]

Beide Mächte: der Süden – Philipp – und der Norden, vertreten durch die Niederlande, durch Wilhelm von Oranien, wären vollkommen im Recht, wenn er dieser Linie folgte: »Eben das will ich, denn ich stehe weder im Dienste Spaniens noch im Dienst der Kirche. Es geht um nichts anderes als um die tragische Ord-

nung, und dieser Begriff stammt allerdings wohl schon aus dem Norden.«[149]
Nur einen Tag später heißt es über die spanische Religiosität zur Zeit Philipps, das religiöse Leben sei leidenschaftlich bewegt. Doch die Religion erneuere sich hier ohne Widerspruch aus sich selber, »ohne die leiseste Verletzung des Dogmas«[150]. Es entstehe keine Krisis, »sondern nur eine Zertrümmerung der alten Form, damit eine neue für den unveränderlichen Inhalt entstehen kann. Die spanische Reform zielt direkt in die Tiefe; die deutsche wirkt sich flächenhaft aus.«[151] Aber Kritik an der deutschen Reformation will er nicht üben, sondern das Positive der spanischen Reform nachdrücklich darstellen, »daß die Mängel der deutschen Bewegung sich selber offenbaren«.[152] Das Tagebuch wird zum Ort des Selbstgesprächs über künstlerische Planung, religiöse Reflexion, Auseinandersetzung der widerstreitenden Auffassungen.[153]
Das Buch soll einem symphonischen Bau gleichen mit »transzendente(r)m Auftakt«[154] und folgender Steigerung ins »Historisch-Dramatische: immer größeres Orchester, das Leben reißt alle Instrumente hinein; tragischer Zwischenklang der untergehenden Königreiche; verklingende maurische Melodie, christliche Härte, Entdeckung, Imperium ...«[155] Habsburg erscheint ihm groß und »unter allen Umständen zu rechtfertigen«[156], denn: »Es ist ein sehr großer Zug in diesem Geschlecht: voller Einsatz des Lebens und des Glücks für die von Gott aufgetragene Verwaltung der Welt. Denn Philipp ist nur Verwalter, nicht Besitzer: er ist mit allen seinen Kräften Verwirklicher des göttlichen Reichs. Es ist für ihn in der Tat keine Phrase, daß das Leben einen geringen Wert hat gegenüber der Ewigkeit; der Tod wiegt nichts gegenüber der Verdammung der Seele; die Zeit wiegt nichts gegenüber der Unendlichkeit. Damit ist die Inquisition hinreichend erklärt. Sie setzt nur das Absolute voraus; den Begriff, den zu konzipieren uns am schwersten fällt.«[157] Und dann folgt die andere Festlegung: »Der Mißbrauch der Inquisition hingegen ist rücksichtslos zuzugeben.«[158]
So sitzt der Schriftsteller in einem kleinen Zimmer in der modernen Vorstadt von Madrid und arbeitet an diesem Buch – als Nichtchrist, und er schreibt in »strenger Katholizität«[159], ohne es zu wissen. Erst der Freund späterer Jahre, der evangelische Schriftsteller Jochen Klepper, weist ihn darauf hin.

Da treten sie aus dem Dunkel der Geschichte, Schatten, die zu leben beginnen: der König, dem das Wort des Vaters, Karls V., unvergeßlich bleibt: »Ehre standhaft die Religion; befestige den katholischen Glauben aufs neue in seiner ganzen Reinheit.«[160] Und dieser König tut alles, was in seiner Macht steht, dem Vermächtnis zu folgen. Schließlich lebt er wie ein Mönch in einem Schloß, das zugleich Kloster ist, die Schlafkammer, in der er auch sterben wird, neben dem Hochaltar – der Escorial als Zeichen spanischer Form. Und neben dem König die Streiter des Glaubens von anderer Art: Ignatius von Loyola, Johannes vom Kreuz und Teresa von Ávila, deren Glaube Tat ist, die den katholischen Glauben, der im Norden, in Deutschland, in den Niederlanden angefochten wird, retten, bewahren soll.

Der König ordnet seinem Auftrag alles unter: persönliches Glück, seinen Sohn, sein Leben. Alle Kriege, die er führt, dienen der Kirche und Spanien. »Philipp läßt die Feinde des katholischen Glaubens über seine Absichten nicht im Zweifel. Unmittelbar nach seiner Ankunft in Valladolid, am 8. Oktober 1559, wird ein Inquisitionsgericht gehalten. Drei Lutheraner werden lebendig verbrannt.«[166]

Der König ist völlig sicher, das Rechte zu tun, und Reinhold Schneider meint: »Wer kann von ihm fordern, daß er eine andere, eine zweite Wahrheit annimmt oder doch gelten läßt? Wer, der seiner Sache sicher ist, sucht nach einer anderen Sicherheit?« »Und Spanien, sein Land, gibt ihm recht. Diese Gerichte entsprechen einer Forderung; sie erscheinen nicht nur wenigen notwendig; sie werden vielmehr von fast allen verlangt. Auch hier, wie immer, vertritt er sein Volk. Denn die Lehre Luthers, eine echt nordische Rebellion, deren Heftigkeit, zum großen Teil von politischer Agitation getragen, einmal selbst auf dem spanischen Felsenboden spürbar ist, kann sich hier nicht entfalten. Im Süden schließt sich die Form; im Norden lockt die Freiheit. Im Süden gelten der Dienst, die Vollendung, die Dauer; im Norden sind Dauer und Vollendung verdächtig, zwingt aller Dienst wieder zum Aufstand.«[162]

Aber auch wenn sein eigenes Volk ihm hier nicht folgen würde – »Philipp hätte nicht gewankt. Satan ist große Macht gegeben: wenn er die ganze Welt verführt, so bleibt doch, auch ohne Vertreter, die katholische Wahrheit bestehen, wie eine letzte Felsen-

zacke über der Flut, die den sicheren Grund verrät. Auch der offenen Feindschaft einer Lehre, die schon falsch ist, weil sie eine andere ist, wird Philipp bereit sein, sich zu stellen.«[163]
Alle, die abirren vom Pfad der Wahrheit, die er glaubt und die jeder Christ glauben muß (sonst ist er kein Christ), um selig zu werden, werden in Ewigkeit Höllenqualen erleiden, werden verloren sein. Er muß das verhindern durch jene kurze Zeit körperlicher Qual – kurz, gemessen an der Ewigkeit der Höllenpein –, die die Seelen errettet. So denkt Philipp, so denkt Spanien.
Philipp steht, ohne zu wanken; mit ihm die Mystiker und Heiligen seiner Zeit: Ignatius, Johannes, Teresa. Ávila wird für Reinhold Schneider zum tiefen Erlebnis, und seine Bewunderung für die große Teresa gilt dem Menschen wie der Sicherheit und der Klarheit ihres Standpunktes.
Spanien lebt, denkt und fühlt, wie es glaubt. Karl V. hatte das Konzil von Trient, das der Abwehr der neuen, der gefährlichen Lehre galt, gefördert. Philipp sorgt dann dafür, daß es durchgeführt wird. Glühend ist Spaniens Glaube, hellauf lodern die Scheiterhaufen, die die Ketzer verzehren.
Philipps Autorität als König kann nicht gebrochen werden. »Denn die königliche Würde kommt von Gott ... der König ist der Diener des Höchsten, und wie er gehorcht, so müssen die ihm Untergebenen wieder gehorchen. Es gibt kein schlimmeres Verbrechen als Majestätsbeleidigung, weil sie eine Beleidigung des von Gott eingesetzten Dieners, also Gottes selbst ist. Aus dem milden Schein der Demut wird der göttliche Blitz der Majestät.«[164]
Aber es kommt der Tag, wo dieser Blitz nicht zerschmettert, sondern zurückprallt. In den Niederlanden erhebt sich das Volk – nicht gegen den König, sondern gegen den Zwang, katholisch sein zu müssen und damit eben doch gegen das Königtum, wie die spanische Form es vorschreibt.
In Spanien gründet Teresa von Ávila 1563 ihr erstes Kloster des Buß- und Betordens der Unbeschuhten Karmelitinnen nach der von ihr und Johannes vom Kreuz betriebenen Reform. Im selben Jahr wird der Grund gelegt für den Escorial, das steingewordene Monument der Macht und des Glaubens, und das Konzil von Trient beendet: »Alle drei Werke stehen auf der Erkenntnis, daß in der Zeit größter Gefahr die Idee sich in ihrer reinsten Gestalt verteidigen muß.«[165]

»Aber nun ereignet sich etwas Sonderbares: der Weg der Gegenreformation ist ebenso dornenvoll wie der des verhaßten Reformators. Ja, man versteht sie noch schlechter, als man Luther in Deutschland versteht, und sie und ihre Helfer erleiden noch härtere Verfolgungen als er.«[166]
Im Norden tobt der Aufstand, der Aufbruch schon seit einem halben Jahrhundert. Alles war verboten, was die Lehre Luthers oder Calvins fördern konnte, bis hin zur Ungültigkeit der von Ketzern stammenden Testamente. Alles war getan worden, das Unkraut auszureißen. Aber es wuchs immer wieder neu. Schon Kaiser Karl war erschrocken: Die Reformation breitete sich aus, und jetzt, unter seinem Sohn, geht der Kampf weiter:»Es ist die unveränderte, hundertfach auf übernatürliche Weise verbürgte Wahrheit, die es zu behaupten gilt.«[167] »Hinter dem Bild des Königs kreuzen sich zwei Zeiten wie die Schwerter.«[168]
Hinter dem Bild des Königs steht aber auch ein anderer, ihm Ebenbürtiger in der Kraft des Glaubens, in der Verwegenheit politischen Handelns: Wilhelm von Oranien. Er war in seiner Jugend von Heinrich II. von Frankreich über den mörderischen Anschlag auf die Andersgläubigen unterrichtet worden, den wir die Bartholomäusnacht nennen.»Oranien schwieg, aber er vergaß nicht.«[169] Seine Eltern waren kalvinistisch, er selbst wurde am Hof der Regentin der Niederlande, Maria von Ungarn, katholisch erzogen und heiratete die Tochter des Herzogs Moritz von Sachsen, eine Lutheranerin. Oranien, aus kleinem deutschem Territorium stammend, war überzeugt und verhehlte das auch nicht, daß er es für grausam hielt,»einen Menschen seiner Meinung wegen zu töten, selbst dann, wenn diese Meinung irrig ist«[170]. So weigerte er sich als Gouverneur niederländischer Provinzen bei der letzten Begegnung mit dem König, Philipps Befehl zu folgen und der Ketzerei Verdächtige der Inquisition zu übergeben. Er warnte vielmehr vor dem ergangenen Befehl und bekannte später, sein Gewissen habe ihm verboten, ihn zu befolgen.
Schneider erwähnt, daß ein Zeitgenosse Oraniens Rolle als die eines Vermittlers zwischen den beiden Religionsauffassungen beschrieben habe. Schließlich stellt er sich aber offen auf die Seite der Aufständischen. Der Kampf um den Abfall der Niederlande ist hart und – teuer. Solange Oranien lebt, wird es keine Ruhe, keinen Frieden, keine Unterwerfung geben. Dabei ist er

eigentlich geschlagen. Die Spanier vermeiden die Schlacht so weit wie möglich. Doch Oranien kämpft weiter, und die Niederländer schließen sich ihm an. Historisch steht hinter Oraniens Aufstand auch der Kampf des Nachkommen eines Kaisers aus dem Hause Nassau, der seinem Habsburger Widersacher unterlag. Endlich zeigt Philipp Entgegenkommen; aber er verhält sich nicht redlich. In einem geheimen Papier legt er vor Zeugen nieder, daß er gezwungen gewesen sei, so zu handeln und daß nichts in der Welt ihn dazu bringen werde, sein gegebenes Wort zu halten. Die Niederländer mißtrauen Philipp ohnehin. Es wird der Plan gefaßt, Oranien zu ermorden. Das erste Attentat mißlingt; das zweite trifft ihn tödlich. Oranien fällt mit den Worten:»O Gott, habe Erbarmen mit meiner armen Seele und mit diesem armen Volk.«[171] Grausam wird der Attentäter zu Tode gebracht.

Vier Jahre später verliert Spanien seine Armada. Weitere zehn Jahre danach stirbt Philipp II. und mit ihm Spaniens große Zeit. Ein Dichter, Calderón, wird in farbigen Träumen ihrer gedenken und sie unsterblich machen.

In weit ausholender neuromantischer Sprache, aber dem großen Gegenstand und seiner Dramatik angemessen, stellt Reinhold Schneider den König, seine Zeit, seinen Gegner, den Kampf der Glaubenden vor den Leser hin.

Bis September bleibt er noch in Madrid. Im August erhält er die ersten Exemplare seines »Camoes«, der Calderón in seiner Mission so ähnlich war. In das eine schreibt er die Widmung:

»Meinem Bruder
in herzlicher Liebe und Dankbarkeit
und mit den innigsten Wünschen
für einen sichern gemeinsamen Weg.
Madrid, den 12. August 30   Reinhold«[172]

Das erste Exemplar aber widmet er

»Anna Maria Baumgarten!
Da es ohne Dich nicht wäre, so sollst Du es als Erste empfangen: Zeugnis eines Lebens, das allein durch seine ganze Entwicklung,

wie immer sie gewendet sein mag, Dir seine Dankbarkeit ausdrücken kann.
Madrid, 12. August 1930   Reinhold Schneider«[173]
Nachdem er noch einmal kurz Portugal besucht hat, verläßt er Ende September Spanien. In Paris schließt er im Spätherbst das Manuskript des »Philipp« ab. Im November ist er wieder in Deutschland, nun auf der Suche nach dem eigenen Weg und der deutschen Form.

Innozenz und Fichte

An einem Tag Ende November 1930 überquert Reinhold Schneider, von Paris kommend, den Rhein. Das Marnetal ist ein großer See, die Saar ist über die Ufer getreten, und auch die badische Ebene ist überschwemmt. »Wunderbar ist dieser November, wo das Wasser des Anfangs alles Geschehene überrauscht, alle Verbindungen unterbricht und die Häuser einsame, ausgesetzte Boote sind, die allein im Element bestehen müssen.« »Ich sah alles glücklich und bewegt, mit dem sicheren Gefühl meiner Aufgabe.«[174]
Am 23. November 1930* kommt Reinhold Schneider in Heidelberg an. Noch »die Lichterfluten von Paris vor Augen«[175], ist er erschüttert von »der Dunkelheit der Straßen, der Ungelöstheit, Gefährlichkeit der inneren Lage«[176]. »Und doch«, schreibt er später, »habe ich niemals ein solches Glück gefühlt, wieder in Deutschland zu sein.«[177]
In diesem Deutschland herrscht das Elend. Die Zahl der Arbeitslosen wächst von Woche zu Woche. Die große Wirtschaftskrise umklammert das Volk, die einzelnen und nimmt vielen die Existenzmöglichkeit. Die politischen Extreme schlagen auf den verödeten Straßen, vor den ängstlichen, hoffnungslosen und zugleich sehnsüchtigen Blicken ausgehungerter Menschen ihre blutigen Schlachten. Wohin wird Deutschland treiben?
Reinhold Schneider besucht die Schloßruine, erinnert sich an Goethes Heidelberger Besuch und schreibt ins Tagebuch: »Das Charakteristische an der deutschen Ruine, der deutschen Kata-

---

* Schneider gibt in »Verhüllter Tag«, Seite 84, irrtümlich Dezember 1931 an.

strophe ist der grüne Schleier, die Poesie des Efeus, die Versöhnlichkeit aufkeimenden Wachstums: den Ruinen des Südens fehlen diese Dinge gänzlich: sie sind endgültig. Auf den Donnerschlag des Schicksals folgt keine Elegie, in die sich schon wieder eine verwegene Hoffnung mischt. Denn im Efeu ist schon ein Ja; unheilbar ist nur das Schweigen ... Diese immer neue, nicht zu erstickende Möglichkeit des Ja hängt aufs tiefste mit der deutschen Idyllik zusammen, diesem immer wieder zufriedenen Leben zwischen Ruinen, dieser Skepsis an der Endgültigkeit aller Katastrophen. Am tiefsten mißtrauen wir dem Nichts.«[178]
Wenige Tage später ist er in Speyer, steht in der Krypta des Domes an den Gräbern der deutschen Kaiser, darunter Adolf von Nassau, Oraniens Vorfahr, und Albert von Österreich, der ihn tötete.

Dann wieder Heidelberg. Dort besucht ihn Maria. Sie scheiden als »innige Freunde«, mit der Aussicht, daß das auf »unsägliche(n) Schmerzen« aufgebaute Verhältnis dauern werde.[179]

Vom Verleger Hegner kommt die Nachricht, daß der »Philipp« angenommen ist. Zugleich bemerkt der Tagebuchschreiber, daß der »Camoes« die Menschen erstaune: »Nun ahne ich, daß die Umwelt, an die man langsam gewöhnt wird, doch viel trivialer sein muß, als ich annahm.«[180]

Am 12. Dezember wird zum erstenmal der neue Buchplan im Tagebuch erwähnt: »Innozenz III. Der Stoff ist bedeutend, dazu in einem außerordentlichen Maße poetisch ...«[181] Wenig später entwirft Schneider einen Lebensplan, der mehr ein Arbeitsplan ist, ganz auf die neue Aufgabe ausgerichtet, auch das persönliche Leben: »Gleich nach Weihnachten nach München: Studien auf der Bibliothek, die dort viel leichter durchführbar sind als im Ausland. Nachdem dann der Block aus dem Bruch gelöst ist, im Frühjahr zwei Monate nach Italien. Er starb in Perugia, Perugia! Dazu Assisi, die umbrische Landschaft. Entweder bin ich dann ein Dichter oder die Kraft ist tot.«[182]

Er ist aufgewühlt. Hier begibt sich etwas. Der Schaffensprozeß beginnt, verlangt nach Wechsel, Tempo, und Schneider fühlt sich durchaus als Schöpfer: »Der Stoff fordert sofort sein Leben; andere Städte, andere Sprache; er muß eine Revolution sein im Dasein des Autors; ein Tempowechsel des Blutes und des Herzschlags. Dieser Umschwung ist das erste Erlebnis, das ihm gehört; die neue Gangart strömt fort und fort in ihn über und hält ihn lebendig, bis er sich losreißt und bewegt. Diese Forderung nach der steten Möglichkeit des Wechsels ist einer der wesentlichsten Gründe für die absolute Freiheit des Schriftstellers.«[183] Mitten in Gedanken über Franz von Assisi, Umbrien als landschaftliche Mitte und die Geistlosigkeit Preußens stehen dann die Sätze:»Unter den schwierigsten Umständen werde ich produktiv sein, solange ich frei bin. Bin ich unfrei, so werden mir die glücklichsten Umstände nichts nützen.«[184] Er hat sein Leben lang danach gehandelt.

Die Gedanken kreisen um Innozenz: Jeder Dom sei ein Ausdruck der Weltverachtung, aber am festesten sei der Thron des Papstes auf diesen Felsen gegründet. Das sei das Geheimnis seiner Macht und Dauer. Die Verfälschung sei so gründlich, daß man diese Wahrheit des Mittelalters heute nicht mehr begreift. Man glaubte, dem Papsttum weltliche Ziele unterstellen zu können, während es doch gerade nur deshalb Einfluß habe auf die Welt, weil es die Welt verachte.»Ohne die Feuertaufe des totalen Nein kein großer Papst.«[185] Wieder das Nein und das Ja, die Antinomien des Tragikers.

Wie soll das Buch aufgebaut werden? Wie das Gefälle angelegt werden?»Das ist die wichtigste Frage bei der Konzeption: Stromschnellen einbauen; Wasserfälle – aber stets versuchen, ohne Staubecken auszukommen; denn auch zwischen flachen Ufern, in ruhiger Landschaft, muß das Wasser ziehen und zwingen ... Prinzipielle Frage: ist ein Buch ein Kreisel oder ein Pfeil?«[186]

Unruhige Tage:»... mächtiges Lebensgefühl am Morgen; Qual am Abend. ›Wär ich nicht so entsetzlich allein.‹ Jugend, Leben; eine Stunde am Tag.«[187]

Die Korrekturfahnen des Portugiesischen Reisetagebuchs sind gekommen, und er erschrickt vor der Melancholie, die daraus aufsteigt, weiß aber genau, daß er es wieder so schreiben würde, wenn er noch einmal vor der Entscheidung stünde.

Die Gedanken schweifen ab zu dem brennenden Wunsch nach einer Gefährtin:»Die Erlösung Wagnerscher Helden durch die Frau: die Befreiung von der Sinnespein, wie banal! Ich wüßte mir eine andere Versöhnung mit dem Leben zu erträumen: einmal eine Hand auf den Manuskripten und ein tröstender Blick; eine Verteidigung meiner vor mir selbst; ein begütigendes Wort, das mir ein innerliches Recht gäbe auf einen Rasttag.«[188]

Nur wenige Sätze später analysiert er seine Situation von der anderen Seite: »Inzwischen bin ich immer schwieriger geworden: allzu genauer Kenner meiner Probleme, vorsichtiger Wähler, kein Freund allzu intimer Nachbarschaft, ins Schweigen verbissen. Könnte die Einsamkeit kaum mehr sprengen, würde sie vermissen wie einen Pelz oder einen kostbaren Mantel; verlöre mit ihr meine Zeichen oder doch deren Glanz.«[189]
Einen Tag danach, am 18. Dezember, beginnt die Eintragung mit dem Satz: »Die Leidenschaften lassen sich leichter bezwingen als die Bedürfnisse der Seele.«[190]
Innozenz begleitet Schneider Tag für Tag. »Der Papst vor der Krönung müßte mir liegen. Innozenz III.: das Leben eines Verächters.«[191] »Die Fruchtbarkeit des Negativen: ein durch mein ganzes Werk sich fortsetzender Grundzug. Wie kann aus dem Zerfall mit der Welt wieder ein Wert entstehen? Welche Summe Lebens handelt der Einsame und Glücklose ein?«[192]
Über Worms, wo er den Dom, die Begräbnisstätte der salischen Kaiser, besucht, fährt er am Tag vor Heiligabend nach Baden-Baden zu Mutter und Stiefvater, zu dem sich ein ruhig-vertrautes Verhältnis entwickelt hat. Dem sicheren Blick des Arztes ist bei diesem Weihnachtsbesuch nicht entgangen, daß der junge Mann, dessen Überlänge den zierlichen Südländern immer wieder Erstaunen, ja Schrecken einflößt, auf seine Gesundheit wenig achtet. So schreibt er ihm am 31. Januar 1931: »Lungenlüftung ist nicht gerade Deine Spezialität, Du hast einen anfälligen Drüsenapparat, dazu eine schlechte Haltung und – eine Aufgabe.«[193]

Zumindest hinsichtlich der Bedeutung dieser Aufgabe sind sich der Arzt und der Schriftsteller einig. Drei Bücher hat Reinhold Schneider bisher geschrieben, und schon spricht er ohne den geringsten Anflug von Eitelkeit immer wieder von seinem Werk. In diesem durchaus selbstbewußten Ausdruck liegt die Erkenntnis des eigenen Könnens und Wertes, aber auch die Notwendigkeit für ihn selbst, genauso wie die Ahnung, daß dieses Werk, diese Aufgabe den Rahmen des Individuellen übersteigen.
Und während er sich Innozenz zuwendet, in dem er immer mehr einen Bruder im Geist der Schwermut, des Seelenschicksals und der ständigen Überwindung zum Dasein erkennt, schreibt er

den Satz: »Für sich selbst kann der Verächter nicht bestehen: er bedarf des Glaubens.«[194]
Der aufgestellte Plan wird durchgeführt: Ein paar Tage zu Beginn des neuen Jahres ist er in Heidelberg. Er besucht dort Friedrich Gundolf, den berühmten Literaturwissenschaftler, und stellt fest, daß dieser den »Camoes« kennt, aber nicht verstanden hat. Dagegen ist der Besuch bei seinem alten Lehrer Professor Daur die Begegnung mit einem Menschen, der zu fein, zu verwundbar ist für das Leben.
Schneider beobachtet sich selbst ganz sachlich und notiert: »Mein Leben wird viel zu extrem, die innere Haltung ist in kurzem nicht mehr verständlich. Mit wachsender Fliehkraft nähere ich mich der Peripherie, bald kommt die Zeit, wo ich nur noch Monologe halten werde.«[195]
Am 9. Januar kommt er in München an und erfährt bald, daß Jakob Hegner mit seinem Verlag in ernsthafte finanzielle Schwierigkeiten geraten ist, die vielleicht sogar das Erscheinen des »Philipp« in Frage stellen werden. Er schreibt ins Tagebuch: »Meine Schriftstellerexistenz ist wie eine Pause zwischen zwei Gewittern. Das neue Wetter kommt, es wird mich aber nicht zu einem Kompromiß bringen und mir nicht noch einmal Unfreiheit aufzwingen. Der ›Camoes‹ hat mir noch nicht einmal die Kosten für die Abschrift eingebracht.«[196]
»Selbstportrait«[197] überschreibt Schneider die Seiten des Tagebuches, die viel von ihm preisgeben. Die Unruhe, die einesteils in seiner Person, seinem Schicksal angelegt ist und anderenteils dem in Gang kommenden künstlerischen Schaffensprozeß entstammt, fordert und fördert die schonungslose Begegnung mit sich selbst: »Die Dynamik der meisten Menschen beruht auf der Gegensätzlichkeit ihrer Natur; in mir aber fallen sich die Widersprüche mit dem Grimm wilder Tiere an. Der grundlegende Konflikt, in dem zugleich die letzte Traurigkeit ihre Wurzeln hat, ist der zwischen dem Trieb zur ewigen Veränderung und dem Trieb zur Form und Gestaltung. In der von einem einzigen Tal umschlossenen Kindheit und Jugend, auf die sofort die Gefangenschaft auf dem Lande, dann die siebenjährige Kerkerschaft des Büros folgte, bildete sich der erste Trieb bis ins Ungeheuerliche aus. Ich war an drei Orten zu lang und kann deshalb an keinem Ort mehr bleiben.«[198]
Die Unruhe, die ihn unentwegt weitertreibt, entschlüsselt er als

Protest der Schwermut, »das Gefühl des immer gegenwärtigen Endes, die Angst vor der Vergeblichkeit, die in jeder Stunde pocht, einen verlorenen Tag schon nicht mehr überwinden kann und verlorene Wochen und Monate ... zur Krankheit werden ließe; sie verlangt Stillstand; sie zwingt mich an die Arbeitstische in die engen Zimmer, wo mir kaum noch der Blick durch das Fenster bleibt. Aus Furcht vor mir selbst schließe ich die Läden, lege ich die Hand über die Augen, oder ich wähle Zimmer, die keine Aussicht mehr bieten, an deren Wänden die Fliehkraft ihre Flügel zerstößt, so daß sie stöhnend auf die Erde stürzt und sich nicht mehr regt.«[199]

Wenn er malen könnte, würde er den Einsiedler an seinem Pult darstellen, zu seinen Füßen den großen, verwundeten Vogel. »Schwerlich werde ich es jemals sagen können«, schreibt Schneider weiter, »was es mich kostet, die alten Akten und Folianten Wort für Wort zu studieren, abzuschreiben oder Auszüge zu machen, mich Tag für Tag an meine Papiere zu fesseln und die furchtbare Stille des einsamen Zimmers zu ertragen. Denn nur selten dämmert das Glück der Arbeit auf ... und die großen Stunden sind seltene Gäste, die sich meist beim Gehen in belebten Straßen auf meine Schulter setzen ... Dennoch, so selten sie auch sind, sie allein entschädigen für alles.«[200]

In diesen Tagen des klaren, nüchternen Blicks auf sich selbst, der Rechenschaft über das eigene Sein, der unablässigen gedanklich-intuitiven Entwicklung des Innozenz-Planes, kämpft er mit seiner Liebe zu der todkranken Jane: »28. Januar 1931. Nichts. Nichts weiter. Jeder Tag war ein Jahr. Aber ich will die klammernde, saugende Kraft meines Herzens von ihr losreißen und auf einen anderen Namen werfen: INNOZENZ. Den Verzicht will ich ihm unter die Füße breiten, und er soll wachsen.«[201]
Er fürchtet, wie beim »Philipp«, in den Stoffmassen zu versinken, zu abhängig zu werden von den Bibliotheken, das Künstlerische dem Historischen, dem Wissenschaftlichen aufzuopfern. Aber er fühlt sich als Künstler, er weiß um sein Künstlertum. Ihn lockt das freie, ungebundene Reiseleben. Unruhe und Formwillen wachsen in gleicher Stärke. Beide sind die Wurzel des entstehenden Buches. Auf diese Weise will er die Verhängnisse seines Lebens fruchtbar machen.

Schneider greift einen älteren Plan wieder auf, ein autobiographischer Roman: »Der Weg ins Tragische«. Zur selben Zeit beginnt der Abschied von Jane in an Nietzsche erinnernder Form: »Wollte ich erlöst werden, so gäbe es nur eines: restlose Hingabe, Übergang eines zweiten Wesens in mich. Aber ich habe kein Verlangen nach Erlösung. Statt des Leidens am Ich setze ich den Willen zum Ich.«[202]
Dann flieht er nach Jena, nach Weimar, denkt nach über den Innozenz. In Weimar scheut er vor der »überstarke(n) Individualität«[203] Goethes zurück und besucht das Haus am Frauenplan nicht.
Weiter nach Gotha und Coburg, überall nur einen, höchstens zwei Tage verweilend. Eisenach wird auch noch mitgenommen, und weiter geht es nach Bamberg. Die Stadt entzückt ihn, der Reichtum der Formen übertrifft fast alles, was er im Ausland und in Deutschland gesehen hat. Aber den Merseburger Dom und die Naumburger Uta nimmt er doch aus, sie sind einzigartig – und Chartres.
Auf diesen Reisen aus der Einsamkeit in die Einsamkeit begleiten ihn die Dichter. Hier sind es Hölderlin, Kleist, Camoes. Nietzsche ist immer dabei, aber auch Kierkegaard, die beiden Dichterphilosophen.
Erinnerungen steigen auf: an Versailles unter herbstlichem Himmel, an Dresden, an die erste Zeit, als er durch die Straßenschluchten ging, leidend an sich und an der Einsamkeit und Fremdheit ringsumher. »Dann kam der einzige kurze schöne Sommer der Liebe. – Dazu wäre ich nicht mehr fähig.«[204] Aber er wird der Liebe wieder fähig sein. Schwere Konflikte werden daraus für ihn hervorgehen, und die Frage ist, ob er sie lösen kann.
Eichendorffs »Du mußt doch alles lassen« stimmt ihn wehmütig. Er leidet, er ist depressiv, er ist unruhig, die Erinnerungen folgen ihm, wo immer er auch ist. Aber braucht er sie nicht auch, diese Unruhe, dieses Leiden, diese Wehmut? Sind sie nicht der eigentliche Ansporn, zu überwinden? Und fließt nicht aus der Überwindung die Kraft für das Werk, von dem er weiß, daß er ihm immer wieder opfern wird und opfern muß? Aber vielleicht ist der Verzicht gar kein Opfer, sondern eine notwendige Bedingung seines Lebens? Was aber ist Notwendigkeit und was Verhängnis? Die Sehnsucht nach Gefährtenschaft bleibt. Doch dem

aus undurchsichtiger Tiefe aufsteigenden Grauen wird das Dennoch des Überwindenden und der Normalität des Lebens die Verachtung dessen entgegengeschleudert, der fühlt, daß Erfüllung nicht sein Teil ist. So wird Verzicht zur Freiheit.

Innozenz der Dritte

Über Bozen reist Reinhold Schneider nach Italien und trifft am 24. März in Florenz ein, eine Woche lang begleitet von seinem Bruder und einem Freund.
Ab 29. März ist er in Rom – krank: Eine Halsentzündung plagt ihn, und er meint, er habe nie eine Pinie vor blauem Himmel gesehen ohne dieses Mißgeschick. Dazu kommen heftige Zahnschmerzen.
Obwohl Florenz »seine Stadt« ist, mußte bald Rom aufgesucht werden, denn für den »Innozenz« ist es wichtiger. Hier geht Schneider den Spuren des Imperium Romanum nach und stellt fest: »Die europäischen Staaten und Herrscher sind nur die Epigonen Roms; sein tragischer Same aber war so fruchtbar, daß er ewig Gegnerpaare erzeugte und keine Verwirklichung zuließ außer der römischen: so widerstreiten sich Kaiser und Papst, verschlingen sich die Kolonialmächte; stellt sich der englischen Weltmacht das letzte von Rom gezeugte Kaisertum, das der Hohenzollern entgegen; und ehe noch die beiden Gewalten einander zerschlagen, nimmt schon Amerika den gefährlichen Keim auf. Alle wiederholen den römischen Schicksalsweg unter dem Zwang der unsterblichen römischen Machtform.«[205]
Das ewige Rom bleibt Maß und Richtschnur. Auch die Kirche ist an dieses Maß gebunden, sie hat das römische Recht zu ihrem Recht gemacht. »Man versteht, welche Tragik in dem Versuch liegt, das Erbe eines solchen Volkes als Behältnis für metaphysischen Sprengstoff zu gebrauchen; und welche Gefahr, wenn ein treibendes, ewig werdendes Volk (wie die Deutschen), des eigenen Wesens müde, die Hand ausstreckte nach dem römischen Vermächtnis. Rom hatte die Unterordnung alles Metaphysischen, den bedingungslosen Glauben an die ewige Gültigkeit der Prägung zur Voraussetzung. Einteilung der Sonette: Jugend (An meinen Vater). II. Einsamkeit (Das Männliche).«[206]
Ohne Absatz, ohne Überleitung stehen sie nebeneinander: die Sätze über Vermächtnis und Erbe Roms, die Form, die die Kir-

che von Rom übernahm, die deutsche Widersetzlichkeit gegen bedingungslosen Glauben und die Sonette des jungen Dichters. Prägung, Form, Gültigkeit, Voraussetzung – das sind die Worte, die die Assoziation »Sonett« hervorrufen. Die Auseinandersetzung mit der historischen Form prägt die persönliche, greift das Chaos an. Schneider lebt »wie im Jenseits«[207], nur das 12. und 13. Jahrhundert und die römische Zeit fesseln ihn. Über den Vatikan schreibt er: »... ich habe dort nie eine Stunde der Andacht verbracht.«[208] »Die Peterskirche: der Audienzsaal Gottes. Aber Gott empfängt nicht mehr. (Man baute ihm diesen Audienzsaal – ohne ihn zu fragen!).«[209] Verzweifeltes Ringen um einen eigenen Standort im Leben treibt die Argumentation in eine letzte eisige Selbstisolierung: »Das Wesentliche ist: daß einmal ein Leben geführt wird, das sich keiner Konzession bequemt. Ich muß auch das verurteilen, was ich verstehe, und verwerfen, was ich schätze.«[210] Mit solchen Gedanken geht er durch die Gärten und Paläste Roms. Das alte, klassische Rom spricht zu ihm, das christliche läßt ihn kühl. Dazwischen immer der Gedanke an das 12. und 13. Jahrhundert, die Zeit Innozenz' III., Walthers von der Vogelweide, Kaiser Ottos IV. und seiner Widersacher.

Im Jahre 1197 stirbt Kaiser Heinrich IV. aus dem Hause Hohenstaufen, ein Jahr darauf Papst Coelestin III. Ihm folgt Lothar von Segni, aus langobardischem Grafengeschlecht stammend, als Innozenz III. In Palermo wird im selben Jahr der zweijährige Friedrich von Hohenstaufen, entsprechend dem Wunsch seines Vaters, zum König von Sizilien gekrönt. Papst Innozenz übernimmt für ihn die Regentschaft.
In Deutschland wählt die staufische Mehrheit der deutschen Fürsten den jüngsten Bruder des verstorbenen Kaisers, Philipp von Schwaben, zum König; drei Monate später wählt die welfische Minderheit Otto IV. von Braunschweig, einen Sohn Heinrichs des Löwen, zum Gegenkönig.
Krieg, Bann und Mord bestimmen die Auseinandersetzung zwischen den Königen. Philipp, gebannt, besiegt Otto IV. Innozenz neigt Otto zu. Philipp wird in einem privaten Rachefeldzug Ottos von Wittelsbach ermordet, der welfische Otto von Papst

Innozenz zum Kaiser gekrönt. Aber auch ihn trifft der Bann, als er den Kirchenstaat, von Innozenz wieder begründet, bedroht. 1211 wird Friedrich von Sizilien mit Empfehlung des Papstes zum Kaiser gewählt, der Otto IV. besiegt.

In dieser wirren Zeit, als der Kreuzzug von 1202 bis 1204 zusammenbricht, weil der Doge von Venedig die Truppen gegen Konstantinopel führt, und der Kinderkreuzzug von 1212 in einer totalen Katastrophe endet, die Albigenserkriege vielen Tausenden von Ketzern den Tod bringen, sitzt auf dem päpstlichen Thron ein Mann, der Verächter, Herrscher, Kämpfer und Glaubender zugleich ist: Innozenz III.

Noch bevor er Papst ist, richtet der Graf Lothar von Segni »im Tone unsäglicher Schwermut ... sein erstes Wort an die Welt«[211]. An seine Mutter geht die Frage. »Warum? Wäre es nicht besser, ich hätte den Tag nie gesehen? Oh, daß ich gestorben wäre im Mutterleib oder doch gestorben in der Stunde der Geburt!«[212] Er war noch nicht dreißig Jahre alt, als er Kardinaldiakon wurde. Studiert hatte er in Paris und Bologna, der ältesten Universität Europas; er war in England und wurde gefesselt von der Faszination des Rechtes. Dieser Mann schreibt ein Buch über die Verachtung der Welt. Schneider faßt zusammen: »Den Kardinal ekelt vor der Zeugung; ihn ekelt vor dem Stoff. Aus Erde schuf Gott den Menschen, aus dem niedrigsten unter den Elementen. Denn die Planeten und Sterne formte er aus Feuer; die Winde aus Luft; Fische und Vögel aus Wasser; den Menschen aber und das Vieh aus Erde. Eines sind deshalb der Mensch und das Tier, und er hat nichts vor ihm voraus.«[212a] Alles, was der Mensch ist, sein will, sein kann, ist nichtig. Aber »seine Seele ist bestimmt, Gott zu fassen; solange Gott sie nicht füllt, wird er ewig begehren«[213]. Ein zweites Buch – über die Würde des Menschen – plant der Kardinal zwar, aber er schreibt es nicht mehr. Über den zum Papst Gewählten schreibt Reinhold Schneider: »Der Glaube erhöht ihn über Könige; denn an ihn ging der Auftrag, den der Prophet verkündete: Ich habe dich gesetzt über Völker und Königreiche, daß du ausreißen, zerstören, verderben, bauen und pflanzen sollst. Schon zuckt der Blitz der Vernichtung in seiner Hand; es ist jede Gewalttat erlaubt, wenn es gilt zu bauen und zu pflanzen. Und er ist frei. Denn Petrus, der band und löste, konnte von niemand gebunden werden; die Kirche kann ihn richten, wenn er am Glauben fehlt; wie aber würde

er ohne Glauben dieses Amt übernehmen? Wer dürfte, da er es annahm, an seinem Glauben zweifeln? Seine Handlungen aber richtet keine irdische Autorität: Gott allein. Die Freiheit des Mächtigen ist unbegrenzt. Der Knecht also ist der Gewaltigste: ›Er ist weniger als Gott; mehr als ein Mensch; er richtet alle und wird von niemand gerichtet.‹ «[214]
Auch der Kaiser ist nichts anderes als alle anderen Gläubigen.
»Nur eine Forderung [gegen sich selbst] erkennt Innozenz mit dem ganzen Ernst des an sie gebundenen Machtwillens an: dem Volke ein Beispiel zu geben. Denn wenn der Priester sündigt, macht er das Volk sündigen; die Gebrechen der Seele sind um so größer, als der ist, der sie trägt.«[215]
Dieser Papst, der keine Nähe zu denen zeigt, für die er sein Leben einsetzen, opfern wird, der stolz ist und die Welt verachtet – er glaubt. Und dieser Glaube hebt ihn wirklich aus der Schar der übrigen heraus: »Sein Wesen ist Wirklichkeit. Er kam, von Gott gesandt, als ein Cherub; und die Herrlichkeit und die Tragik des Cherubs sind um ihn.«[216]
Mit diesen hymnischen Worten hebt Reinhold Schneider die Bedeutung jenes Mannes aus der Masse der vielen heraus, die in seine Zeit gehören wie in alle Zeiten, und aus der Zahl derer hervor, die den päpstlichen Thron bestiegen. Das heißt nicht, daß dieser Papst anders ist als andere vor oder nach ihm. Er rechtfertigt Verbrechen, von Kreuzfahrern begangen, mit den Sünden derer, die ihnen zum Opfer fallen. Die Formen der Kirche, weitgehend imperial, werden für unerschütterlich gehalten: Griechische Priester werden nicht etwa zum römischen Dogma bekehrt, sondern müssen Gehorsam schwören. »Der Glaube an die Form ist unerschütterlich: sie reinigt den Gehalt.«[217]
Das große Ziel heißt Jerusalem. 1187 fiel es in die Hände der Muselmanen. Rechtfertigt dieses Ziel nicht viel, vielleicht alles? Wohl nur der Verächter kann ganz von der Welt abgekehrt und ganz ihr zugewandt leben.
In Deutschland aber tobt das Chaos. Der Papst, nach seiner Sicht der Herrscher über den Herrschern, will es ordnen. Klug wägt er ab – nach Vorteil und Schaden, die Religion ist Nebensache. Die Widersacher kämpfen miteinander. Der Papst bevorzugt den einen, dann den anderen, schleudert den Bann, seine schärfste Waffe, gegen Otto; Philipp von Schwaben wurde noch von Coelestin gebannt. Schließlich neigt sich Innozenz Friedrich

von Hohenstaufen zu, und seine Stimme gibt den Ausschlag: Friedrich wird Kaiser des Heiligen Römischen Reiches. Aber er ist nicht der Herr der Welt: »Die Welt hat nur einen Gebieter; von Spanien bis in die skandinavischen Länder, bis nach Litauen und Polen spricht sie seinen Namen nach. Um diese Stunde scheint die römische Idee wieder Wahrheit geworden; Cäsar trägt das Priestergewand, jenen weiten purpurnen Mantel, auf dem in silbernen Kreisen der Doppeladler der Grafen Conti schwebt und ihr Greif seine Pranken hebt. Cäsar ist wieder Pontifex maximus zugleich.«[218]
Dieser Papst, dieser Herrscher empfindet wie kaum jemand zuvor die Notwendigkeit der Form, und er verteidigt sie mit allen Mitteln: Mit dem Kreuzzug der Fünfzigtausend, den der Papst leidenschaftlich fordert und fördert, soll die Ketzerei geschlagen, ausgerottet werden. In den deutschen Mystikern tritt sie nur leise hervor. Die Albigenser Frankreichs bekennen sich laut, und sie bestreiten die Rechte der katholischen Kirche. Zwanzigtausend verbluten im grausamen Gemetzel. »Die Kreuzfahrer streiten unter päpstlichem Segen, sie erwerben sich während eines vierzigtägigen Mordens in der Provence und um Albi dieselben Gnaden wie auf einem Zug nach Jerusalem; an ihrer Spitze aber steht einer der Grausamsten und Unerbittlichsten, die jemals im Dienste des Glaubens gefochten.«[219]
Die Kinder aber, die in ihrem eigenen Kreuzzug »zu Gott« wollen und im Meer, auf der Landstraße, als Sklaven und in den Gefahren eines zügellosen Lebens, für das sie noch keine Verteidigung kannten, zu Grunde gehen, erschüttern den Papst. »Einmal, eh er herrschte, war er ein Verächter. Nun, auf dem Thron, über den schon das graue Licht der Dämmerung fällt, verachtet er nicht mehr, er wird fremd.«[220]
In der Begegnung mit Franz von Assisi stehen sich der Triumphator auf dem Stuhl der Päpste und ein armer Bittender, dem der Papst die Regel des von ihm gegründeten Ordens bestätigt, gegenüber. Franziskus »überzeugt durch das Sein. Er ist in Rom; er steht vor dem Papst. Er will nichts Neues; er will vielmehr das Uralte; wiederholen, soweit er es vermag, was schon vor mehr als einem Jahrtausend geschehen«[221].
1216 stirbt der Papst, und Friedrich II. erstreitet sich das Reich, während Kaiser Otto im Bann verbleibt und erst kurz vor seinem Tode auf der Harzburg Frieden mit der Kirche schließt.

»Diese Arbeit«, schreibt Reinhold Schneider im Epilog des Buches »Innozenz der Dritte«, »bemüht sich nicht um Ereignisse, sondern um eine Idee.«[222] Es ist die Idee der Gerechtigkeit und der Verständigung. »Es wäre«, meint Schneider, »für wenige, endlich an der Zeit, der engen Mißverständnisse in beiden Lagern müde zu werden und die Beschränkungen des Blicks zu durchbrechen: dem Papste sein Recht zu lassen wie dem Kaiser und im Gefühl der zerstörbaren Dynamik des Lebens den Platz zu wählen, für den ein jeder bestimmt ist durch die Geburt. Wann endlich findet sich ein verstehendes Auge, das mit derselben Verehrung auf den Machtformen des Südens ruht, auf den Domen der Mystik und auf der Nation?«[223]
Das Problem der Form fordert den künstlerischen Autor und den historischen Schriftsteller gleichermaßen: den Künstler als Individuum, das die Gefahr des Chaotischen in sich selbst erfährt und nach der geeigneten, ordnenden Lebensform sucht, um sie ins Geistige zu transponieren; den historischen Schriftsteller, weil er die Bedeutung der Form für die Gestalt und Dauer geschichtlicher Erscheinungen aufhellt und ihnen damit zur zukunftsweisenden Beständigkeit verhelfen kann.
In Harzburg, wo der gebannte Kaiser Otto 1218 gestorben ist, schließt Reinhold Schneider im Sommer 1931 das Manuskript des Buches »Innozenz der Dritte« ab. Es war »ein Heimweg nach Deutschland in das tragische Reich«[224]. Nichts wünscht sich sein Autor mehr, als »daß man das tragische Deutschland entdecke und das ›deutsche Behagen‹ als das verstünde, was es ist: der Schutzbau gefährdeten Lebens; daß man Weimar begriffe und Naumburg und Tübingen, wo unter Fliederbüschen und in engen Stuben das Furchtbarste geschah; und man sollte die großen Worte der Tragiker nicht mehr verfälschen, als seien sie gesprochen während eines Gewitters in sonnigen Tagen. Und man sollte das Ja hören im Munde deutscher Verneiner«[225].
Zu diesen Verneinern, deren Nein ein Ja ist, gehört auch der junge Reinhold Schneider, und sein Buch hat nichts zu tun mit den Motiven jener, die, während er daran schreibt, mit martialischem Gerassel vom neuen, vom Dritten Reich schwärmen, ohne Schwärmer zu sein. Deshalb ist es ein Unrecht, daß allzu ängstliche Vorsicht, die aus religiösen und politischen Gründen mögliche Mißverständnisse scheut, dieses Buch erst erscheinen läßt, als sein Verfasser schon nicht mehr unter den Lebenden ist.

Den Machtformen des Südens wie den »Domen der Mystik« bringt er dieselbe Verehrung entgegen, die er nun auch der Nation zuwendet, die unruhig und angstvoll in die Zukunft blickt. Mit einem scheinbar hoffnungsfrohen Wanderwort macht er sich auf die Suche. Aber der tief in die deutsche Geisteswelt Eingedrungene weiß natürlich um die unterschwellige Unheimlichkeit des Romantischen: »Morgen geht es fort: die Ebene lockt; Turmspitzen und Wetterfahnen steigen aus unbekannten Städten auf; es fließen noch viele Ströme, die etwas zu sagen wissen ...«[226] »Die Ebene ist von Schicksalen voll ...«[227]

Fichte oder: Der verborgene Mystiker

Am 4. Juli 1931 teilt Reinhold Schneider Anna Maria Baumgarten mit, daß er am Tag zuvor den »Innozenz« abgeschlossen habe, genau einen Monat, nachdem er das Buch begonnen hatte, und er fügt hinzu: »Für mich bedeutet es die endgültige Wendung zum Deutschen.«[228]
Seit dem 3. Juni wohnt er in Göttingen, wo er »auf langen Wegen durch die Laubwälder« wandert[229], »am Saume der schweren Äcker, in einer geliebten Landschaft«[229a]. Neue Pläne regen sich. Das Tagebuch ist angefüllt von Gedanken und Reflexionen, die alle eins zum Ziel haben: das neue Buch.
Zu dieser Zeit lebt Schneider in drückender Not, meistens von kleinen journalistischen Gelegenheitsarbeiten abhängig. Bevor er nach Rom fuhr, schrieb er bereits an Jakob Hegner und bat um Geld für die Reise und zur Anschaffung einiger wichtiger Bücher: »Sie werden zugeben«, heißt es in dem Brief, »daß man nicht weniger verlangen und nicht mehr opfern kann als ich ... Lassen Sie mich also nicht ganz im Stich.«[230]
Schneider meint, mit dem »Innozenz« sei das Ende seiner historiographischen Schriften erreicht. Der »Camoes« habe die Macht der Phantasie gesucht, der »Philipp« die Macht des Glaubens, »Innozenz« aber allein die Macht der Formen, er sei deshalb zusammenfassend. »Von nun an«, schreibt er, »müßte die Debatte um eine Lebensform sich von der Geschichte entfernen und auf eine andere Ebene übergehen ... Ich denke, daß die nächste große Arbeit weder Handlung noch Gestalten aufsucht und sich stattdessen noch entschiedener dem Gedanken zuwendet und dem Subjekt.«[231]

Kaum ist die Abschrift des »Innozenz« in einer Woche geleistet, wendet er sich dem Plan zu, der ihn jetzt am meisten beschäftigt: »Tragisches Vaterland«. In wenigen Episoden will er die Tragik der deutschen Geschichte deutlich machen: »Ungeheures läßt sich sagen über Luthers Ende: das Verhältnis zu Rom; der Fehlgang auf der Suche nach einer nationalen Lebensform; das Verfliegen einer gewaltigen Kraft.«[232] Danach Weimar: »die Tragödie des deutschen Geistes, das völlige Mißverhältnis zwischen innerer und äußerer Macht. – Dann noch in Hölderlin und Nietzsche die deutsche Natur; aber mit umfassender historischer Perspektive; nicht als psychologisches Problem ... Gewaltig auch Bach oder Händel. Oder etwa Holbein in London? – Holbein will zu greifen suchen. Das Historische ist groß: das Aufdämmern Englands gegen das sinkende Reich ... Titel: ›Der deutsche Tod‹.«[233] Der Krieg beschäftigt ihn, der Pazifismus. Dann folgt die Wendung ins Persönliche: »Ich bin entschlossen, meinen Willen noch einmal vom Leben ab und dem Werke zuzuwenden; es wird gelingen. Im übrigen wäre ich dem Schicksal dankbar für einen ehrenvollen Tod. Vielleicht kann ich ihn mir doch noch verdienen. Man sucht nach einem jahrelangen Kampf nicht gerne das feige Grab. Den Blitz oder irgendein Unglück hielte ich für eine große Auszeichnung.«[234] Das neue Buch aber hat schließlich einen ganz anderen Gegenstand. Es dreht sich um Fichte, den gewaltigen Anwalt der Nation in Deutschland.

Während er an »Fichte – Der Weg zur Nation« arbeitet, werden im Tagebuch die einzelnen Elemente des Fichteschen Denkens erwogen. Zugleich spiegeln sich in den Aufzeichnungen die politischen Entwicklungen jener Tage. So am 27. Dezember 1931, als Schneider feststellt, das Bürgertum sei erstorben, die Familie habe der Katastrophe von 1918 nicht standgehalten, und damit sicher seine eigenen Familienerfahrungen einbezieht. »Daß es [das Bürgertum] seit der Reformation die geistigen Werte allein trug und hervorbrachte, ist außer Frage: doch mit dieser Feststellung halten wir nur einen Epilog; wir öffnen kein Tor der Zukunft.«[235] Damit postuliert Schneider das Ende der bürgerlichen Kultur-

epoche, wie andere auch, und wie diese sieht er die Zukunft politisch nicht nach rechts geöffnet, sondern eher nach links. Dabei ist für ihn mitentscheidend die Einstellung zum Tragischen als bestimmendes Element des Lebens: »Eine im untragischen Geist entstandene Bewegung wie die nationalsozialistische kann nur zur Katastrophe führen. Reaktionen dieser Art haben keinen anderen Sinn, als daß sie die Aktion beschleunigen.«[236] Offenbar versteht Schneider Aktion hier als Fortbewegung zur letzten tragischen Epoche. Er ist überzeugt, daß, wenn überhaupt, nur der Kommunismus in dieser Phase siegen könne, weil er eine klare und konsequente Ideologie habe.[237]
Nachdenken über die Nation und die deutsche Form bestimmt die Arbeit am neuen Buch. Dabei erscheint es Schneider tragisch, daß in Deutschland nicht eine gesicherte Form entwickelt wurde, sondern in Musik und Wort, den beiden Künsten, die hier vorherrschen, das Unfaßliche spürbar wird, aber eben nicht fest umgrenzt. Dabei gibt er dieser Erscheinung eine eigenwillige Interpretation, indem er die Architektur als Einfassung des Ungeheuren sieht: »Frankreich: Gewölbe; England: Gewölbe und Freiheit; Deutschland: die Freiheit allein.«[238] Zugleich meint er im Bürgertum ebenfalls ein Bild deutscher Tragik zu erkennen: Es sei alleiniger Schöpfer der deutschen Kultur, habe aber bei der Konzentration auf diese geistige Leistung die Führung in der Politik verloren: »es schuf, aber es konnte das Geschaffene nicht schützen, und beschwor somit selbst den Untergang seiner Werte herauf.«[239] Fichte und die Romantiker haben den Begriff der Nation mit einem anderen Gehalt gefüllt und ein neues Bewußtsein geschaffen. In den Wirren seiner eigenen Zeit geht Reinhold Schneider diesen Spuren nach.

Schneider erlebt in Johann Gottlieb Fichte einen Mann, der sein Leben auf Geist und Tat stellt, ja es durch Geist zur Tat macht. Aus kleinsten Verhältnissen stammend, steigt er, anfänglich mit adeliger Protektion, über Schulpforta, die protestantische Erziehungsanstalt, die auch Nietzsche besuchte, und folgende unsäglich entbehrungsreiche Jahre zum Professor der Philosophie in Jena und Berlin auf. Er war der erste gewählte Rektor der Berliner Universität.
Innerhalb dieser äußeren Stationen entsteht das Werk, Kant

dankbar verpflichtet und doch auf eigenem Boden errichtet, Mißverständnissen ausgesetzt, aber in seiner Substanz wirkend, doch auch teilend: Goethe, Schiller, Schelling werden von ihm angerufen und sind schließlich befremdet. Fichte steht alleine – fest und sicher auf eigenem Grund, aber nicht ohne Anregungen anderer aufzunehmen: von Rousseau den Freiheitsatem der Französischen Revolution, von Kant die Freiheit des Denkens, vom evangelischen Christentum die Möglichkeit, Gott in abstracto zu denken, was auch bei Schneider zum Mißverständnis des Atheismus führt: »Gott? Die Welt ist eine; es ist nur eine Wahrheit und eine Kraft. Dennoch: wie sollte die Frage schweigen? Die Menschen, die anerkannt wurden im Namen des Gesetzes, damit das Gesetz an ihnen geschehe, sind frei: ihre Freiheit ist das erste Gebot der Sitte. Denn das Gesetz will ja sich selbst; es will sich tausend- und tausendmal. Aber Gott? Längst ist jenes Wesen zertrümmert, das vielleicht noch in Rammenau [Geburtsort Fichtes], vielleicht schon nicht mehr im Kreuzgang von Pforta, menschlich-gewaltig, sichtbar-unendlich über den Tagen des Knaben erschien; wenn jetzt Gottes Name noch gilt, so wird er entkleidet allen persönlichen Schimmers, selbst aller Gewalt: er ist die Ordnung schlechthin; die Einheit der tausend freien Gesetze; die Garantie der Tat.«[240] Aber er ist Gott, etwas, das anders nicht bezeichnet werden kann.

Fichtes »Wissenschaftslehre«, ein von ihm geprägter Ausdruck, der die Philosophie bezeichnet, seine Lehre vom »Handelsstaat«, die ein sozialistisches Ideal entwirft, ohne kommunistisch zu sein, schließlich der berüchtigte Atheismusstreit, in dem er für den Betroffenen, aber nicht für die Sache eintritt und der ihn seinen Lehrstuhl kostet, erregen geistige, politische, menschliche Turbulenzen: Fichte verliert Schiller, schließlich auch den wankelmütigen Schelling; Goethe entfernte sich schon vorher, behält aber eine Haltung der Hochachtung, so sehr er sich auch für Fichtes Abberufung aus Jena eingesetzt hat. Für Reinhold Schneider aber steht Fichte vor der Erneuerung seines Lebens: »Eine neue Welt ist gebildet: sie ist weit und das Unendliche strömt hindurch ... ehrwürdig ist nichts, als die Erscheinung des Einen im geopferten Ich, als die Stimme des Fremden, die menschlicher Laute sich bedient. Ihr Befehl gilt ohne Widerspruch; und wie der Einzelne, der erkennend sich hingab, um Werkzeug und Verehrer zu sein, so muß das Volk ihm gehor-

chen; das ungeheure Drama der Welt ist die Gestaltwerdung Gottes im Stoff der Schicksale und Reiche. Es ist nichts außer ihm; wo immer sein Feuer erscheint, sinkt Fallendes in ihn zurück, strebt Neues ihm zu. Es ist nur Leben und Ewigkeit, und unermeßlich ist die Tiefe eines jeden Tages.« Den Mann aber erwartet das größte Werk: »Gottes Wirken in ihm. Und erst mit der Ehrfurcht beginnt der Mann.«[241]
Fichte war bis zum Frieden von Tilsit, der Napoleon als Demütigenden zeigt, Weltbürger, Kosmopolit; er verehrte das Land mit der höchsten Kultur – und es war nicht Deutschland. Doch dann wird er mit einem Schlage zum »Verteidiger und Rechtfertiger seines Vaterlandes ... Er ist Deutscher ...«[242] »Überrascht steht Fichte vor der Nation ...«[243] In seiner Parteinahme für die Französische Revolution und gegen die Fürstenherrschaft war er Demokrat, und er bleibt es auch als Anhänger der Nation – seiner Nation.
1807 und 1808 hält Fichte in der Berliner Universität, nicht ohne Gefahr für sich selbst, seine »Reden an die deutsche Nation«. Gneisenau ist unter seinen Hörern, wie das gesamte gebildete Berlin. Schneider allerdings, und vielleicht auch Fichte, scheint von diesem Berlin zu der Zeit, in der er an diesem Buch schreibt, kein sehr positives Bild zu besitzen, zumindest nicht, was die Epoche Fichtes angeht. Er bezeichnet die preußische Hauptstadt, die von den Romantikern in der Nachfolge Jenas zu einer Hauptstadt des Geistes gemacht wird, als »noch von einem unbildsamen, fast barbarischen Volke bewohnt«[244]. Fichte erlebt noch den Aufbruch gegen die Unterdrückung, die Befreiungsbewegung von 1813 und stirbt am 29. Januar 1814.
In einem langen Nachwort zu »Fichte oder Der Weg zur Nation« hat Reinhold Schneider benannt, um was es ihm in diesem Buch geht: Den Weg zur Nation, den Fichte durchlief und auf dem er Nation schuf, durchläuft auch der Autor des Buches. Seit jenen Tagen, da alles zerbrach, was sein Leben bis dahin ausgemacht und bestimmt hat, bis hin zum Frühjahr 1932, als er dieses Buch, das er später selber etwas befremdet unter die erledigten Schriften ablegen wird, schrieb, vollzieht sich der Lauf von dem sich dem Nichts überantwortenden Jüngling zur Erkenntnis, daß der Weg seines Volkes auch sein Weg ist. Aber nicht alles auf diesem Wege kann er billigen, und so schreibt er im Nachwort auch die Sätze: »... es ertrug schweigend den Zweifel derer,

die ein Volk nur erkennen an seinem Reich; führerlos fand es seinen Weg. Denn das Volk ist so alt wie das Schicksal, und törichter ist nichts als der Glaube an seine Geburt in jüngst vergangener Zeit – ...« [das zweite Kaiserreich] »Die Überwindung des Tragischen aber, dieses höchste Ziel unserer Zeit, ist eine Überwindung des Werdens zugunsten der Dauer oder, in der Sprache des Verkünders [Fichte], die Vernichtung des Lebens und die Begründung des Todes.«[245]
Viele persönliche Probleme des Autors, aber auch Probleme der Zeit scheinen in diesem Nachwort auf. Der Zeit verbunden und ihr doch zugleich seltsam fremd gegenüberstehend, das ist Reinhold Schneiders Haltung am Beginn des Jahres 1932. Ganz persönlich, geradezu lyrisch leitet er von den Fragestellungen Fichtes zur Gegenwart über und bringt sich dabei selbst ins Spiel: »Ob man sich leidend: ob man sich gestaltend verhalten wolle: dies ist die letzte Frage Fichtes, die nach einer unbeweisbaren Antwort sucht. Sie geht ewig den Einzelnen an; es wird keine Zeit erscheinen, in der sie nicht gestellt werden kann. Denn sie setzt das Einfachste, das Unüberwindliche voraus: die Überraschung des Alleinseins an einem stummen Abend; ein Erwachen in der Nacht; die plötzliche Empfindung des eigenen Herzschlags im Lärm. Furchtbar in seiner tosenden Bewegung, furchtbarer noch in seiner Stille, umdrängt und umflutet das Namenlose den Einen; dem Geformten vermögen wir zu begegnen; das Ungeformte strudelt uns fort. Und so geben wir den Sternen Namen, den Massen Gesetze, den Strömen des Unfaßlichen ein Ziel: nicht als Erkennende, sondern als Former und Überwinder; die Gesetze, die wir erkennen, indem wir sie geben, sind die ersten Stützen unserer Macht. Gestaltend werden wir sicher, aber das Ungeformte dringt nach, wachsend, je weiter wir reichen, aufquellend aus der rätselvollen Erde bei jedem Schritt. Diese Feindschaft ist erbitterter als der Streit der Völker, als der Vernichtungskampf der Religionen: herrscht der Mensch nicht, so herrschen die Dinge; prägt der Geist nicht, so zermalmt das Gewicht. Es ist Chaos oder ins Unendliche werdende Form. Denn das Auge spiegelt nicht ruhig das Seiende: es formt das Rätselvolle in klarem Umriß; das Wort ist nicht Widerhall, sondern Gebild. Wo immer wir schreiten, haben wir über uns das Zenit der Welt: das Zenit unseres Schöpfertums. Wir sind in die Mitte geboren: nicht auf einem stillen Gipfel des Betrachtens

oder in einem abgelegenen Garten des Genügens, sondern in den Ansturm des Fremden, das unser Zeichen tragen muß, wenn es uns nicht zerstören soll.«[246]
Der leidende, kämpfende Autor dieses Buches gibt eine Beschreibung seines Zustandes zu diesem Zeitpunkt, im Frühjahr 1932: Der Kampf zwischen Chaos und Form vollzieht sich sowohl in der Geschichte als auch in ihm persönlich. Die Auseinandersetzung mit Fichte und seiner Philosophie ist auch, wenn auch nicht nur, eine Auseinandersetzung mit sich selbst. Und so wie er mit der Ehrfurcht den Mann beginnen sieht, so schreibt er in diesem Buch ehrfürchtig und verehrend Sätze, die das Ende Kants, des Denkers von Königsberg, berichten, einfache, stille Sätze: »So schwindet langsam in Königsberg dieses große Leben in Nichts. Lag auf der Welt nicht ein Schein der Wahrheit? Glänzte die Hoffnung nicht, daß nun, nach jahrtausendelangem Irren, eine Gewißheit gefunden sei? Es ist ja nicht der eine, der so bangt am frostigen Abend seiner Tat: es ist das Übermächtige, die Menschheit, die in ihm suchte und ihn zum Dienst an ihrem unstillbaren Verlangen zwang. War der Grund nicht gesichert, ein Baugrund künftiger Zeiten; schwankt die Erde doch? Kommt Neues, Unbekanntes aus der ewigen Leere des zerstörten, dennoch grundlos gähnenden Raumes?«[247] »Kant, der die Stadt kaum verließ, über der seine letzte Nacht erscheint, war in allen Ländern der Erde zu Hause und vertrauter mit fremden Städten, als es Reisende waren, die dort lange Wochen verbracht; er hatte den Klang der Welt wohl im Ohr, aber mehr als den Klang: er hatte erforscht, wie jeder Klang entsteht; und so können die spätesten Laute ihm nichts mehr sein, die noch hereindringen aus seiner einzigen Stadt, wo das Leben wurde zum Symbol; und es würde, wenn er es noch hörte, das Flötenkonzert seiner Uhr ihn nicht überraschen, da es zum letzten Mal leise beginnt an einem Morgen im Februar, den er so gelobt ...«[248] Die Form eines großen Lebens zerbricht.
Die Form – Reinhold Schneider ist ihr auch in diesem Buch nachgegangen, der Form, die Fichtes Leben und Denken bildete und bestimmte, aber auch der Form seines eigenen Lebens. Viel später, als er die Bilanz dieses eigenen, persönlichen Lebens zieht, schreibt er: »Ich glaube, daß Fichte die Anlage zum echten Mystiker hatte ...«[249]

Das Brandenburgische Konzert

Seit dem Herbst 1931 lebt Reinhold Schneider in Berlin-Südende, nachdem er Ende Oktober zu Besuch in Oberlößnitz war – bei Anna Maria Baumgarten und deren Angehörigen. Am 7. November schreibt er in sein Tagebuch: »Der ›Philipp‹ ist erschienen.«[250] Da die finanziellen Schwierigkeiten des Verlages zeitweilig befürchten ließen, daß die Drucklegung nicht erfolgen könne, ist dies eine befreiende Nachricht. Das ändert aber nichts an der prekären finanziellen Lage des jungen Schriftstellers. Wie schon in Madrid beginnt der Tag allzuoft mit dem »Klatschen der Retouren, die der Briefträger durch den Briefschlitz«[251] wirft. Von seinen Büchern, die seit einem Jahr erscheinen – »Camoes«, das Reisetagebuch »Portugal«, »Philipp II.« und bald auch »Fichte« – kann er nicht leben. Er muß journalistische Gelegenheitsarbeiten machen, bekommt aber 1932 endlich Kontakt zum Berliner Rundfunk.

Am 10. Februar 1932 muß er dem Magistrat der Stadt Göttingen mitteilen, daß er dem an ihn ergangenen Bürgersteuerbescheid zur Zahlung von neun Reichsmark für die Dauer seines Aufenthaltes in der Stadt von Juni bis Oktober 1931 nicht Folge leisten kann, weil ihm auch die notwendigsten Mittel zu seinem Lebensunterhalt fehlen. Er kündigt an, aus diesem Grunde seinen Aufenthalt in Berlin noch im selben Monat abzubrechen.[252] Den Verlag Georg Müller in München, bei dem er den »mit dem Herzen geschrieben(en)« »Fichte« veröffentlichen wird, bittet er mit der Frage, »ob Sie mir ... über die schwersten Sorgen der nächsten Zeit hinweghelfen könnten«, um einen Vorschuß auf das Honorar. Der Verlag bewilligt ihm daraufhin eine Vorauszahlung für zweitausend Exemplare. Zur selben Zeit teilt der Verlag Jakob Hegner mit, daß der »Philipp« leider katastrophal schlecht gehe.[253]

Am 22. Dezember ist Schneider, auf der Reise zum Weihnachtsbesuch bei Mutter und Stiefvater in Baden-Baden, in Heidelberg. Die Tagebucheintragungen verraten, wie sehr er noch am »Fichte« hängt. Ende Januar ist er zurück in Berlin, wo er den »Fichte« abschließt.

Rußland interessiert ihn nun, wie überhaupt, wenn ein Buchmanuskript fertig ist, sofort der nächste Plan auftaucht. Am 21. Februar 1932 notiert er: »Neben Rußland hätte ich fürs nächste

noch eine Möglichkeit: die Mark. Sie ist und bleibt die wichtigste deutsche Landschaft, der eigentliche Boden der Rasse; nachdem die süddeutsche Rasse, die eigentlich einen viel größeren Zug hatte, im wesentlichen in der großen Kaiserzeit und noch in den Städteschicksalen der Renaissance verzehrt worden ist. Für die neuere Geschichte ist die Mark, überhaupt das Preußische unbedingt der einzige Boden dramatischer Ereignisse, der Willenstragödien und damit auch der Ursprung der einzigen starken nationalen Impulse.«[254] Reinhold Schneider verwendet den Begriff »Rasse« hier nicht im biologisch-ideologischen Sinne, sondern verweist damit auf die landsmannschaftliche Herkunft. Rassenbiologie gibt es bei ihm nicht.[254a]
In den Erinnerungen »Verhüllter Tag« heißt es zweiundzwanzig Jahre später: »An einem Wintermorgen im Steglitzer Stadtpark überfiel mich das Brandenburgische Konzert: die preußische Idee, es war wie eine unüberwindliche bachantisch-disziplinierte Musik.«[255] Von nun an folgen die Gedanken den Gesetzen dieser Musik. Potsdam heißt nun das Ziel und wird der Wohnort.

Nun, da er ganz dazu entschlossen ist, sich Deutschland, der deutschen Geschichte zuzuwenden, geht es darum, die deutsche Form darzustellen, mindestens aber das, was sich bei der Unabgeschlossenheit deutscher geschichtlicher Entwicklung auf den verschiedenen Stufen so bezeichnen läßt. Und so schreibt Schneider im Vorwort des Buches »Die Hohenzollern – Tragik und Königtum«, das 1932/33 entsteht: »Seit Karl V. gab es in Deutschland nur zwei Könige unter unzähligen Kronenträgern: Friedrich Wilhelm I. und seinen Sohn.«[256]
1928, vor der Portugalreise, war er schon einmal in Berlin und Potsdam. Damals schrieb er zwei Sonette. Das eine, »Erster Eindruck von Berlin« zeigt den tragizistischen jungen Mann von einer ganz anderen, ironisch-kritischen Seite; das zweite, »Potsdam«, steht im Bann der historischen Tat in Sand und Moor.

Erster Eindruck von Berlin

Vor so viel Genien könnt' ich mich erbrechen!
Auf Brücken, Pfeilern, Giebeln nisten sie,
Der Waffen Prunk, des Ruhmes Federvieh
Und Kronenglanz, daß mir die Augen stechen.

Der Siegesnektar rann in vollen Bächen,
Dem Herrn, dem Volke reicht' er bis zum Knie,
So vielen Siegesjubel sah ich nie,
Und nie konnt' ich mich wen'ger dran bezechen.
Warum berauscht in so viel Nüchternheit?
Wer mag im Sande Orchideen züchten,
Der ernst und streng ein andres Ziel verheißt?
Ich sehe nichts hier als Vergänglichkeit
Und will mich rasch vor solchem Pompe flüchten,
Vor so viel Genien und so wenig Geist.[257] (1928)

Dieses Preußen, das so ganz nördlichen Gegebenheiten – einer aus slawischen und deutschen Elementen gemischten Bevölkerung, einem sandigen, armseligen Territorium – verpflichtet ist und den süddeutschen Autor mit seinen melancholischen Kieferngehölzen fremd berührt, dieses seltsame Land gewinnt Macht über ihn. Während er durch die Mark fährt – nach Rheinsberg, Strelitz, Dessau, Quedlinburg, immer auf den Spuren des alten Preußen – verdichten sich die Klänge des Brandenburgischen Konzertes zu Bildern und Gestalten. »Gestern in Potsdam. Es schien alles nah und klar. Um das Stadtschloß dehnt sich der Sand: die große Schulstube eines Volkes, das zu einer Machtform erzogen werden mußte. Die Könige wohnten wie die Präzeptoren neben der Schule.«[258] Seitenlang schreibt Reinhold Schneider in sein Tagebuch über die Anfänge in der Mark, über Askanier, Wittelsbacher, Luxemburger (die nicht blieben) und schließlich die Hohenzollern, die anfangs ebenfalls vor diesem Lande flohen, nicht in ihm begraben sein wollten. Aber die Landschaft »formte sich das Geschlecht: der große Kurfürst, Friedrich Wilhelm und Friedrich der Große ... In dem Kampf mit der Kargheit und Unfruchtbarkeit der Erde bildet der Mensch sich für seine Aufgaben heran. So ist der Tag hart und bestimmt; aber am Abend fliegt ein Blick durch die offenen Tore der Weiten mit den Möven, den Wildenten und Tauchern, an spiegelnden Ufern hin in das Unfaßlich-Anfängliche hinaus.«[259] Als er dies schreibt und sich immer mehr in dieses Land, in die Mark, in Preußen hineinlebt, wohnt er noch in Berlin. Aber ab 8. April 1932 heißt seine Adresse Potsdam, Am Kanal 28. Jahr-

zehnte später erinnert sich Reinhold Schneider, schreibt von den Havelfischern, die aus der »verhangenen Helle« der Seen und Flüsse auf dem Kanal in die Stadt kamen, Aale und Krebse zum Kauf anbietend; von den Herbstnächten, in denen die Kastanien auf die Kähne vor seinem Fenster prasselten. Die Fischerfrauen, dick vermummt, stellten Öfchen unter ihre Hocker.»Aber das Schönste war das Erwachen der Gewässer im Februar, das sichtbar-unsichtbare Leben im Schilf und das schwerfällige Aufflügeln der Schwäne, die einander überfliegend, sich über die Stadt schwangen, von See zu See.«[260]
Es ist dennoch nicht leicht für den an die Nähe der Berge, die sanft geschwungenen Linien der badischen Hügel Gewöhnten, diese Landschaft zu ertragen: »Die Kieferngehölze wurden für mich nicht zum Wald; die schwermütige Eintönigkeit der Linien bedrückte mich: sie prägte sich mir doch ein. Der Exerzierplatz ergriff mich immer wieder als Geburtsstätte einer Macht.«[261]

Geschichte ist zu dieser Zeit für Reinhold Schneider Ausdruck von Prägung und Form und zugleich selber prägende Form. Er sucht und findet darin die tragische Komponente der Geschichte der Menschheit, des Menschen und mäßigt in ihrer Darstellung die eigene Neigung zum Formlosen, zum Chaotischen, zum Untergang im Dunkel des Nichts – allein durch das Werk. Dieses Werk aber wird durchaus als Aufgabe in einem höheren Sinne und weiteren Zusammenhang verstanden: »Meine Aufgabe für Deutschland: die Versöhnung des nord-südlichen (protestantisch-katholischen) Gegensatzes durch einen höheren Begriff des Lebens. Die protestantische wie die katholische, die nordische wie die südliche Sphäre mit derselben Intensität erfassend, muß ich eine neue Möglichkeit der Bewertung und Gerechtigkeit aufzeigen: Man kann auf jeder Seite Wollen und Schaffen, weil erst im Konflikt die höchste Fruchtbarkeit liegt; und diese ist um so größer, als die Bejahung eines jeden Standpunktes entschieden ist.«[262] Die Überzeugung von der Fruchtbarkeit der Gegensätze, der Dissonanzen ist also ungebrochen.
In der Übereinstimmung von Theorie und Wirklichkeit weitet sich sogleich der Blick und überfliegt die Jahrhunderte und die Länder: »Das Leben also verbindet den zweigeteilten Stamm mit seinen Kronen. Spanien und die Mark; Rom und den Harz: sie

gehören für uns zusammen.«»Europa ist weder Rom noch Germanien: sondern Rom und Germanien im heftigsten Streit. Das Bewußtsein dieser Einheit der Streitenden aber ist ein echt deutscher Besitz: das Volk, das die Reformation und den Dreißigjährigen Krieg austrug, hat ihn sich als eigenstes Gut erworben.«[263]
Schon als er den Gegenspieler Philipps II., Wilhelm von Oranien, auftreten ließ, spürte Reinhold Schneider nach eigenem Bekenntnis sein protestantisches Erbe; jetzt fühlt er diese ihm vom Vater überkommene Form noch stärker und setzt sich mit ihrer Entwicklung auseinander, besonders mit dem Höhepunkt in der Geschichte Preußens, der Regierungszeit Friedrich Wilhelms I. und Friedrichs II. Bei Schneider werden diese beiden Herrscherpersönlichkeiten nicht zuletzt zu den eigentlichen Repräsentanten preußischer Religiosität. Damit allerdings gerät er in die Gefahr, den bestehenden religiösen Unterschied zwischen Regent und Volk zu verwischen.

Schneider sieht in der Krone und ihren Trägern die einzigen wirklichen und wirkenden Repräsentanten der monarchischen Idee. Die beruht für ihn auf der Einheit von Religion und weltlicher Macht. Im konfessionell gespaltenen Deutschland ist jedoch durchaus die bekenntnismäßige Verschiedenheit von Herrschenden und Volk möglich: In Sachsen herrscht seit der Konversion Augusts des Starken aus politischen Motiven ein katholischer König über ein evangelisches Volk. In Brandenburg/Preußen sind die Hohenzollern kalvinistisch, das Volk aber ist mehrheitlich lutherisch. Die deistische Weltanschauung Friedrichs des Großen hat zwar wesentlichen Einfluß auf seine Auffassung vom Königtum, aber nicht auf die religiöse Substanz der Preußen schlechthin.

Philipp II. repräsentierte Spanien in der Einheit von Macht und Religion. In »Innozenz III.« vertreten Papst und Kaiser auf die je eigene Weise das Ineinander von göttlicher und weltlicher Macht. In Preußen besteht diese Verbindung vor allem bei Friedrich Wilhelm I., um sich bei seinem Sohn zur Ethik des Dienstes um der Ethik und um des Staates – das aber heißt: um der Menschen – willen, um des Werkes willen zu verwandeln. Allerdings wäre es dem König von Spanien und auch seinen Untertanen wohl nie eingefallen, zu sagen, es sei hohes Ziel, eine Sache um ihrer selbst willen zu tun, oder wie die Franzosen es

bezeichnenderweise ausdrücken: zu arbeiten für den König von Preußen.
Die Interpretation, die Reinhold Schneider in den »Hohenzollern« Preußen, seiner Religion, seiner Ethik und dem Verhältnis beider zueinander gibt, entspringt der Faszination durch die beiden großen Könige. Er reagiert darauf als süddeutscher Katholik, der allerdings von seinem Katholizismus selbst wenig (wenn auch schon mehr als zuvor) weiß und zudem mit einer Spur protestantischen Rebellentums geimpft ist. Von daher kann er im Nachwort der »Hohenzollern« zu der Folgerung gelangen: »Dem preußischen Staat das alte Reich entgegenzusetzen, wäre ungerecht: jene erhabene Form, die von den großen deutschen Kaisern vertreten wurde, erhebt sich über eine jede abendländische Schöpfung: freilich stand auch dieses Reich auf rein tragischem Fundament: dem Zwiespalt der beiden höchsten Gewalten, die einander nicht entbehren und sich nicht versöhnen konnten. Das Reich ist und bleibt der höchste deutsche Wert: ebenso gewiß aber ist, daß es der stärksten formgebenden Kraft gehört, die in ihm noch vorhanden ist. Die Frage nach dieser formgebenden Kraft konnte nur mit der Bejahung des preußischen Beispiels beantwortet werden: des Beispiels und der menschlichen Werte; nicht des zeitbedingten Gedankens. Das Leben aber in seiner ganzen Schwere ist nur möglich als Auftrag Gottes.«[264]

Damit ist auch ein persönliches religiöses Bekenntnis abgelegt. Die Linie zieht sich vom »Philipp« über »Innozenz« bis zu den »Hohenzollern«. Die religiöse Grundlage wird zum Erweis echter Form, und in Friedrich Wilhelm I., dem Monarchen, der der Welt als Soldatenkönig Anlaß zu Spott und Hohn ist, wird diese essentielle Religiosität unübersehbar: »... Gott vor alles in derweldt...«[265], schreibt der König seinem Freund, dem Fürsten Leopold von Dessau. Dieser Mann ist ein großer »Rechner und Wirt«[266]. Er kümmert sich um alles: von den Bezügen eines Amtmanns bis zu den Naturalien, die diesem zustehen: Korn, Butter, Käse. Er bestimmt den Lohn der Ackerknechte und Schäfer und gibt das goldene Geschirr seines prunkliebenden Vaters in die Münze, wo es in Taler umgeprägt wird, um in Kisten im Keller des Schlosses den von ihm angesammelten Staatsschatz zu ver-

mehren. Derselbe Mann, der sich mit zäher Ungeduld, aber auch Langmut müht, sein sandiges Land, des lieben Gottes Sandstreubüchse genannt, in dem seine Vorfahren nur mit Mühe Wurzeln schlugen, zum Blühen zu bringen, empfindet sein ganzes Tun als Auftrag eines Höheren, des Höchsten: »... er trüge die Last seines Amtes nicht, wenn er sich nicht einig wüßte mit Gott.«[267]
Dieser König, der so sparsam wirtschaftet und alles selbst regiert, der die seltsame Vorliebe für übergroße Soldaten hegt und doch so ungerne Krieg führt, der herrisch seinen Willen durchsetzt, das Land hoch oben im Osten, Ostpreußen, zum Blühen bringt, wie die Mark auch, weil er Glaubensvertriebene aus dem Salzburgischen aufnimmt wie einst der Große Kurfürst die Hugenotten aus Frankreich – »Ihr sollts gut bei mir haben, Kinder; ihr sollts gut bei mir haben«[268] – dieser König ist der Spott Europas, der Spott des eigenen Sohnes, der eigenen Frau. Er steht sich selbst im Wege mit Härte und Wutausbrüchen, so daß man ihn verkennen kann, ja verkennen muß. Man fürchtet sich vor ihm: die Familie, die Untertanen, die jungen Männer, die Angst haben vor seinen Werbern, die sie in die Armee stecken wollen, zu seinen langen Kerls. Friedrich Wilhelm ist ein widersprüchlicher Mensch. Nur zwei Dinge sind klar: sein Dienst an Preußen, sein Glaube an Gott. Er stirbt, noch nicht alt, aufgezehrt vom Dienst an Land und Volk, mit den Worten: »Mein Herr Jesus.«[269]
Und eines Tages schreibt der einst so haßerfüllte Sohn über den Vater: »Seiner weisen Regierung verdankt das Haus Brandenburg seine Größe.«

Lange ist es her, daß der Sohn den Vater verriet, der Vater den Sohn vom Leben zum Tode befördern lassen wollte, der Kronprinz den Tod des besten Freundes mitansehen mußte. Nun ist er selber König. Er denkt anders, er glaubt anders als sein Vater. Aber er dient dem Land, dem Volk, dem Auftrag des Königtums in Selbstaufopferung. Er zweifelt und er wankt: Gibt es Gott? In manchen Stunden glaubt er, es sei möglich. In anderen verneint er. Er spottet, er braucht Gesellschaft, er ist allein. Die um ihn sind, werden immer weniger, je älter er wird. Die Flöte, die Bücher, die Hunde, sein Kammerdiener bleiben ihm. Die Nächsten, die Anverwandten, seine Frau erzittern unter dem Blick seiner blauen Augen. Nur Wilhelmine nicht, die Lieblingsschwester. Beim Tod seines von ihm zutiefst gekränkten Bruders August Wilhelm weint Friedrich: er liebte ihn.

Er führt Kriege, gleich nach seiner Thronbesteigung den ersten gegen Maria Theresia, und gewinnt Schlesien. Die Patrizier stehen zu Österreich, zu Habsburg, haben den evangelischen Glauben verlassen, um sich mit den Mächtigen zu arrangieren. Aber die kleinen Leute, die Bauern und Handwerker, ziehen ihm entgegen, mit Heugabeln und Dreschflegeln bewaffnet, und wollen ihm helfen; sie öffnen ihm die Tore Breslaus. Der junge König ist gerührt: »Ihr seid alle meine Kinder.«

Die Leute wissen: Vielleicht ist er kein Christ, aber er wird sie ihren Glauben leben lassen. Schlesien ging Habsburg nicht nur verloren, weil Friedrich es ihm mit Gewalt entriß, sondern auch und nicht zuletzt – allen Bemühungen, das zu verhindern zum Trotz –, weil es in dem großen Glaubensstreit seine Wahl getroffen hatte.

Weitere Feldzüge folgen. Will Preußen bestehen, muß es Macht erringen, muß es fähig sein, zu widerstehen. Der Vater war kein Diplomat; der Sohn ist allen Winkelzügen gewachsen. Mit klugen Schachzügen und beharrlicher Weitsicht vergrößert er das Land, nicht anders als die anderen, die neben ihm regieren, Schläue, Durchtriebenheit, Machtwillen, Gewalt einsetzend. Friedrich ist Machtmensch, und seinem Willen unterwirft er alles: Menschen, das Land, fremde Länder, deren Menschen – sich selbst. Während in Wien die Kaiserin sich oft genug nur schweren Herzens den Forderungen der Machtpolitik fügt, aber eben doch fügt, zieht ihr Gegenspieler im kargen Brandenburg die Macht wie eine erotische Kraft in sich ein. Doch als Maria Theresia stirbt, schreibt er, der sie oft verspottet hat: »Sie hat ihrem Geschlecht Ehre gemacht.«

»Wo ... Notwendigkeit ist, da ist auch die Möglichkeit einer ordnenden Kraft.«[270] »Auch das Volk wird einmal auf seinem Wege an die Zone ewigen Eises gelangen, die alle geschichtliche Entfaltung umschließt und die noch nie durchschritten ward; ein jeder irdische Auftrag enthält, als Innerstes seiner treibenden Gewalt, die Vernichtung, die ja nur das Versprechen des Übergangs in eine andere Sphäre ist: die letzte Erscheinung des Unbedingten, durch das allein das Bedingte entsteht. So wird man

die Sühne überall finden, wenn man sie sucht; ebenso gewiß wie die Schuld: aber erst das Erlebnis der historischen Notwendigkeit macht uns gerecht.«[271]
Mit diesen Sätzen kennzeichnet Reinhold Schneider die Verbundenheit beider Sphären: die des Königtums und die des Volkes, während sich über ihnen die des Ewigen erhebt. Schuld und Sühne und die aus beiden hervorgehende Rechtfertigung des Menschen – das sind religiöse, sind christliche Elemente. Aber gerecht wird der Mensch nicht durch sich selbst, sondern, wie die Bibel sagt, aus Gnade. Zu diesem letzten Schritt ist Reinhold Schneider noch nicht fähig und bereit. Für ihn ist die eiserne Notwendigkeit das historisch Unabwendbare, aus dem die Schuld hervorgeht, und das Opfer, das die Notwendigkeit verlangt – vom König, vom Volk – macht gerecht.
So stirbt der Große von Sanssouci, der Kriege ebenso heraufgeführt hat, wie er das Land befriedete, der den Tod suchte und sich seiner doch enthielt, der in seinem Lande die Toleranz mehr noch als der Vater schon statuierte und jeden nach seiner Fasson selig werden ließ, doch an seiner und aller Pflicht keinen Zweifel duldete. Er ist alt, einsam und krank, aber bis zuletzt der Notwendigkeit, der Pflicht, dem Dienst ergeben. Bis ihm der Tod fast buchstäblich die Feder aus der Hand nimmt.

Mit Friedrich sieht Reinhold Schneider Preußen fallen. Das besondere Vermächtnis des Preußentums ist für ihn »das Beispiel des aufs höchste angespannten Willens zur Form«[272]. Er meint, die Grenzen des Preußentums zu erfassen, ohne eine Kritik in die Darstellung zu tragen, die ihm allerdings gerechtfertigt erscheint, »weil es in seiner höchsten Ausbildung wesentlichen Bedürfnissen der Seele nicht genügt.« Es werde daher »von der ganzen Tiefe des religiösen Erlebnisses und von der religiösen Wirklichkeit her immer angreifbar bleiben«. Auch hier wirke sich der furchtbare Mangel moderner Staaten aus: »ihr Mangel an absolutem Gehalt«[273].
Reinhold Schneider berichtet nicht mehr, daß wenig mehr als zehn Jahre nach Friedrichs Tod das alte Preußen unter dem Ansturm Napoleons und seiner modern geführten und ausgerüsteten Truppen zerbricht. Aber bald nach dem katastrophalen Tilsiter Frieden beginnt die preußische Reformzeit und 1813 die Be-

freiung von der napoleonischen Herrschaft – ersehnt von der Königin Luise, vorangetrieben vom Freiherrn vom Stein, von Clausewitz, Scharnhorst, Gneisenau, Grolmann, Boyen und dem Staatskanzler Hardenberg. Die Form, die seine zwei großen Könige ihm aufprägten, hat es verinnerlicht, und sie besteht.

Reinhold Schneider schreibt sein Buch über die Hohenzollern in engen Dachstuben im Winter 1932/33: »Aus dem Untergeschoß scholl der vom Sender übertragene Lärm der Massenversammlungen herauf, peitschende Stimmen, unter denen das Ungetüm [die Masse] aufjauchzte; dann die eine, mit keiner andern zu vergleichende Stimme, die unablässig lügend niemals log; denn in ihr sagte sich die heraufgärende Macht unverhüllt aus.«[274]
In dieser letzten Stunde, in der noch zu retten versucht werden muß, was gerettet werden sollte – Wert und Form –, schreibt der junge Schriftsteller die Geschichte der großen Hohenzollern. Vielleicht vermag das Beispiel, das sie geben, noch etwas. Im Frühjahr 1933 notiert er im Nachwort: »Wenden wir uns der Geschichte zu, so müssen wir bereit sein, Werte in ihr zu finden; über das Wissen hinaus den Antrieb zu suchen, ebenso wie wir der Welt ›Wert verleihen‹ müssen, wenn wir in ihr leben wollen.«[275]
Das Gesetz der Geschichte aber bleibt dem Schreibenden, der um sich den Lärm der Tagesaktualität spürt, tragisch bestimmt. Mit ihm eins zu werden, erscheint ihm als die letzte Forderung der Geschichte; sie zielt »auf den Entschluß, das ewige Nichts hereinzunehmen in unsere Tat«[276].
Wenige Seiten zuvor hat er, der vom ewigen Nichts als dem Beständigen spricht, geschrieben: »Das Leben aber in seiner ganzen Schwere ist nur möglich als Auftrag Gottes.«[264]
Der Standort des Autors ist also ungeklärt, die Metaphysik vereint sich mit der Tragik: »Tragik und Metaphysik sind eins; mit dem Tragischen wird auch das Metaphysische bejaht. Das Tragische ist die Unerfüllbarkeit eines Wollens, eines Gebotes, eines Charakters. Seiner Natur nach öffnet es den Raum. Damit ist die Erde weder Anfang noch Ende, sondern Durchgang; die Geschehnisse auf ihr sind die Hieroglyphen der Ewigkeit. Das Tragische fordert keine Versöhnung als Kompensation; es weist nur weiter.«[277]

Auch »Die Hohenzollern« sind wie »Philipp II.«, »Innozenz III.« und »Fichte« Schritte auf dem Weg Reinhold Schneiders zu seinem Ort und zu seiner Form. Die Aufgabe, die er bewältigen muß, ist zweifach: das eigene Leben zu begründen und zu ordnen und dabei das Leben in der Geschichte darzustellen, zu ergründen und seine Werte zu vermitteln.

Sonett

In seinen Erinnerungen »Verhüllter Tag« schreibt Reinhold Schneider, es sei ihm namenlos schwergefallen, sich in die preußische Form einzuleben. »Aber sie war der einzige Halt. Ich mußte mich ihr unterwerfen. Und das Bewußtsein einer Bestimmung war doch schon zu stark, als daß ich noch einmal hätte kapitulieren können.«[278]
Die Stoffe, die er sich wählt, sind dem Gesetz der Form verpflichtet. Er hält sich an diesen Formen aufrecht, je mehr er nach der eigenen Form verlangt und sie sucht. Der Weg in die Geschichte ist unabweisbar, denn in der Geschichte offenbart sich das über den Menschen Hinausreichende, Geschichte ist Symbol. Hier irgendwo muß die Antwort auf sein Fragen nach dem Woher und Wohin, nach der Werthaftigkeit des Lebens liegen. Aber der Dichter lebt nicht für sich allein. »Die eigentliche Aufgabe des Dichters ist es, Formen zu schaffen, in denen die Menschen leben können ... Diese werden vom Dichter gefordert; sie sind seine letzte Rechtfertigung und sein höchstes Recht: er darf nicht nur Harfe sein, sondern er muß die Menschen formen: durch das magische Vorbild einer Form.«[279]
Und während Schneider in den großen geschichtspoetischen Darstellungen Formen der Geschichte aufscheinen läßt, sucht er selbst nach der Form für sein Leben und einer ihm gemäßen Form des dichterischen Wortes. Er findet sie im Essay, wozu auch seine historiographischen Arbeiten gehören, und im Sonett.
Diese strenge Disziplin in Syntax, Metrik und Semantik fordert dem jungen Dichter, der sich der Sonettform bedient, höchste Konzentration auf das Wesentliche in Inhalt, Gehalt und entsprechender Formung ab. 1927 beginnt die sich dann über rund 15 Jahre erstreckende Produktivität. 1928, in dem Jahr, in dem

er sich besonders dieser Gedichtform zuwendet, schreibt er mehr Sonette als jemals in einem späteren. Zu Weihnachten stellt er sechsundzwanzig Sonette zusammen und verschenkt die Sammlung an einen ausgesuchten Verwandten- und Freundeskreis. Aus dem großen Sonettjahr 1928 stammt auch

Das Sonett

Mein eigner Rhythmus bebt in deinen Zeilen:
Schmerzlich begrüßt gewinnt der Tag Gewalt,
Und fortgerissen, ohne Aufenthalt
Such' ich mein Ziel im Fluge zu ereilen.

Doch alsobald fühl' ich die Kraft sich teilen:
Der Tod gähnt auf als ungeheurer Spalt,
Gedanken machen über Nacht mich alt,
Ich sinke nieder nach den ersten Meilen.

Aus Sturz und Anlauf fest in sich verschlungen
Steigt im Gesange noch einmal die Welt,
Zahllose Bäche eint dasselbe Bett.

So wird das Leben doch in Form gezwungen
Und muß, von einem fremden Glanz erhellt,
Unwiderruflich enden als Sonett.[280]

Im selben Jahr 1928 werden zehn Gedichte von Reinhold Schneider gedruckt, die ersten, die er veröffentlicht. Sie erscheinen in dem Band von Arthur Grimm »Baden-Baden in hundert Zeichnungen«.
1929 faßt Schneider fünfzig Sonette in einem Typoskript zusammen, läßt sie binden und eignet den Band Anna Maria Baumgarten zu. Der Insel Verlag, dem Schneider 1930 diese Sammlung anbietet, publiziert sie nicht.
Im Sommer des folgenden Jahres werden insgesamt fünfzig Sonette, die mit den vorherigen weitgehend identisch sind, unter dem Titel »Tragische Welt« zusammengestellt. Im Vorwort dazu schreibt Reinhold Schneider: »Das Ganze bezeichnet eine Entwicklung und erhebt durchaus keinen Anspruch auf schöne Einzelstücke; die Linie, die Richtung entscheiden: nicht die Kunst.« »Die höchsten und heftigsten Stunden meines Lebens

sind darin: die schwersten Gewichte der Schmerzen; die düstersten Einsamkeiten; das tiefverhängte Zwischen- und Schicksalsspiel meiner Liebe; die ersten Blitze, ferne, vielfältige Landschaften und der Abschied von allem. Ein großes Stück Welt wird aufgenommen, aber nicht festgehalten; es treibt weiter; und was erst noch mühselige Reise war auf der Erde, das wird am Ende zum Flug, der es noch eiliger hat als die Wolken. Im Ganzen: das schwerste Gewicht, das ich auf fünfzig Seiten, in neunhundert Zeilen bringen konnte.«[281]
Die strenge Form ist für Schneider Bedingung des stärksten Gehaltes. »Meine Verse baue ich ganz im Stil des Escorial: symmetrisch, schwer; ich opfere die Form unter keiner Bedingung, weil die Form Inhalt ist; so kommt etwas Architektonisches zustande.«[282]
In noch höherem Maße nehmen die dann folgenden Sätze Selbstbekenntnischarakter an: »Meine eigene höchste Lust ist es nun, in diese Strenge einen chaotischen Gehalt zu bannen: das Lob der Schwermut, des Untergangs, des Chaos, wodurch die Form zur notwendigen Ergänzung des Gesagten wird. Da der Untergang in streng gebändigten Worten gefeiert wird, ist er von dem unbesiegbaren Bau- und Formtrieb doch schon überwunden. Die Sonette sind ganz das, was der Escorial für mich ist: eine zerstörende innere Gewalt wählt sich als Erscheinungsform das Gesetz.«[283]
Kein Zweifel, daß das Chaos, das Schneider hier erwähnt, sowohl sein eigenes chaotisches Lebensgefühl ist, das er mühsam niederhält und in der Formung umzuwandeln strebt, als auch die chaotische Tendenz allen menschlichen Geschehens überhaupt, wie die Geschichte sie erweist, und die der Form bedarf, um Lebensmöglichkeit und Kultur zu schaffen. »In den Sonetten«, schreibt er am 20. Januar 1931 in sein Tagebuch, »hatte ich bisher die günstigste Möglichkeit, den vernichtenden Kontrast zwischen einem chaotischen Lebensgefühl und exzessiver Formstrenge zu gestalten.«[284]
Im Grunde sieht er das Problem der Bändigung dunkler Kräfte nicht nur bei sich persönlich, auch nicht nur als Problem der Zeit, sondern als eine immer wieder zu leistende Aufgabe, in der die Kunst keine geringe Rolle spielt. Ja, Schneider sieht gerade hier seinen Auftrag. Wenn er so oft von seinem »Werk« spricht, dem er sich verpflichtet weiß, sogar schon, ehe ein wirkliches

Werk vorliegt, so gehen hier ein starkes Gefühl der Berufung
zur künstlerischen Aussage und das Bewußtsein der Notwendigkeit, zur Form zu finden und Formen zu überliefern, Hand in
Hand.
»Vom Menschen durch den Stoff zur Welt«[285], so umschreibt
Schneider den Weg, den der »Innozenz« in seiner Phantasie
nimmt, und dieser Weg gilt nicht nur für dieses Buch. Der Anteil
an der Übermittlung, den der Autor dabei auch durch die Form
hat, die er seinem Werk gibt, ist einbezogen. Aber nicht die
Ästhetik steht im Vordergrund, sondern der ethische Gehalt,
den auch die Form ausdrückt. Das Sonett bietet hier die größte
Möglichkeit. Es stellt seine Forderung und zwingt damit den,
der die Form füllen will, sich ihm zu unterstellen.
Die geschichtspoetischen Bücher beruhen auf anderer Grundlage. Zwar spiegeln auch sie den Zusammenhang von Form und
Inhalt: im Stoff und in der Art der Gestaltung. Aber sie wären
nicht von diesem Autor, wenn sie nicht einem Gedanken, einem
Ideal, einer Forderung genauso ergeben wären wie dem Ethos,
das Inhalt und Form zusammenzwingt: der Idee der Gerechtigkeit, die in der Gestaltung auch die Fruchtbarkeit der Dissonanzen umschließt. So steht Philipp II. Wilhelm von Oranien gegenüber; dem Papst der Kaiser, Friedrich Wilhelm der Sohn. Jeder
steht für sich und für etwas, und alle sind untrennbar miteinander verbunden. Im Sonett aber ist alles, ist der Dichter mehr
noch als gegenüber der Geschichte an die Form gebunden.
Über vierhundert Sonette hat Reinhold Schneider gedichtet, bis
in die fünfziger Jahre hinein. Vieles verändert sich im Laufe der
Jahrzehnte, aber die Liebe zur Form und die Notwendigkeit ihrer Haltgebung finden hier immer wieder Ausdruck. Und wie
die bedrängenden mit seltenen beglückenden Zeiten wechseln,
so spiegeln die Sonette den inneren und äußeren Weg ihres
Dichters. Um 1929 entsteht

Tragische Liebe

Indes du blühtest, lag ich noch im Bann
Von jenem Schlaf, der ohne Anfang ist;
Es hat mir nichts verraten, daß du bist;
Ich schlief, und keine Stimme rief mich an.

Ich wußte nichts von dir; mein Tag begann
Verhängnisvoll zu vorbestimmter Frist;
Und wie die Zeit mit gleichem Maße mißt,
Warst du ein Weib, als ich noch Träume spann.

So blühte meines Lebens bestes Teil,
Lang eh' ich wurde, und mein Glück verging,
Eh' ich noch atmen konnte, ungesehn; –
Seit ich an deinen Lippen dürstend hing,
Folg' ich der Spur, dem längst verschoss'nen Pfeil,
Und dürstend muß ich, was du warst, verstehn.[286]

Zu dem ebenfalls aus dem Jahr 1929 stammenden Sonett »Sonnenblume« schreibt Elisabeth Schmidt: »Die Sprache ist von kristallener Klarheit, sie hat nichts Ästhetisch-Verspieltes, nichts Einschmeichelndes, sondern zielt nur auf das unbedingt Notwendige im Ausdruck.«[287] Das gilt auch für spätere Sonette, wie

Mein kühner Stern, seh ich dich untersinken,
Dem ich mit ganzer Seele nachgetrachtet,
Wie ist dein Schein gebrochen und umnachtet,
Wie fremd mir selbst dein unruhvolles Blinken!

Was bin ich noch? Die gierigen Schmerzen trinken
Mir Blut und Sinn, und was ich hoch geachtet,
Seh ich gebeugt, erniedrigt und entmachtet,
Den eignen Schatten schmerzverweht mir winken.

Die drei Gewaltigen drangen durch die Pforte:
Das mürbe Siechtum, eherne Einsamkeit
Und blaue Schwermut, die mir Mutter war.

Wo bist du, Stern? Ach, ungehörte Worte
Bekennen Säumnis und Vermessenheit
Und tiefen Fall und steigende Gefahr.[288] (1949)

Es liegen fast zwei Jahrzehnte zwischen diesen beiden Sonetten, in denen der Dichter in seinem Schmerz und seiner Schwermut bleibt, der er immer war. Aber Weltsicht und innere Haltung gewinnen nach und nach die Form, in der das Leiden und die daraus hervorgehende Tat gesammelten Ausdruck finden können.

Auf neuen Wegen

Nachdem die südliche Form im »Camoes«, im »Philipp« und zusammen mit der deutschen auch im »Innozenz« Ausdruck fand, wendet sich Reinhold Schneider im »Fichte«, in den »Hohenzollern« und teilweise im »Innozenz« der deutschen Form zu. Jedes Mal wird seine Sprache, der Aufbau seiner Bücher von der Form geprägt, die er darstellen will, der er nachgeht. Dabei schreibt er im Nachwort von 1930 zum »Philipp«, er habe sich zu einer positiven Darstellung entschlossen: »Denn wenn man verneinen wollte, kann man sich nur der Konstruktion bedienen, niemals der Destruktion: Hemmungen sind nur insoweit von Interesse, als sie zu Überwindungen führen. Ebenso gewiß war, daß sich Philipp nur von dem erfassen ließ, der bereit ist, seinen Glauben anzuerkennen und seinen Absolutismus, wie sehr er neuen Idealen widerspricht, nicht zu verfälschen.«[289]
Auf dieser Grundlage verschmilzt Reinhold Schneiders Darstellung in fast identifizierender Weise mit dem Stoff. Aber in jeder der einander gegenübergestellten Welten ist er zu finden: in Philipp und in Oranien, in Innozenz und in den Kaisern.
»Die Hohenzollern« führen ihn bereits in einen Bereich, wo das nicht mehr unbedingt möglich ist. Vielmehr wird eine Umkehrung erforderlich. Bislang hat sich der Schriftsteller Reinhold Schneider Stoffen zugewendet, die seiner eigenen geistigen und geschichtlichen Substanz entsprechen – den katholischen Elementen und den dazugehörigen protestantischen Gegenkräften. Die Faszination des Brandenburgischen Konzertes ist von anderer Art: Hier begegnet ihm zum ersten Mal eine ganz andere Form, die im Dienst am Volk, am Land, durchglüht vom Ethos der Pflicht, allen Erfordernissen des Königtums entspricht und doch nicht von der Tradition, sondern vom Neubeginn, vom Phänomen des Christlich-Evangelischen bestimmt ist. Schneider mußte versuchen, sich in die protestantische Form, wie Preußen sie hervorgebracht hatte, hineinzubegeben, und wie er selbst bekannt hat, fiel ihm das namenlos schwer.

Inzwischen ist am 30. Januar 1933 Adolf Hitler Reichskanzler geworden. Die Stimme des ersten Mannes der Nationalsozialisten, der mangelnde Gehalt seiner Reden stoßen Reinhold

Schneider ab. Aber gibt es nicht vielleicht doch eine Hoffnung auf Wendung des nationalen Schicksals – durch das Volk? Am 4. März hat er »Die Hohenzollern« beendet. »Es war der ›Tag der erwachenden Nation‹*, in der Tat ein Tag, an dem sich die Rückkehr der Deutschen zu ihrer Geschichte einzuleiten schien«, schreibt er zwei Tage später ins Tagebuch. »Potsdam wird wieder, wie es unfehlbar geschehen mußte, von der Geschichte ergriffen. Daß sich dies so früh schon ereignen werde, konnte man nicht hoffen. Die Züge [Demonstrationszüge] gingen am Stadtschloß und der Garnisonkirche vorüber und durch das holländische Viertel Friedrich Wilhelms.« Aber die warnende Unruhe, die Abneigung lassen sich nicht einfach beschwichtigen: »Was sich aus der Bewegung entwickeln wird, läßt sich noch nicht bestimmen; doch macht es den Anschein, daß sich das Volk wieder formiere: das ist ein großer und ein unüberwindlicher Vorgang. Nehmen wir ihn als großes Faktum und fragen wir nicht nach den angewendeten Mitteln und Kräften im einzelnen. Und – wohin man auch blicken mag: hier allein ist eine Möglichkeit der Entwicklung. Nur das Preußentum gibt heute noch das Beispiel einer Form. Der Weg der Geschichte muß beschritten werden, so furchtbar er ist. Und auch der einzelne kann sich nur in der Geschichte vollenden.«[290]
Die Bereitschaft, um eines hohen historischen Zieles willen negative Begleiterscheinungen hinzunehmen, ist hier auf die konkrete politische Situation einer werdenden geschichtlichen Gestalt gerichtet, während sie im »Philipp« und in den »Hohenzollern« von dem bereits vollzogenen geschichtlichen Ereignis ausging. Es liegt nahe, hier eine Orientierung an ähnlichen Gedanken Nietzsches zu vermuten.[291]

Schneiders Denken kreist noch völlig um das eben abgeschlossene Buch. Schon vor drei Jahren hatte er aus Madrid an Anna

---

* Hier liegt offensichtlich ein Irrtum in der Datierung oder Benennung vor. Der »Tag von Potsdam« war am 21. März 1933 und brachte in der Potsdamer Garnisonkirche die Begegnung des Reichspräsidenten und Feldmarschalls des Kaiserreiches Hindenburg mit dem neuen Reichskanzler Adolf Hitler als dem Repräsentanten des Dritten Reiches. Anderseits gewann die NSDAP die Wahl vom 5. März 1933. Die Demonstrationen (Fackelzüge?) mögen aus diesem Grunde erfolgt sein.

Maria Baumgarten geschrieben: »Wenn ich schreibe, muß ich von meiner Arbeit schreiben, sie beschäftigt mich unablässig.«[292] Aber die Aktualität des Geschehens, das Herausgerissenwerden aus der Geschichte in die Gegenwart, lassen ihn schwanken. Noch am 10. Februar 1933 hatte er, ebenfalls an Anna Maria Baumgarten, geschrieben: »Eben schallt die Demagogenstimme Hitlers und das Geschrei der Menge wieder durch den Lautsprecher; weiß der Himmel, ich halte nicht allzu viel von dem Mann und verspreche mir auch nichts.«[293] Die Tagebucheintragungen des Jahres 1933 sind auf Schneiders Grundfragen gerichtet: die Bedeutung der Geschichte für den Menschen und des Menschen in der Geschichte; das Problem der Lebensform, ganz persönlich und allgemein; die Auseinandersetzung mit dem Problem des Tragischen und in deren Rahmen mit der Religion. Nun spitzen sie sich zu auf die klare Einbeziehung des Christlichen in sein eigenes persönliches Leben. So notiert er am 24. April 1933: »Es gibt nur noch zwei Möglichkeiten: entweder ein tragisches oder ein christliches Leben zu führen.«[294] Und zwei Tage später fährt er fort: »Das Ziel liegt in der Vereinigung: in der heroischen Religion.«[295]
Am 18. Mai erwägt er den Gedanken einer Schrift »Friedrich Nietzsches historische Sendung.« Am 6. Juni beschäftigt ihn die Möglichkeit eines zweiten Bandes der »Hohenzollern«: »Das Buch beginnt in romantischer Landschaft; es endet vor nachtschwarzem Horizont.« »Der Ausblick auf die Tragödie, der die Tragödie antizipiert, ist der Schluß. Noch einmal und am bezwingendsten gerade aus dem Chaos, erhebt sich die Forderung nach dem echten König. Auch die Gescheiterten haben diese Forderung vererbt.«[296]
Aber Schneider weiß auch: »Ein Buch hat nur Wert, wenn es eine Notwendigkeit hat; dies muß zugleich aus ihm hervorwachsen und über ihm sein. Hier läge sie einmal in der Idee, die sich über eine chaotische Zeit erhebt; das andere Mal im Verhältnis zum Krieg: im Ja an das Furchtbarste.«[297]
Kurz vorher beschäftigt ihn das Phänomen der Nation, die er als eine »Lebens-, Todes- und Werdensgemeinschaft« ansieht. »Die Jahrhunderte trennen nicht; jedes Ereignis ist gleich nah. Was immer im Bannkreis unserer Sprache geschah, das ist auch Ausdruck unseres unwandelbaren Wesens. Die Zeit gibt den Ereignissen wechselnde Farben; das Innerste bleibt.«[298]

Die Idee des Reiches bleibt für Schneider die bestimmende Größe deutscher Geschichte, und mit dem ganzen Nachdruck, der seinem Bild von der deutschen Geschichte zu dieser Zeit entspricht, fügt er hinzu: »Die Großen des Volkes müssen diesem Gedanken dienen: seinetwegen kommen sie hervor; in ihm werden sie gerechtfertigt; an ihm werden sie gerichtet.«[299]
In diesem Satz liegt alles beschlossen: Schneiders mystisches Bild vom Reich, das eine ins Transzendente ragende Idee des Gottesreiches in irdischer Dimension ist, allerdings in voller Einsicht in die Gebrochenheit der menschlichen Existenz und ihrer Leistung; die sich daraus ergebende Schuldhaftigkeit aller Bemühung, die aber den sich Mühenden rechtfertigt; und die Verantwortung der Führenden, die im Blick auf den Wert, den das Reich darstellt, sich werden messen lassen müssen, ob sie diesem Anspruch genügen können. Das ist die Situation bei Beginn des Dritten Reiches. Zwischen Schneider und dem Nationalsozialismus gibt es, wie Jürgen Steinle schreibt, »jenseits des nationalen Aspektes« »nie irgendein(en) Berührungspunkt«[300]. »Sein Irrtum reduzierte sich ... vielmehr auf ein geschichtsphilosophisch motiviertes historisches Mißverständnis, indem er die neue Situation als Durchbruch der Geschichte ansah. Den Nationalsozialismus selbst hielt er für ein sekundäres Phänomen.«[301]

Reinhold Schneider zieht um, mietet ein Zimmer bei einer jüdischen Dame und erlebt, wie der Hauswirt, ein kultivierter Mann, an ihrer Tür randaliert. Die Dame muß die Wohnung aufgeben.
Am 30. Januar 1934, in einer ungewöhnlich milden Nacht, als die braunen Kolonnen den Jahrestag ihrer Machtergreifung feiern, erfährt Reinhold Schneider von Rudolf Pechel, dem Herausgeber der »Deutschen Rundschau«, von der Existenz von Konzentrationslagern.
Als im Juni 1934 die sogenannte Röhm-Affäre die bis dahin notdürftig verdeckte Brutalität des neuen Regimes offenkundig macht und keinen Zweifel an der ethischen Beliebigkeit der neuen Herren mehr zuläßt, sind die letzten Illusionen, sofern sie für Schneider noch existiert haben sollten, beseitigt. Er hat schon seit Monaten die Flucht vor der Gegenwart ergriffen, ist durch Deutschland gereist, bis hinauf zur Marienburg, und ver-

öffentlicht im Juni 1934 als erstes Buch im Insel Verlag »Auf Wegen deutscher Geschichte. Eine Fahrt ins Reich«. Bald strebt er noch weiter fort und fährt von Ende August bis zum 12. September nach England, nach London. Für diese Reisen braucht man keine Devisen. Man geht zu den Besichtigungen an Land, wohnt und ißt auf dem Schiff. An die Mutter, die zur Begrüßung bei der Rückkehr ein Paket sandte, schreibt er: »Liebste Mama, für die schöne Sendung, die mich hier nach meinem Seeausflug begrüßte und einem hungrigen Wanderer zu später Stunde besonders zustatten kam, den herzlichsten Dank. Mir war ganz wohl, als ich wieder ein Schiff unter mir fühlte, wir fuhren so still dahin wie auf der Havel – fast zu still, alles verging in grenzenloser Bläue ... London war ein großer Eindruck für mich, obwohl es viel Kritik in mir erweckte; über die schauerliche Häßlichkeit komme ich bei aller Bewunderung für das Empire und die ihm zugrundeliegende staatsmännische Kraft nicht hinweg; und ich glaube, daß die Vermächtnisse, die einmal die Nachwelt aus ihrem ungeheuren Steinberge herausklauben wird, der Mühe kaum lohnen werden ...
Ich wohnte auf dem Schiff, wo sich eine Menge Leute herumtrieben, Deutsche und Engländer; da mir aber kein Tanzbein gewachsen ist, so ging mich dieser Betrieb nicht viel an, und ich wanderte, der neuen Eindrücke froh, allein durch London und hinaus nach Windsor. Ich habe diese Einsamkeit genossen und auch die Tea-Rooms, wo ich mich mit Vorliebe in Betrachtungen versenkte und zuweilen einen Einblick nahm in den schauerlichen Unsinn, der jenseits des Kanals, wie auch diesseits, in den Zeitungen steht. Worum es geht, das haben sie dort nicht begriffen, aber hier auch nicht. Ich ließ mich aber dadurch nicht verdüstern; freute mich an dem Kreuzgang in Westminster und an dem Feigenbaum, der eine Italienillusion in mir erweckte und an den Bildern der National Gallerie. Also kehrte ich ganz froh zurück, nachdem ich das Meiste gesehen, das ich hatte sehen wollen. Oft habe ich Eurer gedacht, des Schwarzwalds und der Stille im Rebland. Noch einmal innige Grüße und Wünsche von Deinem Reiner.«[302]
Im Tagebuch äußert sich Schneider differenzierter, aber nicht weniger deutlich über die Reise: Häßlich sind die Straßen, die meisten Gebäude, von Rom sind Architektur und Stil geprägt. Wo Nordisches, Englisches durchbricht, entbehrt es der Form.

»Der Buckingham Palace hat Majestät, aber doch keine Eigenart. Überall aber bleibt die Synthese des Werdenden mit dem Bleibenden in höchstem Maße bewunderswert. Die Zähigkeit des Festhaltens ist ebenso stark wie die Hingabe an das Neue.«[303] »St. Paul ist nicht so unerfreulich, wie ich annahm. Im Gegenteil: dieser Bau hat Atmosphäre und religiösen Gehalt.«[304] Aus diesen wenigen Worten über die große Londoner Kathedrale läßt sich schwerlich auf jenen Eindruck schließen, den Reinhold Schneider in »Verhüllter Tag« so wiedergegeben hat: »Ich betrat St. Paul's, skeptisch, ohne etwas zu erwarten. Es war nachmittäglicher Gottesdienst in fast leerem Raum. Aber dieser Raum, den die fahlen Lichtbahnen durchkreuzten, war erfüllt von einem bedeutenden religiösen Gehalt. Er erschütterte mich. Als ich die Stufen hinabging, hatte ich den Plan zu einem Buche, das ›Die Entscheidung Heinrichs VIII.‹ heißen sollte: es sollte die Frage stellen nach der von Heinrich gebildeten, erzwungenen religiösen Form in ihrem Verhältnis zur englischen Macht, zum Empire. Der Plan entfaltete sich wie eine aufspringende Knospe auf dem Weg nach Westminster.«[305]
Am 15. September, drei Tage nach der ersten Tagebucheintragung, die über die London-Reise berichtet, heißt es: »Heinrich VIII. und die Begründung der englischen Form. Wie wenn ich das schriebe? So, wie man einen solchen Stoff behandeln soll: ohne Herz?«[306]
Nur vier Tage später entwirft er bereits ein Konzept. Jetzt heißt der Titel »Das Inselreich«. Der Inhalt soll sein: »Die Idee des British Empire«. Im Vorwort soll der Tower als Symbol von Macht und Schuld stehen; im Vorspiel »die innere Dynamik, Gegensätzlichkeit der Kräfte und Volkstümer, Vergewaltigung, Schuld, Opfer bis zum 16. Jahrhundert.«[307] Der erste Hauptteil gilt dann Heinrich VIII., der zweite Teil Karl I., Cromwell und Karl II.; der dritte soll überschrieben sein »Pitt«, das geplante Nachwort mit »Die große Frage«.
Und dann skizziert der Autor mit wenigen Sätzen, was ihm vorschwebt; er entwickelt gleichsam eine Geschichtsschau des British Empire, nach dessen Lebenswerten er fragen will: »Alles durch Schicksale ausgedrückt; dennoch die Geschichte einer Idee, nicht die Geschichte eines Staates oder Volkes. Das Ganze auf dem Religiösen ruhend, vielfach im Gegensatz zum ›Philipp‹ entwickelt; zuweilen scheint es so, als opfere England die Reli-

gion für die Macht, während Spanien die Macht für die Religion opfert. Aber nur zuweilen; Schematisierung muß durchaus vermieden werden ... Alles so lebendig wie möglich, unter Betonung der ungeheuerlichen und gefährlichen Lebensdynamik dieses tief zerklüfteten, dennoch einigen Reichs. Die römische Nachfolge und die römische Bindung: römisch, aber nicht päpstlich.«[308]
Noch bevor er zu schreiben beginnt, entwickelt sich für Reinhold Schneider die englische Geschichte wie eine Shakespearesche Tragödie. Im Tagebuch reflektiert er englische Historie, wie sie Englands großer Dichter dargestellt hat im Vergleich zur deutschen Geschichte sowie zum deutschen, französischen und spanischen Drama: »... der eigentliche Inhalt seiner Dramen, die Verbindung von Schuld und Macht, ist auch der Inhalt der englischen Geschichte; es ist die Erfahrung aller Eroberer. Weder die Spanier noch die Franzosen, geschweige denn die Deutschen, haben in ihrem großen Drama eine solche Begierde nach Macht ausgedrückt, wie Shakespeare das getan hat; bei ihm aber war das Bewußtsein des Sittengesetzes ebenso stark wie das Erlebnis der Macht.«[309]

Schneider ist in Oldenburg, als er diese Gedanken niederschreibt und sich klar wird über den Urgrund englischer Entwicklung. Zugleich aber stellt sich ihm die prinzipielle Frage nach der Verwirklichung des Sittlichen überhaupt. Er ist überzeugt, daß sich nie ein Reich des Sittlichen erheben wird, aber das sittliche Gesetz durchziehe, bestimme und richte die ganze Geschichte. Unablässig umkreisen seine Überlegungen dieses merkwürdige England. Im Vergleich mit Deutschland ist es nüchtern, denn für den Deutschen sei doch nun einmal das Metaphysische Daseinsmittelpunkt. In der deutschen Geschichte drücke sich das allerdings als Verhängnis aus. Aber die Maßstäbe kämen von dorther, und diese Maßstäbe hätten doch wohl das Recht, die Welt zu messen. Was England betrifft aber fragt Schneider sich: »Wo sind die ethischen Werte?«[310] Und er kommt zu der Antwort: »Die sittlichen Werte stecken im Puritanismus, einem englischen Preußentum; aber das Preußentum ist heller, biegsamer.«[311]
Zwei Tage später erscheint ihm das Englandbuch als eine Umkehrung des »Philipp«. Die Erkenntnis des ersten, doch unge-

fähren, sich wandelnden Konzeptes, das doch schon ziemlich sichere Konturen zeigte, kehrt wieder, gefestigt durch Überlegung und Wissen: »Opfert Spanien die Macht für die Religion, so opfert England die Religion für die Macht.«[312] Aber so rigoros wie das auch klingt, die differenzierte Betrachtung und Erkenntnis werden deshalb doch nicht preisgegeben. Sorgfältig wägend stellt der auf dem Weg zu seinem Buch, seiner Weltanschauung, seinem metaphysischen, religiösen Ort sich bewegende Autor fest: »Im 17. Jahrhundert entwickelte sich das religiöse Leben Englands zu einer außerordentlichen Höhe. Im Mittelalter hat es wahrscheinlich nie einen ähnlichen Grad erreicht; die englische Religion bedurfte des Independentismus. In Cromwells Schlachten bewährt sich dieser Glaube; als er aber die Herrschaft antreten soll (durch das kurze Parlament), wirft ihn Cromwell zurück: er opfert dem Staat den Gottesstaat.«[313] Die Gedanken arbeiten unentwegt daran, den Stoff zu durchdringen, geschichtliche und metaphysische Substanz zu erkennen. Für Schneider ist die Epoche Cromwells eines der klarsten Beispiele dafür, daß sich die Geschichte aus dem Religiösen entwickelt. Langsam lösen sich auch die einzelnen Gestalten aus dem Schatten der Vergangenheit: Cromwell, aus dunkler Moorlandschaft stammend, im Gespräch mit seinem Gott, eine gewaltige Kraft in sich bergend; die Könige in ihrer Größe und Schwäche.

Inmitten all dieser Überlegungen aber, die schon ganz und gar auf das neue Werk weisen, stehen Gedanken, die von Gegenwart und Vergangenheit gleicherweise geprägt zu sein scheinen, und sie gehen wahrscheinlich zurück auf Schneiders Konflikt mit der deutschen Gegenwart und seinem eigenen Zwiespalt, zwei Frauen in seinem Leben Raum zu geben: der einstmals geliebten, der er Dank schuldet, und der anderen, die ihm anderes und wohl sogar mehr bedeutet. In dieser Situation beginnt er einen Exkurs über die Frauen im Tagebuch mit dem Satz: »Es ist etwas Tragisches in den Mißverständnissen der Frauen.«[314] Zu derselben Zeit geschehen in Deutschland Verbrechen, die den Blick auf das Nur-Private nicht mehr erlauben. Am 30. Juni 1934 hat die Röhm-Affäre gezeigt, daß es keine Rechtssicherheit mehr im Reich gibt. Der Stabschef der SA, Ernst Röhm, einer der wenigen Duzfreunde Hitlers, mit ihm hochgestellte Führungspersonen dieser paramilitärischen Truppe des NS-Staates und zahlreiche einfache Angehörige der SA, waren unter der Beschuldigung, einen Umsturz geplant zu haben, ermordet worden. Hitler unterband die gerichtliche Untersuchung der gesamten Vorgänge und die Aburteilung der Mörder. Die Bevölkerung verhielt sich ruhig.

Schneiders Tagebucheintrag vom 6. Oktober 1934 ist auch vor dem Hintergrund dieser Vorgänge zu lesen. So heißt es dort weiter über die Frau: »Im Grunde hat sie für das eigentlich Männliche einen sehr unsicheren Instinkt. Der weibliche Instinkt müßte sich doch dadurch bewähren, daß er das Äußerliche durchdringt; er läßt sich aber in diesem Falle vom Äußerlichen immer ablenken und hält die abgeschmackteste Karikatur des Mannes und Helden für den Mann und Helden selbst. Diese Ratlosigkeit des Weibtums und der Mütterlichkeit ist in demokratischen und revolutionären Zeiten ein ungeheures Verhängnis, von dem auch der Mann, das heißt die wenigen etwa noch vorhandenen Männer herabgezogen werden. Durch das Medium der aufgewühlten Weiblichkeit wird das Armselige und Leere groß, und das ganze Volk stürzt diesen mißleiteten Instinkten nach. Von Verantwortung kann keine Rede mehr sein. Wenn der Nebel sich verzieht, ist es unmöglich, jemanden beim Wort zu nehmen (und zu spät dazu); am wenigsten die Frau, die sich niemals zu den Gefühlen bekennt, von denen sie wieder abgekommen ist. Wie das Volk weiß sie niemals, was war. Auf diese Weise trägt das Gesundeste zur Vernichtung bei; so wie diejenigen Unrecht begehen, die glauben, Wahrer des Rechts zu sein, und diejenigen, die den Namen der Geschichte im Munde führen, aber der Geschichtslosigkeit den Weg bereiten. Das verwirrte Weibtum, die ratlose Mütterlichkeit sind die eigentlichen Träger der Revolutionen, nicht die Vollzieher. Der Vollzug liegt in gefährlicheren Händen.«[315]

Früher schon hat Reinhold Schneider im Tagebuch dieser Jahre seine ambivalente Einstellung gegenüber der Frau, die stark geprägt ist durch seine Mutter und Anna Maria Baumgarten, in wechselnden, im heutigen Sinne durchaus herabsetzenden Äußerungen ausgedrückt, bei gleichzeitig großer Sehnsucht nach der geeigneten Gefährtin.

Zu gleicher Zeit beschäftigten ihn andere prinzipielle Fragen der Geschichtsbetrachtung, die Bedeutung der Macht des Religiösen für die Haltung des Menschen, das Verhältnis zur Technik.

Ein bestimmter Menschentyp wäre nötig, um diese neue Aufgabe zu bewältigen, aber er sei nicht da. Der moderne Menschentyp sei nicht in der Lage, auch nur eines dieser Probleme zu lösen, denn er besitze weder Weite noch Höhe. Schneider fragt, warum der Menschentyp, der dem religiösen wie dem technischen Problem gewachsen wäre, nicht kam und nicht kommt, wie er meint, und er gelangt zu dem Schluß, daß dieser Mensch der Zeit völlig entgegengesetzt wäre. Er hätte wohl in Deutschland entstehen können, vielleicht sei er sogar vorhanden, aber damit er sich auswirken könnte, müßten ganze Systeme zusammenbrechen. Gemeint sind offensichtlich das System der Demokratie und das der säkularisierten Weltanschauung, aber natürlich auch das der diktatorischen Herrschaft. Trotz dieser negativen Bilanz schließt die Betrachtung mit dem Satz: »Immerhin, er [der entsprechende Mensch] ist gesichtet.«[316] Offen bleibt, wer damit gemeint ist: der heroische Mensch Nietzschescher Prägung? Oder der Christ, dem Schneider immer nahe ist, ohne es selbst zu sein?

Nun sind ihm die Menschen, die Englands Geschichte nach der Loslösung von Rom bestimmten, zu eng wie Cromwell oder die prophetischen Gestalten, wie Fox.* In wenigen Tagen verändert sich das werdende Buch – die Sicht, das Urteil, die Einstellung. Immer wieder stellt er Vergleiche an: die Engländer, die Spanier, die Deutschen. Die Überzeugung, daß es zwischen dem Überirdischen und dem Irdischen einen erheblichen Rangunterschied gebe, kennzeichne die Deutschen vor allem. Das mache aber auch zugleich ihr Unglück aus: »... die Deutschen werden nur einig sein mit ihrer Geschichte, wenn sie diese Wertordnung anerkennen.«[317]

Indem er das Geschick Englands durchdenkt, sich hineinlebt, es auf sich wirken läßt, die Grundlagen des Geschichtsaufbaus erkennen will, um die großen Zusammenhänge und den dahinter verborgenen Sinn zu erfassen, gelangt der Schriftsteller immer wieder zur Geschichte des eigenen Volkes: »Das Reich lebte durch den Glauben und fiel durch ihn. Eine große geschichtliche Existenz außerhalb des Glaubens, oder auch nur die unterordnende Einbeziehung und Neutralisierung des Glaubens, wie sie die Engländer durchführten, nachdem sie die entgegenstreben-

---

* George Fox (1624–1691) gründete 1652 die Society of Friends (Quäker)

den Elemente rücksichtslos vernichtet hatten, läßt sich den Deutschen ebensowenig wie den Spaniern prophezeien. Ihr Schicksal kam aus dem Glauben: zur Kaiserzeit, in der Reformation und im Dreißigjährigen Krieg, auch der Zusammenbruch des zweiten Kaiserreiches ist zu einem guten Teil vom religiösen Konflikt verursacht.«[318]
Der Hinweis auf 1918 läßt die Ursachen des Zusammenbruchs des Wilhelminischen Reiches nicht allein im Militärisch-Politischen, sondern weist auf den religiösen Antagonismus zwischen nationaler evangelischer Führungsmacht und katholischer, übernationaler kirchlicher Autorität, wie er sich im Unfehlbarkeitsdogma von 1870 und in dem davon mitbestimmten Kulturkampf ausgedrückt hat. Diese Betrachtungsweise ist typisch für Reinhold Schneiders sich nun immer mehr ausbildende Sicht des Historischen.
Übergangslos, hart werden dann in die Gedankenwelt plötzlich solche Sätze gestellt: »Der Grundfehler der Antisemiten ist es, daß sie Symptome für Ursachen nehmen. Aber wo wäre ein Volk, das sich mit seinen Kräften allein behaupten könnte? Hätte es keine anderen Kräfte als seine eigenen, es würde im Getriebe europäischer Geschichte, namentlich aber in der Mitte dieser Geschichte, sofort erliegen.«[319] Das ist deutlich. Und dann folgt nahezu Programmatisches, das aus der Erfahrung stammt und weit in die Zukunft weist: »Ein Volk muß sein Selbst behaupten und doch in vielem erfahren sein, wenn es bestehen will: es muß die Erfahrung anderer Völker gemacht haben, ohne durch diese Erfahrungen sein Wesen zu verlieren, ohne aber auch durch sein Wesen in diesen Erfahrungen behindert worden zu sein. Reine Rasse – was ja nichts anderes bedeuten kann, als der Wille zu Rasse – ist der Quell der Erneuerung? Wäre sie das, so ginge sie an sich selber zugrunde; denn alle Dinge, die ganz das sind, was sie sein sollen, gehen an diesem Sein zugrunde. Das Leben, die Welt sind Widersprüche in sich selbst. Alles Sein soll nicht sein, aber dieses Nicht-sein-Sollen ist sein höchster Wert.«[320]
Der Tragiker, der heroische Nihilist, der Metaphysiker, in dessen Lebensmitte der Tod steht, spinnt den Faden einen Tag später, am 15. Dezember 1934, weiter. Schneider stellt zwischen Wilhelm dem Eroberer und Friedrich dem Großen ihn verblüffende Gemeinsamkeiten fest: beide sprachen als Hauptsprachen

Französisch, waren glänzende Diplomaten in Hinblick auf Ränke und Trug. Die Krönungszeremonie in Westminster und die Huldigung in Breslau sind kühn und neuartig – und erfolgreich. Das Merkwürdigste aber sei, daß es sich in beiden Fällen um Germanen handele, die durch die französische Schule gegangen seien. Und hinter all dem stehe schließlich das Römische. »Erst in der französischen Schmiede wurde aus dem nordischen Stahl eine Klinge.« »Das Eigentlich-Nordische hätte kaum die Eroberung, niemals aber die Behauptung des Eroberten zuwege gebracht.«[321]
Damit wird auch die Bedeutung des Rokoko für den preußischen Staat deutlich; es sei nicht Ornament, nicht Flucht ins Spiel, sondern Element. Was für Preußen gilt, gilt auch für das ganze Deutschland, das eine Verbindung mit dem Römischen einging, daß nämlich »ohne diese Verbindung mit dem Fremden ein deutscher Staat gar nicht zustande gekommen wäre. Das liegt nicht im Willensbereich der Deutschen sondern darüber: sie können diesem Gesetz nicht entfliehen; und wenn sie ihm mit aller Kraft widerstreben, verfallen sie ihm am sichersten; auch die zuletzt zustandegekommene Gegenbewertung entgeht zwar Frankreich, verfällt aber auf dem Wege über den Faschismus – Rom.«[322]
Damit ist die Gegenwart gezeichnet. Auch sie, die alle Anstrengungen unternimmt, sich als ganz und gar aus deutschem Wesen zu erklären und zu behaupten, erliegt einer verhängnisvollen Täuschung.
Reinhold Schneider ist, nicht zuletzt unter dem Eindruck des Versailler Vertrages, der von den meisten Deutschen, jenseits sozialer oder religiöser Grenzen, als ungerecht und demütigend empfunden wird, ein Nationalkonservativer, wenn solche begrenzten Begriffe ihm gegenüber angewendet werden sollen. Er schreibt am 25. Dezember 1934 seine Einschätzung der neuen Machthaber nieder: »Summa: Der Kern meines Heeres ist nicht besiegt, aber die Flügeltruppen sind vernichtet. Die Deutschen können nicht deutsch sein, ohne Narren zu werden. Meine Hoffnung auf einen großgearteten und würdigen Nationalismus, der die höchsten Dinge an ihrer Stelle läßt, ist dahin, ich bleibe darum, was ich bin, aber ich hoffe nicht mehr.«[323]
In diesen Wochen des Jahresübergangs 1934/35 zeichnet sich eine neue Standortbestimmung ab. Am 7. Januar 1935 findet sie

im Tagebuch diesen Ausdruck: »Geschichte rollt nicht nach logischen Gesetzen ... ab. Wir können nur den gegenwärtigen Stand erkennen ... Es läßt sich im besten Fall sagen: die Substanzen sind erschöpft, die Werte zerstört. Kein Wort mehr; denn jede Hypothese über kommende ›neue‹ Werte ist schon Blasphemie. Nur der Glaube kann gelassen in das Künftige blicken.« Zuvor ist von der »göttlichen Weltregierung« die Rede.[324]
Am Ende des Tagebuchs, das eines der bedeutendsten Werke und eine der wichtigsten und größten existentiellen Leistungen Reinhold Schneiders darstellt, wird eine Synthese aus Gottesglauben und individueller Schicksalsgläubigkeit versucht. Am 16. Januar 1935 schließen die laufenden Eintragungen mit den Sätzen ab: »Die Weltgeschichte ist das Weltgericht, aber nur auf dem Hintergrund des Jüngsten Tages: des gewissen Endes, das einmal die gehäufte Schuld verzehren wird. Das Gericht liegt nicht innerhalb des Geschichtlichen: es ist übergeschichtlich. Es kann sich innerhalb des Geschichtlichen schon vollziehen, aber darin besteht nicht sein Wesen: Gericht und Gerechtigkeit sind nur am Ende möglich, denn sie sind die Aufhebung der Geschichte: ihr völliges Gegenteil. Dennoch gelten die Forderungen jede Stunde und jeden Tag; denn das Leben des einzelnen kann nicht wie die Welt seinen Sinn vom Weltgericht erlangen, es muß ihn in sich selber tragen.«[325]
Am 28. Januar 1935 beginnt Reinhold Schneider mit dem Schreiben des neuen Buches. Im Vorwort von »Das Inselreich – Gesetz und Größe der britischen Macht« heißt es: »Dieses Buch hat seinen Standort gewählt.«[326] Und das Nachwort von 1936 endet mit den Sätzen: »Von den Menschen des Empire und ihren Traditionen handelt dieses Buch, das sichtbar machen, die Seele auflockern will, um den Boden zu bereiten für das Erlebnis des Dramas auf Erden und das ihm entkeimende Verlangen nach einer höheren, geheiligten Welt.«[327]

Das Gegenreich

Die mittelalterliche Reichsidee, hinstrebend zum Gottesreich, aber in der tragischen Wirklichkeit doch entfernt von ihm, ist Reinhold Schneiders Maßstab, an dem er das Inselreich mißt. In großen farbigen Bildern entrollt er die Geschichte Britanniens von den ersten Schritten römischer Soldaten auf dem Boden der Insel zur Zeit Cäsars bis zur Moderne. Auftrag und Verhängnis, bewahrte Tradition und schuldhaftes Verhalten, Abwendung von der gemeinsamen Kirche des Abendlandes und Hinwendung zur eigenen Identität, zur Ausbildung des Gegenreiches – das ist Gegenstand von Reinhold Schneiders größtem historiographischem, geschichtspoetischem Werk.

Wie Cäsars Legionen England an das politische Rom banden, so banden der heilige Augustin durch die Errichtung des Kreuzes auf englischem Boden und Papst Gregor der Große durch die Begründung der Kirche von England das fremde Land an die Kirche Roms. In Rom fand auch der bedeutendste und für Schneider vorbildlichste König Englands seine Prägung: Alfred der Große.

Im Norden stürmten die Normannen gegen die kleinen Herbergen des Christentums. Alfred, von Papst Leo IV. der Legende nach schon als Knabe zum König geweiht, erreicht diese Würde, als es gelungen ist, die Angreifer zu besiegen: »Der Besieger der Normannen, der sein Reich für seine eigene Zeit und das folgende Jahrhundert errettet hatte, aber doch nicht für immer, schenkte seinem Volke das Bild eines christlichen Herrschers, des Königs, dem von Gott der Auftrag wurde, das Recht zu vertreten.«[328]

»Es mußte ein anderes Leben beginnen, und der König selbst lebte es vor; er, der nicht mehr war und sein wollte als ein Handwerksmann Gottes... das Land mußte reich an Menschen sein. Drei Arten waren vonnöten: Beter, Soldaten und Arbeitsleute; ohne sie vermag der König nichts. Und für sie waren wieder Land und Stiftungen, Waffen, Speise, Trank und Kleider nötig. Ohne diese Dinge kann der König sein Handwerkszeug nicht in Ordnung halten und ohne das Handwerkszeug nicht vollbringen, was ihm aufgetragen ist.«[329]
Auf so einfache, klare Linien bringt Reinhold Schneider die britannische Geschichte; groß und imponierend erheben sich die

Gestalten, die sie bestimmten. So schreibt er weiter über Alfred: »Das erste Werk des Königs ist die Wahrung des Rechts. Es ist von Gott selbst ausgegangen, einem jeden sichtbar und verständlich, der König hat nur dieses Recht nach seinem Vermögen in Kraft zu setzen; so stellte Alfred die Zehn Gebote an den Anfang seiner Gesetzgebung.«[330] Britannien begibt sich in den »Bann der Form«[331], und diese Form ist römisch geprägt, politisch und religiös – auch als Roms Zeit auf englischem Boden längst vorbei ist.
Als Wilhelm der Eroberer 1066 mit der gewonnenen Schlacht bei Hastings England an sich reißt, war »Europa.... christlich geworden, und wer von nun an gegen den Glauben stritt, der hatte nicht durch seinen eigenen Wert, sondern nur als Feind des Glaubens Bedeutung. Auch Ordnung konnte nicht mehr gestiftet werden, denn sie war da.«[332]
Aber Auftrag, Bewährung und Schuld sind in der Geschichte der Völker eng miteinander verwoben. England war immer wieder Beute geworden, List und Trug hatten geherrscht, Rom – jetzt nur noch als religiöser Mittelpunkt entscheidend, aber Macht umfassend und mächtig wirkend – gab den Segen und forderte Einfluß. Der König, Hüter des Rechts, fiel schließlich im Kampf jenseits des Kanals in der Normandie.
Das England, das sich nun unterwarf – gegenüber dem Papst – und erhob – der niedere Adel gegen König Johann ohne Land –, das England der Magna Charta, des altenglischen Königtums, der Kriege in Schottland und Frankreich, entfaltet eigene Züge. Das Parlament entsteht und übernimmt seine geschichtliche Rolle. London strebt auf und gewinnt Internationalität, während in Oxford ein Theologe neue Gedanken denkt: »Als Kämpfer gegen die weltliche Macht Roms trat [John] Wyclif vor die Augen der Menschen.«[333] Denn der Papst beharrte auf der Gültigkeit von Johanns Unterwerfung und forderte Lehnszins; Wyclif aber bestand darauf, daß der wahre Oberherr Englands Christus sei, »der Papst ein Mensch, der sündigen könne und im Stande der Sünde, nach der Ansicht der Theologen, seiner Herrschaft verlustig gehe«[334].
Stand aber nicht der Gläubige, der nach Wyclif die Pflicht hatte, den Papst an die Notwendigkeiten und Grenzen seines Amtes zu erinnern, bereits über dem Papst? Wyclif sah alle Güter als Gottes Eigentum und die Menschen als Gottes Diener und folgerte:

»Wer sich im Stande der Sünde befindet, kann nicht Herr sein auf Erden; ein jeder aber, der im Stande der Gnade ist, der ist auch Herr.«[335] Wyclif verurteilte den französischen Krieg und jede nicht rechtlich begründete Eroberung. Die Kirche war gespalten, zwei Päpste, schließlich drei bekämpften und bannten einander.* Da erschienen weder Papst noch Kardinäle mehr nötig, um die Kirche zu leiten, nötig war nach Wyclif nur das Wort. Dieses Wort Gottes England zu geben, hielt Wyclif für seine Aufgabe. Er wollte es daran erinnern, daß es alleine Christus unterstände. Das war nach seinem Denken und Glauben eine Pflicht, religiös und national. Wenn England sich zum wahren Glauben bekennen würde, würde es auch frei sein. Dann erst wäre es, was es nach Gottes Willen sein sollte. Die Bibel über alles.

Der Oxforder Professor prangerte den Papst als den Unterdrükker des wahren Glaubens, den Antichrist an und verkündete Christus als den alleinigen Mittler und Oberherrn. Zweihundert Jahre später wird ihm im Reich ein Augustinermönch und Wittenberger Professor darin folgen.

Wyclif »suchte das Altarsakrament aus eigener Kraft, als ein Freier zu ergründen. Wie konnte das Brot sich wandeln in den Leib des Herrn?« »Auch Gott kann das Sein nicht aufheben, die Substanz nicht vernichten; so mußte das Brot auch Brot bleiben, und Christi Leib kam in der Konsekration hinzu; die Hostie war zugleich Brot und Christi Leib, aber dieser war nicht körperlich gegenwärtig, sondern auf unbegreifliche Weise, in sakramentlichem Sinn, und in dieser Gegenwart meinte Wyclif das eigentliche Wunder des Altarsakraments erblickt zu haben.«[336] Schneider schildert die Auseinandersetzung: die Beratung einer Notabelnversammlung, berufen vom Erzbischof von Canterbury; den Bannfluch, der zwei wichtige Mitarbeiter Wyclifs traf, während Wyclif selbst in die kleine Pfarre Lutterworth in Leicester verbannt wurde, wo ihn, den durch die Aufregungen teilweise Gelähmten, der zweite Schlag während der Messe traf, als der Priester die Hostie erhob. Wenige Tage später endete sein Leben »in der Stille«[337].

Reinhold Schneider, der Wilhelm von Oranien als Gegenspieler

---

* Schisma von 1378–1417

Philipps II. ehrte, ebenso Preußens Auftrag und Geschick, fällt es sichtlich schwer, dem aus der stillen Pfarrstube von Lutterworth seine Bibelübersetzung und Flugschriften Entsendenden dasselbe volle Verständnis entgegenzubringen. Vom verwegenen Verstand Wyclifs ist da die Rede[338], von der Verletzung des Innersten des Kultes, des Sakramentes, und damit des Inhalts der Messe, der Würde des Priesters.[339] Aber andererseits verschweigt Schneider auch nicht, daß St. Paul's Cathedral an jenem Februartag des Jahres 1377, als der Erzbischof von Canterbury dort vor den Bischöfen von John Wyclif Rede und Antwort verlangte, wie immer um die Nachmittagszeit »von Menschen erfüllt war, unter denen nur wenige nach einem stilleren Winkel suchen mochten, um zu beten. Kaufleute und Rechtsgelehrte trafen sich um diese Stunde in der Kathedrale, ihren weltlichen Geschäften nachzugehen in dem zur Börse erniedrigten Gotteshaus.«[340] Nicht nur dies zeigte den Verfall. Vor allem das Schisma machte für jeden augenfällig, daß Rom nicht war, was es zu sein vorgab.

Wenn Reinhold Schneider von seinem Buch über Englands Größe und Macht sagt, daß es seinen Standort gewählt habe, so drückt sich darin der Standpunkt des Autors aus, der Standpunkt dessen, der sich von der Betrachtung des Christentums zu seinem Vollzug durchringt. Christlich aber heißt von nun an für Reinhold Schneider: katholisch.
Gleichwohl bleibt er der Verständnisvolle und Nachvollziehende auch dessen, was nicht katholisch gedacht und geglaubt ist, besonders wo Tragik, und Verstrickung menschlich bewegen und Größe Verehrung auslöst. Fern jeglicher Enge, aber den Blick auf ein Ziel gerichtet, geht der Schöpfer großgedachter Gedanken, der dem Wesen der Geschichte adäquaten Ausdruck gibt, den Weg, der ihn selbst vor dem Dunkel bewahren hilft.
Daß unter diesen noch neuen Umständen John Wyclif in seiner Auflehnung gegen das dem Wort der Bibel nicht rein Verpflichtete von Schneider in seiner religiösen Bedeutung nicht voll erfaßt werden konnte, ist verständlich.
Aber völlig klar bleibt die politisch-historische Einschätzung: England ist mindestens seit John Wyclifs Kritik und Angriff auf die vom Papsttum, von Rom vertretene Form des Christentums, auf eigenem Wege.«...die aber von ihm [Wyclif] ergriffen wurden und sein Wort, das nicht mehr auszutilgen war, weitertru-

gen, mußten es bald in England wie in Böhmen und im Reiche mit Blut und Leben bekräftigen. Und doch galt vielleicht das Vermächtnis des Kämpfers England allein, aus dessen Geschichte es hervorgegangen war; die Insel begann sich völlig vom Lande zu scheiden, und als Sprecher dieses, unter seinem eigenen Gesetze stehenden Inselreiches verantwortete sich der Pfarrer von Lutterworth vor Gott, dem er noch im letzten Augenblicke seines Bewußtseins ins Antlitz sah.«[341]

Es bedurfte vieler Schritte auf dem Weg der Geschichte, bis die Entscheidung Heinrichs VIII. möglich wurde, die englische Kirche von Rom zu trennen. Macht und Leidenschaft einerseits waren daran genauso beteiligt wie Versagen und Irrtum auf der anderen Seite. »Wer verstand noch Rom und sein Werk?« fragt Reinhold Schneider schmerzlich bewegt. »Wer verstand noch Rom, die sichtbar-unsichtbare Gestalt allen geschichtlichen Seins?«[342] »Es sind Zeiten, da die vom Echten Ergriffenen und dafür Stehenden nicht mehr für Menschen kämpfen können, weil deren keiner es mehr gebührend vertritt, sondern nur für die Idee. Daß die Werte in einigen noch sind, ist alles; und nur wenn Gott sie abruft, sind diese letzten Vertreter ihrer Aufgabe ledig. Katharina von Aragon stand zu Rom...[343]
Als König Heinrich Katharina verstieß und Anna Boleyn zur Frau nahm, vollzog er den Bruch mit Rom und die Begründung der englischen Form: Der König ist oberster weltlicher Herr der Kirche. Wie aber sollte diese Kirche aussehen? »Mit den deutschen Protestanten, mit Luthers Lehre war kein Bündnis möglich, England wollte es nicht... Katharina Howard und die hinter ihr standen, leiteten der alten Form entgegen, die doch nicht wieder zu errichten war. Katharina Parr endlich wußte zu vermitteln, nicht protestantisch und nicht katholisch, vielmehr frei und zugleich gebunden, das heißt: englischen Glaubens zu sein. Der König konnte nur mit Frauen seine Tat durchleben, doch die Tat war mehr als sie alle.«[344]
Sechs Jahre nach Heinrichs Tod wird Maria die Katholische rechtmäßige Königin von England. Und wie Heinrich weltlicher Herrscher der Kirche von England war, wurde es nun auch Maria. Sie begann, ihrem Glauben gemäß, die englische Kirche zu rekatholisieren.

Bischof Thomas Cranmer hatte diese Kirche mit der Glut seines Glaubens erfüllt, treu ergeben Gott und dem König, dessen Herrschaft über die Kirche er anerkannte. Als Königin Maria Gleiches von ihm forderte, stand er im Zwiespalt: Von dem mit seiner Billigung von Heinrich gesetzten Recht her mußte er gehorchen, es galt auch für Maria; vor seinem Glauben und Gott aber mußte er sich versagen. Doch er war, seiner Anlage nach, nicht zum Märtyrer geschaffen. So unterzeichnete er im Gefängnis die geforderten Widerrufe. Erst als er merkte, daß er hintergangen wurde und ihn mit oder ohne Widerruf der Scheiterhaufen erwartete, wuchs in ihm jene Stärke, die die Schwachen groß macht: »Zur peinlichsten Überraschung seiner Richter verdammte der Verurteilte in der Kirche St. Marys zu Oxford aufs neue den Papst und seine Lehre; dann, auf dem Scheiterhaufen, hielt der Bischof, über dessen Brust der lange weiße Bart niederwallte, seine Hand ausgestreckt in die Flammen. Sie hatte den Widerruf unterzeichnet und sollte darum zuerst verzehrt werden; in seiner letzten Stunde stand Thomas Cranmer, der ein Leben lang ein Knecht der Gewalt gewesen, einsam vor Gott. So starb er, ohne einen Schmerzenslaut über die Lippen zu bringen, mit der Linken sich die heiße Stirn wischend, während die Rechte verkohlte: ein nicht mehr auszulöschender Zeuge für seinen Glauben und für die Kirche König Heinrichs VIII.«[345] Von nun an ist Englands Weg religiös und politisch noch mehr als zuvor schon vom Festland geschieden. Als die Armada unterging und die spanische Macht mit ihr, wurde Englands Aufstieg unaufhaltsam. Vielleicht deuteten die Menschen – die, die das Unglück erlitten, und die, die es als Sieg erlebten – wirklich dieses Geschehen so, wie Schneider es schildert: als Bestätigung der Entscheidung Heinrichs VIII.,»der seinem Volk zwar nicht den eigenen Gott, aber doch den eigenen Glauben gegeben hatte«[346].

Künftig wurde Englands Geschichte gezeichnet von mächtigen Strömen der Macht und des Glaubens. Sie widerstreiten einander, und sie wirken zusammen. Elisabeth I., Heinrichs Tochter aus der Verbindung mit Anna Boleyn, regierte das Land als »gute Königin«[347] und gab der englischen Kirche durch die Einführung des Allgemeinen Gebetbuches die reformatorische Form. Maria Stewart fiel, und die englische Flotte besiegte die spanische. John Knox, der schottische Calvinist, kommt von Genf zurück und pflanzt das Wort der Heiligen Schrift in den schottischen Felsengrund. Gestalten ragen auf, die England führen und prägen: Cromwell, König Karl I.; das Parlament der Heiligen, tiefreligiös, fundamentalistisch, steht vor Abgrund und Aufbruch zugleich: »Es war, als sollte nach beispiellosem Leiden, kurz nachdem die Mitte des [17.] Jahrhunderts überschritten war, dessen Ziel und Sinn sich enthüllen, ja als ob nun auch die Antwort auf das vergangene Jahrhundert gegeben werden sollte. Hatte der selbstherrliche Tudorkönig den Glauben dem Staat unterworfen, so sollte nun der Staat mit dem ganzen Umfang seiner Aufgaben und Wirkungen dem Glauben untergeordnet werden. Es konnte scheinen, als habe nun die Seele, die seit mehr als einem Jahrhundert getreten, mißachtet, verschüttet worden war unter dem Schutt der Macht, sich durchgekämpft, um eine Herrschaft anzutreten, die sie in solcher Freiheit noch niemals ausgeübt hatte; der Glaube siegte endlich, und einer völlig neuen Epoche, die durchglüht wurde von dem leidenschaftlichen Bewußtsein der religiösen Mission Englands, schien jetzt die Stunde zu schlagen ...«[348]

Aber der Autor schildert nicht nur und wertet durch die Art seiner Darstellung, er spricht seine Wertung auch aus: »...dieser Glaube hatte keine Form«[349].

Das Holy Parliament ringt im Gebet um die richtige Entscheidung, erbittet den Beistand Gottes. »Die Männer, die sich unter Gebeten versammelten im Saale zu Westminster und während des ganzen ersten Tages den Herrn anflehten um seine Leitung, in der Schrift lasen oder, vom Geiste fortgerissen, Segen und Verderben prophezeiten, als sei das Parlament in der Tat zur Kirche geworden, sie waren, obwohl sie sich weder Presbyterianer noch Anhänger der Episkopalkirche noch Katholiken nannten, fast ebenso viele Häupter unsichtbarer Kirchen. Im Saal zu Westminster, der innersten Zelle des neuen Staates, ballte sich der Sprengstoff religiöser Kräfte ...«[350]

Und wieder sagt Reinhold Schneider klar seine Meinung: »...nur der geformte, von der Kirche umschlossene Glaube trägt, erfüllt, überragt den Staat«[351].

In viele Denominationen aufgesplittert, aber auch durch sie geistlich reich geworden, zogen die Pilgerväter in das ferne Land im Westen, Englands Spur dort eingrabend. In nicht allzu

ferner Zeit werden die Ihren dort, ganz im Sinne der Gründungsväter, einen neuen Anfang setzen, und Kampf wird sein zwischen dem Mutterland und Amerika.
»Am Abend des Tages nach der Schlacht [von Saratoga], als die Oktobersonne sich senkte und die Luft still war, bewegte sich ein kleiner Zug englischer Offiziere den Hügel hinauf, zu den Wällen der ausgeraubten Feldschanze, die Bahre des Generals Frazer wurde ihnen vorausgetragen, der am vergangenen Tage, weithin sichtbar in blitzender Uniform auf eisengrauem Pferd kämpfend die Todeswunde empfangen hatte. Der Geistliche schritt hinter dem Toten; aber der Feind, der den Zug beobachtete, richtete nun Geschützfeuer auf die Wälle. Der Trauerzug erstieg, als bemerke er es nicht, die Höhe; während die einschlagenden Geschosse ihn mit Erde bewarfen, betete der Geistliche an der Bahre. Da entdeckten die amerikanischen Offiziere, daß der Zug nicht gekommen war, um die blutgetränkte Höhe noch einmal zu nehmen, sondern nur, um einen Tapferen einzusenken in den Boden, den er verteidigt und den seine Kampfgenossen mit Ehren verloren hatten. Die Geschütze schwiegen; dann erhob ein einzelnes Geschütz seine Stimme und grüßte in gemessenen Pausen den Toten.«[352] Hier kehrte der neue Anfang zu seinen Wurzeln zurück: »Die Sieger grüßten die Besiegten an diesem Oktoberabend von Saratoga, Brüder, die einander bekämpfen mußten, weil in einem jeden das englische Erbe lebte: die Einheit des Strebens nach Macht und Besitz und des Strebens nach Freiheit. Denn um ihrer englischen Freiheit willen waren schon die Pilgerväter in der Bay von Massachusetts ans Land gestiegen...«[353]
Der Prozeß der Ablösung vom Mutterland selbst hatte seine letzte Begründung in dieser englischen Freiheit: »Denn selbst zum Kampf gegen die Tradition bedarf es der Tradition.«[354]
»Das ungeheure freigewordene Land im Westen harrte in seinem Reichtum und in seiner Armut von nun an auf den Samen: auf das Erbe der Form, dem die Freiheitskämpfer ihre Achtung bezeugten in der weltgeschichtlichen Stunde ihres Siegs.«[355]
England war Empire geworden – mit Dominien jenseits der Meere, mit dem Aufbruch der Technik, schwankend zwischen Gut und Böse. Aber das war immer so, und der große Brand von London, als Vernichtung und Ermöglicher von Neuem, trat in Parallele zum Aufbruch: »Inmitten der Feuersbrunst [der Indu-

Dr. med. Joseph Mayer, Reinhold Schneiders Stiefvater.

strie] des Pochens und Stampfens erhob sich die Seele Englands, überreich noch immer, wie sie es gewesen in den Zeiten der alten Könige und großen Herren. Ihr Lied ertönte wie der Gesang eines Vogels im Kreuzgang der von der Stadt umlärmten Abtei...«[356] William Law kam, um das Volk der Insel an die Letzten Dinge zu mahnen. John Wesley sammelte das »wimmelnde Heer der Maschinenknechte«[357]. »Mit mächtiger Stimme flößte der Prophet den ausgebrannten, erkalteten Sklaven der Macht die Glut seiner Seele, die letzte, über die Welt reichende Sehnsucht und Hoffnung ein.«[358] Der Mensch hatte Dämonen entfesselt, Werkzeuge ersonnen und geschmiedet, die ihn zum Herren machen sollten und ihn zum Knecht werden ließen. »Aber die Seele entbrannte, zu kämpfen, zu durchdringen, nicht abzulassen von dem sich ihr entziehenden Stoff; und selbst der Rauch des allzerstörenden Feuers konnte die letzten Symbole, Kreuz und Krone, in denen Ordnung und Form beschlossen sind, nicht völlig verhüllen.«[359]

1935 fährt Reinhold Schneider noch einmal nach England. Sein Stiefvater, Joseph Mayer, begleitet ihn. So wie diese beiden schicksalshaft miteinander verbunden sind, so ist England für den Autor des »Inselreichs« das vom Schicksal bestimmte Gegenreich zum Reich römischen Ursprungs und deutscher Nation. Aber auch England kann sich Rom nicht entziehen, bis in die Bauweise nicht, weil Rom immer gegenwärtig ist, wo es einst wirkte – weltlich und kirchlich, auch in der englischen Form.
Und während im Reich das, was an Form – die ja immer auch Inhalt bezeugt – vorhanden ist, entehrt, besudelt, zerstört wird, nimmt das Gegenreich, das sich gegen das Reich aus römischer Macht und römisch-transzendentalem Inhalt stellte, die Züge einer eigenen Idee an, die ganz und gar der Kontinuität, der Tradition verhaftet ist: »So fährt ein Schiff aus gegen drohenden Himmel; die Flagge weht im späten, fahlen Licht, das Geschütz starrt nieder, und die Woge bietet der mächtig treibenden Kraft fast keinen Widerstand. Die auf ihm dienen, haben dasselbe Schicksal, das erhaben ist, weil es allen gemein ist und keinen Ausweg kennt... Furchtbares ist geschehen; und doch führt das Schiff, das Heiliges und Düsteres, Kreuz und Krone trägt, über der Fahne Englands die Fahne des Abendlands.«[360]

Krone und Reich

»Ich habe einen großen Teil meiner Lebensarbeit auf die Krone gerichtet in der Absicht, an ihrer inneren Wiederherstellung mitzuarbeiten, die geistigen und religiösen Voraussetzungen zu schaffen, ohne die sie nie erhoben werden kann und darf«, schreibt Reinhold Schneider in »Verhüllter Tag«[361]. 1934 wünscht er sich, in drei Bänden die Geschichte der drei großen Kaisergeschlechter des Mittelalters zu schreiben. Die Gestalt des Reiches sollte daraus hervorgehen, denn nur in Gestalten und Schicksalen könne kenntlich gemacht werden, was der größte Versuch war, Weltreich und Gottesreich zu vereinen. In Schneiders Sicht wurde er beispielhaft für die Tragik der Geschichte, ihre Widersprüchlichkeit, in der es nur die Wahrheit des Kreuzes gibt, »an das auch die geschlagen werden, die es verleugnen«[362]. Aber 1934 ist das Jahr, in dem die Herren und Herrscher des *Dritten* Reiches ihre hybride Allmacht decouvrieren durch Mord und Totschlag, die ungesühnt bleiben, weil der, der für Recht sorgen sollte, selbst der Mörder ist.

Königtum ist transzendenter Herkunft. Der wahre König ist von Gottes Gnaden, die wahre Krone ist die Einheit von Leiden und Macht – die Dornenkrone und die goldene Krone der Herrschaft.

Als Karl V. 1555 in Brüssel zu Gunsten seines Sohnes Philipp die niederländischen Provinzen abtrat, Wilhelm von Oranien als seiner Stütze die Hand auf die Schulter legend, war das der, wie Reinhold Schneider schreibt, »endgültige Abschied einer großen Lebensform, der Reichsgestalt, die zwar unvollendet und selten erfüllt, aber doch als Bild universaler Ordnung weit mehr denn als Macht, aus der Mitte Europas emporgestiegen war«[363]. Karl der Große hatte den Entwurf geliefert, Otto der Große ihn auszuführen unternommen, nachdem er die Ungarn auf dem Lechfeld besiegt hatte. Als Papst Leo III. am Weihnachtstag des Jahres 800 Karl den Großen krönte, vereinten sich weltliche und geistliche Macht. Das Reich, die Krone, sie waren geheiligt, durch den Zusammenhang mit dem ewigen jenseitigen Reich und die Krone des Heiligen Römischen Reiches Deutscher Nation durch die Dornenkrone des Erlösers.

Als Karl V. sich nach Spanien zurückzog, hatte er seinen Bruder Ferdinand, der seit 1531 römischer König war, als Reichsverwe-

ser eingesetzt. Eine Gesandtschaft wurde abgefertigt; sie sollte den Kurfürsten, die sich zum Regensburger Reichstag (1556) versammelten, die Erklärung überbringen, daß er das Reich und das Kaisertum, samt den Reichsinsignien und allen Titeln und Vollmachten seinem Bruder übergeben habe. Die Führung der Gesandtschaft vertraute er Oranien an.
Karl hatte einst erklärt, daß er lebendig oder tot Kaiser von Deutschland bleiben wolle. Schirmherr der Christenheit hatte er sein wollen, wie es die Kaiser seit Ottos des Großen Zeiten waren. Aber die Christenheit seiner Zeit war gespalten und sollte es bleiben.

Wie anders waren die Zeiten, als Lothar von Supplinburg beim Dorfe Lutter am Elmwald den Dom stiftete, in dessen Mitte sein Grab ist. »Der gepanzerte Kaiser mit dem kurzen Barte ruht in der Mitte des Monuments, Zepter und Krone tragend, Richenza, seine Gattin, zur Rechten, Heinrich der Stolze, sein Eidam..., der Vater des Löwen, zu seiner Linken.«[364]
»Wie, wenn die Toten von Königslutter ein Reich vorbereitet hätten, das niemals kam, und das Ausbleiben dieses Reiches hätten büßen müssen mit dem Glanz ihrer Namen? Wieviel Vorbereitetes ruht in den Gräbern unter dem Elmwald und in Braunschweig, Quedlinburg, Bamberg, Worms und Speyer. Wenn aber irgendwo, so lohnt es sich in Deutschland auf die Melodie zu hören, die kein Ende fand; vielleicht ist diese vom Sturm des Schicksals entführte Melodie doch die eigenste Sprache des Volkes gewesen, vielleicht gehören die Melodie und dieses Schicksal zusammen. Denn endlich ist der Mensch doch eins mit dem was er erlebt, Völker und Reiche sind es nicht minder.«[365]
Lothar war Sohn eines Empörers, der sich gegen Heinrich IV. und das Reich erhoben hatte. Auch er empörte sich gegen den Kaiser und wurde nun selber zum Kaiser gewählt. Mit dem Amt kam die Einsicht, mit der Verantwortung das Maß. Als deutscher König wurde Lothar in Aachen gekrönt, als Kaiser des Heiligen Römischen Reiches in Rom. Am Ende seiner Regierung war er ein berühmter Kriegsheld; strahlend bezog er in Italien Stellung zwischen zwei Päpsten, im Norden – in Dänemark – und im Osten, dem er sich mit Hilfe Ottos von Bamberg zuwandte. Nach seinem Tode vergaß man Kaiser Lothar, aber sein

Enkel, Heinrich der Löwe, setzte die von Lothar begonnene Wendung des Reiches nach Osten fort im Sinne des überzeitlichen Auftrags von Krone und Reich. Der Krummstab des Bischofs von Bamberg führte die slawischen Pommern dem Christentum zu, nicht die Gewalt. Das Kapitel über Otto von Bamberg in Reinhold Schneiders Buch »Kaiser Lothars Krone – Leben und Herrschaft Lothars von Supplinburg«, das 1937 im Insel Verlag erschien und noch in der Potsdamer Zeit entstand, gehört zu den reinsten und reifsten Geschichtsdarstellungen des Autors.
Lothars Regierungszeit als deutscher König dauerte nur knapp zwölf Jahre, zum Kaiser des Römischen Reichs wurde er sogar erst 1133 gekrönt, dreieinhalb Jahre vor seinem Tode 1137. Das ist im Grunde eine kurze Zeit. Aber die Geschichte von Reich und Krone unter transzendentalem Zeichen bemißt sich nach eigenen Maßstäben. Im Nachwort zu seiner neben dem Hohenzollernbuch und »Innozenz III.« einzigen Darstellung aus der deutschen Geschichte nennt Reinhold Schneider dieses Jahrzehnt »ein Tropfen aus dem Meere der Zeit, in dem die Gestirne sich spiegeln«[366].
Es kommt Schneider, wie immer in seinen großen historiographischen Essays, nicht darauf an, die politischen Fakten zum Mittelpunkt zu machen, sondern die Hinordnung auf die geistig-religiöse Mitte des Geschehens erkennbar werden zu lassen. Und so erinnert er in seinen abschließenden Betrachtungen zu Kaiser Lothars Werk an Schillers Satz: »Wie sehr aber auch dieser Fürst, da er noch Herzog war, an Verminderung des kaiserlichen Ansehens gearbeitet hatte, so änderte doch der Purpur seine Gesinnungen.« »Damit«, fährt Schneider fort, »ist unter Berufung auf geheimnisvolle innere Mächte der Geschichte der höhere menschliche und geschichtliche Wert bezeichnet, der dem Supplinburger den Anspruch auf die Verehrung der Nachwelt gesichert hat.«[367]
Eineinhalb Jahrzehnte später schreibt der Verfasser dieser auf das Unsichtbare, das Ewige im geschichtlichen Vollzug verweisenden Sätze, auf das Trümmerfeld von nur zwölf Jahren hybrider Herrschaft in Deutschland blickend, von seiner Geschichtsauffassung, sie gelte »der Einschätzung des Geistes, der Seele, der Gemütskräfte im Raum des Geschehens, des Ablaufs der Zeiten. Ich kann Geschichte nur verstehen als Auswirkung inne-

rer Kräfte unter der Einwirkung äußerer Mächte, der politischen und wirtschaftlichen. Diese beiden Wirkungen sind nicht voneinander zu trennen.«[368] Das gilt, wenn Volk auf Volk trifft, Staatsmann auf Staatsmann, der innere Besitz werde aufgerufen und handele und entscheide mit, »nicht als ob der höhere oder stärkere Wert nun siegen müsse, aber er ist da und wirkt als gegenwärtiges Erbe, als Bewußtsein der Vergangenheiten. Auch wenn er unterliegt, sind die Fakten ohne ihn nicht zu verstehen.«[369]

Das Reich und die Krone sind Abbilder, Sinnbilder, Symbole, und die deutsche Geschichte ist es in besonderem Maße. Die Reformation ist bei Schneider keine vereinzelte Erscheinung; »sie trat auf in einem unaufhaltsamen Prozeß, dem Trachten nach dem wahrhaftigen Reich Gottes«[370]. Als Karl V. die Insignien seiner Macht als Kaiser niederlegte, endete das mittelalterliche Reich. Was folgte, war der Abgesang. Das meinte Reinhold Schneider, als er am Anfang seines Hohenzollernbuches schrieb, seit Karl V. habe es nur zwei Könige gegeben: Friedrich Wilhelm und seinen Sohn. Diese aber waren Herrscher eines deutschen Teilstaates, der unter Friedrich zur europäischen Großmacht aufstieg.

Dabei ging es, wie Reinhold Schneider festhält, »wahrhaftig um das Gottesreich ... in jenem erschütternden Jahrhundert in Wittenberg wie in Rom und Genf; und in Genf in äußerster Strenge um den religiösen Staat.«[371] Die Kriege, die daraus entstanden, seien im Letzten mit der christlichen Lehre nicht vereinbar gewesen, »aber daß Fürsten und Völker in höherem oder geringerem Grade Reich, Leben, Wohlstand einsetzten für die Wahrheit; daß das Gewissen sich nicht vergewaltigen ließ und innerhalb der einmal bestehenden politischen Konstellationen auch im dreißigjährigen Kampfe kein Bekenntnis zusammenbrach«[372] – das habe etwas Großes. »Mir«, schreibt Reinhold Schneider nach fürchterlichen Erfahrungen, »ist es immer wie eine furchtbare Auszeichnung erschienen, eine Heimsuchung im doppelten Sinne, daß Deutschland fast daran verblutete. Der Glaube zerfleischte sich und die Völker. Aber es war dasselbe Kreuz über allen.«[373]

Auch da, wo das Reich in seiner äußeren Form und in seiner Substanz einem anderen Zeitalter angehörte, schimmert noch etwas von seinem Auftrag und seiner Sinnbildhaftigkeit durch die Zeiten. Über das Ende des alten Reiches hat Ricarda Huch geschrieben: »Als Kaiser Franz im Jahre 1806 die Kaiserkrone niederlegte, begann ein neues Zeitalter. Die Heiligtümer des Reiches, Diadem und Szepter und Reichsapfel, die das Volk Jahrhunderte hindurch mit mythischen Phantasien geschmückt hatte, gingen unter; aber unvergänglich schimmern sie aus der Tiefe durch die über sie hinflutenden Wogen der Zeit.«[374]

Die Sehnsucht nach dem Reich blieb, sie suchte nach Erfüllung im von Bismarck gegründeten Kaiserreich von 1871. Die Kroninsignien aber ruhten in Wien, das nicht zu diesem neuen Reich gehörte, und das hatte gewiß auch symbolische Bedeutung. Das Reich aber entsprach durchaus dem Willen des Volkes, auch jener Teile, die Schwierigkeiten hatten, im Deutschen Reich der Bismarck-Ära, der Hohenzollerndynastie, den angemessenen Ort zu finden. Das waren die Katholiken, die im protestantischen Herrscherhaus und Übergewicht eine Gefahr für sich sahen – trotz des, verglichen mit anderen Staaten, in Deutschland unbestritten hohen Maßes an religiöser Toleranz. Und das war die Arbeiterschaft, die im mächtig expandierenden Industriestaat Deutschland der Gründerjahre des zweiten Reiches in die Gefahr der Verelendung geriet.

Und dennoch bleibt auch jetzt noch etwas von der alten religiösen Substanz der Reichsidee spürbar. In Wilhelm I. ist es noch lebendig, und Reinhold Schneider meint es auch in Wilhelm II. zu erkennen. Als er 1935 in Haus Doorn ist, dem Exil des letzten deutschen Kaisers, erlebt er einen Gestürzten, dem es, seinem Eindruck nach, »nur um das eine (ging): die innere ganz im Persönlichen sich vollziehende Wiedererrichtung der Krone«[375]. Es ist vergebliches Hoffen und Mühen. Doch Schneider ist auch später noch überzeugt: »Wir haben kein Recht, Verborgenes anzuzweifeln: den Glauben, das Leiden, die Reue. Und«, fährt er dann fort, »ich zweifle keinen Augenblick daran, daß Wilhelm II. in aufrichtig wiedererworbener Würde an seinem Grabe die Worte sprechen ließ: ›Wenn ich Dich demütige, mache ich Dich groß.‹«[376]
Aber der geschichtsbewußte und mit der Geschichte und in ihr lebende Autor ist sich klar darüber: »...hier war unwiderrufliches Ende«[377], so sehr er auch in Wilhelm II. trotz aller Schwä-

chen und Fehlleistungen einen »fürstlichen Menschen« sieht, »der die Welt in großen Zusammenhängen sah«[378]. Als 1952 der Chef des Hauses Hohenzollern, Prinz Louis Ferdinand, Schneider einlädt, an der Beisetzung der beiden Könige Friedrich Wilhelm I. und Friedrich II. auf der Stammburg des Geschlechtes in Hechingen teilzunehmen, schreibt der Eingeladene an Otto Heuschele: »So wenig ich von Begegnungen erwarte, so viel hat der Akt selbst mir zu sagen: Bestattung einer Machtform, die ich von ihren Anfängen nacherlebt habe. Es geschieht nicht oft, daß die Gruft so sichtbar geschlossen wird.«[379]
Einen Monat später schreibt er, wieder an Heuschele, dieses Bekenntnis über die Krone, die Macht, das Reich nieder: »Das eigentlich Erschütternde war das Flötensolo; denn das war die Stimme Friedrichs d. Gr. Wie sie sich durch die offenen Fenster in den grenzenlosen Herbsthimmel über dem schwäbischen Lande schwang, war alles gesagt von Hohenzollern und Hohenstaufen – und auch von Habsburg. Denn es war der 14. September, der Todestag Philipps II. – und auch das Fest der Erhöhung des Kreuzes. So erfüllte sich noch einmal das großartige traurige Märchen von der Könige Tod, das Richard II.* erzählen wollte; es ist der wesentliche Inhalt meines Lebens und Arbeitens gewesen; wie Richard sich der Gestalt Christi nähert, aber der verspotteten, dornengekrönten Gestalt: das ist das Mysterium. Indem das irdische Königtum verhöhnt wird, erscheint das himmlische.«[380]
Um diese Zeit, Anfang der fünfziger Jahre, schreibt Reinhold Schneider seine persönlichsten Gedanken und Erinnerungen auf, und die Überzeugung, die von der Erschütterung in der Sterbekammer Philipps II. ausging, und seitdem – intuitiv zuerst, dann mehr und mehr bewußt – sich formte, findet ihren letzten Ausdruck: »Der Weltkönig wird die Könige richten... Die christliche Krone ist apokalyptisches Zeichen. Die Glut des Endes umflammt sie. Der König ist Herold des auf den Wolken kommenden Richters.«[381]
Aber die moderne Wirklichkeit weiß davon nichts, und Schneider wird das bewußt. In dem schicksalhaften Winter in Wien 1957/58 schreibt er in sein Tagebuch: »In Deutschland bin ich als Monarchist Gegner der Restauration.«[382]

* Titelgestalt von »König Richard II.«, einem der Königsdramen Shakespeares.

Ein Freund

In der Nacht zum 8. April 1936 beendet Reinhold Schneider die Arbeit am »Inselreich«. Am folgenden Tag, dem Gründonnerstag*, ist er bei dem evangelischen Schriftsteller Jochen Klepper und dessen Frau Hanni zu Gast. Klepper schreibt zu dieser Zeit an seinem großen Roman »Der Vater« über Friedrich Wilhelm I. Er sieht das Inhaltsverzeichnis des Englandbuches und vermerkt in seinem Tagebuch: »...sein [Schneiders] gewaltigstes Werk«[383]. Damals kennen sich die beiden Männer fast auf den Tag genau drei Jahre. Am 11. April 1933 trug Jochen Klepper, damals Redakteur im Berliner Funkhaus an der Masurenallee, unter seinen Tagesnotizen ein: »Proben für ›Stunden, die Geschichte machten‹. Mit prominenter Besetzung, Chor und Orchester. Wahnsinnig anstrengend, da ich das Ganze mit nur drei Proben schaffen muß. Daneben laufen schon wieder die diffizilen Verhandlungen mit dem nächsten Geschichtshörbild. Autor Reinhold Schneider.«[384]

Ein Jahr später liest Klepper »Die Hohenzollern« und ist tief beeindruckt: »Ich bin gerade beim Lesen dieses Buches so erschrocken«, schreibt er am 15. April 1934, »weil es mit meinen Gedanken so übereinstimmt, ja, ich kann mir nichts anderes mehr wünschen, als neben diesem Buch und diesem Autor mit meinem ›Friedrich Wilhelm‹ zu bestehen. Sonst hätte nämlich mein Buch nicht die mindeste Daseinsberechtigung.«[385]

In dem einen Jahr, das zwischen ihrer ersten Begegnung und Kleppers Lektüre des Hohenzollernbuchs vergangen ist, ist Jochen Klepper wegen seiner Ehe mit einer Jüdin vom Rundfunk entlassen worden; er hat in einer subalternen Stellung bei einer Funkillustrierten des Ullstein Verlages Unterschlupf gefunden – und plötzlich war das neue Buch da: »...dann beim Abendbrot durchfährt es einen auf einmal am ganzen Körper: das ist das neue Buch! Der Vater. Die Geschichte Friedrich Wilhelms I.«[386]

---

* In »Verhüllter Tag« wird fälschlich der Karfreitag angegeben.

Reinhold Schneider hat die erste Begegnung mit Klepper anders erlebt. Jede Woche fuhr er ins Zeitungsviertel am Potsdamer Platz, um in einer Redaktion einen Beitrag zu vereinbaren, der ihm den Lebensunterhalt für die nächste Zeit sicherte. Das Manuskript, das ihn und Klepper zusammenführte, war die zweite Arbeit, die er für den Berliner Sender schrieb. »Aber das Manuskript stieß auf Schwierigkeiten«, heißt es in »Verhüllter Tag«, »ich sollte darüber verhandeln.«[387] Der zuständige Redakteur ist ein junger Mann mit großen, brennenden Augen, modisch, ja elegant gekleidet. Schneider gefällt das nicht. Aber dieser fast noch jünglinghafte Journalist wird in Kürze seinen ersten Roman »Der Kahn der fröhlichen Leute« veröffentlichen, ein Buch vom Leben der Kahnschiffer an und auf der Oder, das er seiner Frau widmet.

Über die Änderungen an dem in Frage kommenden Manuskript stellte sich kein Einverständnis her. Aber ein Jahr später wird Klepper in sein Tagebuch schreiben: »Ich kenne Schneider von meiner Funkzeit her gut, die Bescheidenheit und Askese und Gediegenheit in Person, keiner Verführung durch Eitelkeit und Gewinnsucht fähig; durch echtes Verständnis der Zeit allen aktuellen Konjunkturschreibern weit voraus; bei allen Auszeichnungen, Berufungen, Ernennungen übergangen; Achtungserfolg, aber kein Publikum. Doch die Leistung liegt vor, und in dem einen Buche ist ganz Preußen.«[388]

Der, von dem da die Rede ist und von dem der junge Mann, der vor einem Jahr in der hellen Redaktionsstube im Funkhaus vor ihm saß, meint: »...sein Leben hat ein Resultat«[389], lebt zu dieser Zeit nach eigener Aussage »in unsäglich bedrückenden Verhältnissen«[390], beengt, ohne Platz für seine Bücher, den Schein der nackten Glühbirne, deren Glasschirm zerbrochen ist, mit einem Papierhütchen abblendend.

Klepper schreibt ihm auf das Hohenzollernbuch hin und erhält umgehend Antwort. Bevor sie sich wiedersehen, gibt Klepper seiner Erschütterung über das Preußen gewidmete Werk Schneiders in seinen Aufzeichnungen Ausdruck: »Wenn ich Reinhold Schneiders Buch lese, spüre ich plötzlich etwas, was in allem Unpersönlichen stärker ist als Freundschaft. Ja, dieses Buch ist das einzige, was es – neben der Ehe – für mich an Freundschaft ge-

geben hat. Hier könnte einmal einer kommen und von Plagiat reden, so stark ist die Übereinstimmung meiner Pläne mit Schneiders Leistung.«[391]
Am 10. Mai wollen Klepper und seine Frau Schneider in Potsdam besuchen, treffen ihn aber nicht an. Am nächsten Tag schon kommt der schriftliche Dank für Besuch und Buch – den »Kahn« – und die Anmeldung für den kommenden Mittwoch.
Als Schneider in dem Berliner Villenvorort Südende vor dem eleganten Mehrfamilienhaus in der Karlstraße 6 steht, in dem Kleppers leben, kann er sich nicht vorstellen, daß ein Schriftsteller so aufwendig wohnt, steigt vorsichtshalber die Hintertreppe hinauf und kommt bei dem erstaunten Hausmädchen in der Küche an. Klepper blickt betreten und ahnt, was in Schneider vorgeht. Der Eintritt seiner Frau löst die Beklemmung.
Johanna Klepper, verwitwete Stein, ist dreizehn Jahre älter als ihr Mann. In »Verhüllter Tag« schreibt Reinhold Schneider: »Der weite Abstand der Jahre hatte etwas Verwirrendes.«[392] Aber für Jochen und Hanni Klepper war das kein Grund, ihre innige Zuneigung zu verleugnen. Auch hier hat die ältere Frau den so viel jüngeren Mann vor dem psychischen Zusammenbruch bewahrt, und die Dankbarkeit ist Bestandteil, aber nicht allein bestimmend in dieser Ehe. Auch als diese überaus glückliche Verbindung kinderlos bleibt, wird die schwere Prüfung – denn das ist es besonders für den Mann – bestanden und gefährdet die Ehe nicht.
Hanni Klepper hat den Bruch mit bürgerlich konventionellen Vorstellungen, die die Bindung einer reifen Frau an einen viel jüngeren Mann ächteten, nicht gescheut. Und wenn Reinhold Schneider in bezug auf Jochen Klepper viel später schreibt: »Zwischen uns beiden und unserem Lebensgang bestanden sehr tiefe Entsprechungen, von denen aber nie die Rede war«[393], so wird auch die beiderseitige Neigung zu einer viel älteren Frau dabei eine Rolle gespielt haben. Nur die Art, wie beide ihrer Liebe leben, ist grundverschieden.
Aber sie sind nicht nur durch das Verständnis füreinander verbunden, sondern auch durch beiden gemeinsame Gefährdungen, die bei Klepper jetzt noch verhalten sind, obwohl die Sorge schon herrscht: Würde er weiter beruflich tätig sein können? Wie würde die Zukunft der Stieftöchter aussehen? Würde der Judenboykott weitergehen, sich vielleicht sogar steigern?

In den Jahren zwischen 1934 und 1937 begegnen sich diese beiden in ihren persönlichen Schicksalen und Anlagen so verbundenen Männer immer wieder, nicht zuletzt auch, weil sie sich brauchen. Schneider erlebt in Klepper den evangelischen Christen, dessen Leben und Arbeit an das Wort der Bibel gebunden sind, der der Christenheit »ergreifende Lieder«[394] schenkt, der in einem geplanten großen Roman über Katharina von Bora Luther darstellen will.

Aber noch etwas anderes ist da, was Schneider nicht besitzt: »Die Herkunft aus dem Pfarrhaus war ihm [Klepper] Führung, wie ich sie nicht hatte: nicht zurück, sondern hinauf in das tragische christliche Leben, dessen Schmerzen der Mensch, der Künstler Klepper wie wenige erfahren und bestanden hat, bis sie ihn endlich übermächtigten.«[395]

»Auf dem Wort baute Klepper auf und auf dem Wort ruhten auch seine Gedichte. Für ihn war es entschieden, daß die Kunst dem Worte unterworfener Widerklang ist.«[396] Entsprechend wird auch der Friedrich-Wilhelm-Roman durch Bibelzitate gegliedert und dadurch vollendet.

Als das erste Kapitel in der angesehenen evangelischen Kulturzeitschrift »Eckart« erscheint, ist es in expressionistischer Manier geschrieben. Schneider schreibt daraufhin an Klepper, »daß dieser Modernismus dem Geist des Werkes widerspreche«[397] und überzeugt. Er selbst hat sich modernen, ja avantgardistischen Sprachformen erst gegen Ende seines Lebens zugewandt; zuvor steht er ganz in der Sprachtradition des 19. Jahrhunderts. Schneider hingegen wird von dem gleichaltrigen Protestanten auf etwas hingewiesen, was ihm bis dahin völlig unbewußt geblieben war: »Zu meinem Erstaunen entdeckte er in meinen Büchern strenge Katholizität, die ich gar nicht gewollt hatte – ebenso wie in dem Bilde, das Leo von König damals malte.«[398] Der »Camoes«, »Philipp II.«, »Die Hohenzollern« sind entstanden, bevor Schneider und Klepper sich kannten. »Das Inselreich« aber wird geschrieben, nachdem Klepper sich den Büchern des Gleichaltrigen intensiv zugewandt hat und mit ihm in Austausch getreten ist: »Die Hohenzollern« liest er im Jahre 1934, den »Camoes« 1936 und dazwischen (1936) erhält er von Schneider den »Philipp« mit der Widmung: »Der König träumt er sei ein König/und tief in seinem Traum versenkt/gebietet er und herrscht und lenkt. *Calderon* – Jochen Klepper im Namen aller Ordnung auf Erden und im Vertrauen auf seine Kunst herzlich zugeeignet *Reinhold Schneider*«.[399] In das für den Freund bestimmte Exemplar des Englandbuches trägt er die Widmung ein: »Jochen Klepper treu verbunden in Streben, Hoffen und Erleiden.«[400] Der erkennt und fühlt in diesen Werken die künstlerische Leistung, die gültige Aussage gegenüber dem Talmiglanz der Tagesproduktionen, die die Buchhandlungen überschwemmen aus der Feder fixer Schreiber, und er erkennt auch die Quelle, aus der dieser Dichter schöpft. Als Theologe weiß er sehr genau über die Unterschiede der Konfessionen Bescheid. Er selbst lebt ganz in der lutherischen Konsequenz des Sich-Gott-Übergebens, im Wissen, daß Arbeit in der Vergeblichkeit vor den Menschen und der Verwerflichkeit vor Gott dennoch geleistet werden muß. Und so erkennt er das Gegenbild: die deutlichen Linien katholischer Tradition im Werk des sich als ungläubig betrachtenden Reinhold Schneider.

Diese strenge Katholizität ist auch Anlaß zu Gesprächen über die Glaubensspaltung. Schneider bekennt später: »Erst von Klepper bin ich auf den ganzen Ernst konfessioneller Gegensätze geführt worden. Er rang inständig um ihr Verständnis.«[401] Aus Potsdam antwortet Schneider auf einen Brief Kleppers, der sich auf eines ihrer Gespräche bezieht: »Wohl ist der Gegensatz ein sehr entschiedener, aber er ist derselbe, der unser Volk zu dem gemacht hat, was es ist; wir müssen ihn durchleben, und ich glaube, dies ist einem jeden möglich, indem er den anderen versteht. Ich tauge auch nicht zum Reden und namentlich nicht über diese Dinge; aber es ist mir ein großer Gewinn gewesen, was Sie mir gesagt haben. Mir ist dieses Problem wohl nie ganz aufgegangen ...« »Als ich den Philipp schrieb, wußte ich nicht, wie katholisch ich war (mein Vater war ja Protestant); ich sagte einfach aus, was ›war‹ (in jener Zeit und in der heutigen und in mir), und begriff erst später die unentrinnbare Schicksalsgewalt der konfessionellen Gegensätze.«[402]

Und während Klepper am »Vater« arbeitet, schreibt, kürzt, ringt, in Krisen gerät, Schneiders Freundschaft und Treue gerade in solchen Zeiten besonders empfindet, wird sich der Freund immer mehr seiner religiösen Herkunft bewußt und gewiß. Im Englandbuch vollzieht sich dieser Prozeß schreibend. Im März 1937 endlich erhält Jochen Klepper die ersten Exem-

plare des an Schmerzen reichen Buches »Der Vater«. In das für Reinhold Schneider bestimmte Exemplar trägt er ein: »Extra ecclesiam nulla salus. Reinhold Schneider, dessen Werke die Entstehung dieses Buches vom ersten bis zum letzten Tag begleitet haben, in Dankbarkeit gewidmet. Berlin-Südende, in der Passionszeit 1937. Jochen Klepper.«[402a] Kurze Zeit später wird Jochen Klepper aus der Reichsschrifttumskammer ausgeschlossen und muß um eine jederzeit widerrufbare Sondergenehmigung kämpfen.
Im Juli bringt ihm Reinhold Schneider alle seine Sonette aus der Zeit von 1927 bis 1937. Klepper liest und fühlt, was das bedeutet: »Es ist ungeheuerlich, welchen Einblick er nun gibt in Liebe und Glaube – die beide ohne Lösung scheinen; auch der Glaube. Die Tatsache, daß er die Gedichte gab..., muß unser Verhältnis verändern. Bedeuten sie den Abschied?«[403]
Sie werden sich noch viele Briefe schreiben, die beiden ungleichen Freunde mit den tiefen Entsprechungen bis hinein in die qualvollen Gemütsleiden, denen sie beide ausgesetzt sind – bis das Dunkel stärker wird als alles menschliche Miteinander und Zueinander, alle Geneigtheit des Glaubens und des Herzens. Schneider bewahrt Klepper die Treue über das Grab hinaus. Und wenn Klepper so oft von seiner Dankbarkeit Schneider gegenüber schreibt, so bekennt dieser gegen Ende seines Lebens von Kleppers Freundestat: »An der Wiedererrichtung des Kreuzes in meinem Leben hat er einen großen Anteil.«[404]
Am Neujahrstag 1937 geht Reinhold Schneider zum ersten Mal nach wohl zwanzig Jahren wieder zur Messe.

Die Potsdamer Jahre

Von 1932 bis 1937, vom Eintreffen in Berlin bis zur Abreise aus Potsdam, hat Reinhold Schneider seinen ersten Versuch gemacht, seßhaft zu werden, und das im Norden, fast schon im Nordosten. Dabei ist dort so vieles fremd und schwer erträglich. In seinen Erinnerungen hat er es ausgesprochen: »Wenn ich am Potsdamer Platz ausstieg, stellte sich, fast greifbar, immer dasselbe Bild her: ein unermeßlicher von Tannenwipfeln bedeckter Berghang. Dann ging ich die langen Straßen des Zeitungsviertels hinauf, deren Trostlosigkeit ich nie verwinden konnte«[405], wie der junge Mann die Trostlosigkeit der Dresdner-Neustadt-Straßen nicht verwand. Die Kieferngehölze können ihm den heimischen Schwarzwald nicht ersetzen. Die Geschichte hält ihn fest, die Landschaft ist fremd. Den Augen, die an sanfte Hügel, baumbestandene Höhen und das Hochgebirge in der Ferne gewöhnt sind, erscheint die Mark eintönig, vielleicht auch zu melancholisch, um dem Tragiker auf Dauer erträglich zu sein.

Und doch ist Potsdam, ist Berlin der Ort, wo sich Lebensströme begegnen. Hier findet Reinhold Schneider, der Einsame, Menschen, die ihm Freunde werden fürs ganze Leben.

Am 3. Dezember 1932 wird im Berliner Rundfunksender Schneiders wohl erste Rundfunkarbeit überhaupt gesendet: »Dienst an der Erde« in der Reihe »Stunden, die Geschichte machten«, über die landwirtschaftliche Erschließung Ostpreußens durch Friedrich Wilhelm I. Jetzt lernt er außer Jochen Klepper Kurt Ihlenfeld kennen, den Redakteur des »Eckart«. Der »Eckart« ist damals ein wichtiges Publikationsorgan christlicher Schriftsteller. Sein früherer Leiter, Harald Braun, hat Schneider an den Sender geholt. Mit dem »Hochland«, der bedeutenden katholischen Kulturzeitschrift, stellt sich ebenfalls 1932 der Kontakt her durch den Briefwechsel mit dem Herausgeber Karl Muth, der die Erzählung »Die Brüder« über Philipp II. und Don Juan d'Austria bringt.

Im November bewegt Schneider der Plan eines Romans über die Salzburger Exulanten, der aber nicht ausgeführt wird, wie viele andere Pläne auch. Er schreibt Artikel und Aufsätze, außer für »Eckart« und »Hochland« auch für die Zeitschrift »Monarchie«,

die 1935 ihren Namen in »Weiße Blätter« umändert und von Karl Friedrich zu Guttenberg geleitet wird, sowie für die Zeitung »Der Tag«.
Am 10. August 1933 schreibt Anton Kippenberg, der Inhaber des Leipziger Insel Verlages, eines der bedeutendsten Verlagsunternehmen Deutschlands, an Reinhold Schneider, äußert den Wunsch, ihn kennenzulernen, und bittet, ihn im Hotel »Adlon« aufzusuchen. Er bietet dem Autor, dessen »Philipp«-Manuskript er las und hoch einschätzte, bevor Hegner es druckte, ein monatliches Fixum von fünfhundert Mark an, eine beachtliche Summe für diese Zeit, an die allerdings die Bedingung geknüpft ist, künftig alle Arbeiten im Insel Verlag erscheinen zu lassen.[405a] Schneider nimmt dieses Angebot für einige Zeit an und ist nun der drückenden Geldsorgen erst einmal enthoben.
Sein erstes Buch im Insel Verlag ist das erwähnte Deutschlandbuch »Auf Wegen deutscher Geschichte – Eine Fahrt ins Reich«, das 1934 erscheint. 1927 und 1929 hat der Verlag bereits Ricarda Huchs Städtebilder »Im Alten Reich« veröffentlicht.
1936 kommt im neuen Verlag »Das Inselreich« heraus. Anton Kippenberg schreibt dazu: »Sie werden selbst das Gefühl haben, daß Sie etwas Großes vollbracht haben; ich glaube, ein solches Buch ist seit langem in Deutschland nicht geschrieben worden.«[406]
Aber es gibt Probleme: Die neue Zeit wirft ihre braunen Schatten auch auf das Verlagswesen. Schneider versichert am 14. August 1936 seinem Verleger Kippenberg, »es wird sich in dem ganzen Buche nicht *ein* geringschätziges herabsetzendes Wort finden, keines, das dem Heldentum der Helden zu nahe tritt«[407]. Die Vorstellung, der Verlag könne durch ihn, durch sein Buch Schwierigkeiten bekommen, veranlaßt Schneider nur eine Woche später, am 21. August, Kippenberg zu schreiben, er wolle die Arbeit zurückziehen: »Den Glauben an das Frühjahr, in dem sich alles wendet, habe ich längst verloren ... Nun kann ich es aber nicht verantworten, daß der erste Verlag Deutschlands, dem wir ein gutes Teil dessen verdanken, was wir in den letzten Jahrzehnten an literarischer Kultur erworben haben und etwa heute noch besitzen, durch meine Arbeit ernstlich gefährdet wird. Ich kann mein Buch verantworten, aber nicht mehr. Darum möchte ich Ihnen den sehr schwerfallenden, sehr schmerzlichen Vorschlag machen, mir das Buch wieder zu über-

Anna Maria Baumgarten und Reinhold Schneider in Potsdam, März 1934.

lassen: ich werde dann tun, was ich kann und muß, um es in diesem Jahre noch herauszubringen; ob mir das gelingen wird und an welcher Stelle, weiß ich nicht, ...«[408]
Aber »Das Inselreich« erscheint bei Kippenberg, und Theodor Heuss bespricht das Buch in der »Europäischen Revue« und bezeichnet es als »eine geistige Leistung eigenen Ranges«[409].
»...die Grundposition ist nicht rational, sondern, wenn man so will, religiös, aber das Element der Durchdringung nun doch nicht theologisch, sondern von einem urtümlichen Künstlertum bestimmt.«[410] »...die epische Grundkraft, nicht die wenn auch sparsam verwandte, so doch nicht überhörbare Reflexion bestimmt den Rhythmus des außerordentlichen Werkes.«[411]
Am 13. November 1936, nach einem Besuch Schneiders, schreibt Jochen Klepper: »Sehr seltsam ist, was er von seinem Englandbuch erzählte: ohne Frage ist es das härteste, konzentrierteste seiner Bücher, und ich war der Meinung, es käme allenfalls für seine engsten, treuesten Leser in Frage. Nun ist es aber so gekommen, daß bereits jetzt die erste Auflage von 5000 verkauft ist. Zeitungen haben es in Leitartikeln besprochen.«[412] Allerdings vor allem die Außenpolitiker, die das Religiöse als schwierige Zutat hingenommen haben. Klepper resümiert: »Und dennoch scheint die Wendung zur Historie, die erst die Autoren ergriff, nun auch, entgegen aller sonstigen Mode, die Leser gepackt zu haben. Und zwar jene Historie, die das Heute nicht rechtfertigt oder gar verherrlichen soll, sondern gerade die, die es anklagt. Ist es nur die letzte Zuflucht ohnmächtiger Opposition? Oder sehnt die Zeit sich endlich doch nach dem, das allein sehnenswert ist?«[413]
Am 26. November schreibt Klepper an Schneider seinen Dank für das Buch und zitiert aus dessen Werk: »Tragik waltet nur, wo Gott über den Menschen ist; und wenn auch der Handelnde Gott nicht erkennt oder sich an ihm versündigt, so muß doch der Dichter fromm sein... Die Geschichte ist Gottes Gedicht: darum kann sie am Ende nur der Dichter verstehen, der die Beiworte im Ohr behält und Klang und Widerklang vernimmt.«[414]
Am 3. Dezember teilt Anton Kippenberg mit, daß fast neuntausend Exemplare verkauft seien und das dritte Fünftausend gedruckt ist. Bald darauf wird das Buch unterdrückt.
Auch die »Hohenzollern« sind unerwünscht. Der Absatz des »Philipp« ist weiterhin katastrophal schlecht.

In diese Zeit fällt die von Jakob Hegner vermittelte Bekanntschaft mit dem Maler Leo von König, bekannt geworden durch seine Porträts. Dieses Haus, diese Familie werden zum gastfreundlichen Heim, wenn Schneider, nachdem er Potsdam verlassen hat, besuchsweise nach Berlin kommt. 1937 werden die Bilder Leo von Königs aus den deutschen öffentlichen Galerien entfernt. Aber ein Jahr zuvor hat sein Freund Schneider für das Buch »Gestalt und Seele«, das das Werk des Malers würdigt und im Insel Verlag erschienen ist, die Einleitung geschrieben. 1936 – im selben Jahr malte Leo von König das bekannte, schon erwähnte Porträt des Schriftstellers.
In der Potsdamer Zeit wächst, trotz aller Widrigkeiten, Reinhold Schneiders Ruhm. Obwohl von keiner offiziellen Stelle erwähnt oder gar gefördert, gewinnen seine Bücher immer mehr Leser. In dem wichtigen Jahr 1936 gibt der Insel Verlag von ihm ausgewählte und eingeführte »Anekdoten von Friedrich dem Großen« heraus, und gegen Ende des Jahres geht dem Verleger das Manuskript von »Kaiser Lothars Krone« zu. Es stellt den Ausweg dar, das Reich, die Krone in einer Weise zu würdigen, die der Gefahr entgeht, von Unbefugten für ihre mörderischen Ziele mißbraucht zu werden.
Der Wunsch Schneiders, dem »Inselreich« das Zarenreich gegenüberzustellen, erfüllt sich nicht. Am 7. Juli 1937 schreibt Reinhold Schneider an Anna Maria Baumgarten: »Ich will auf irgendeine Weise mir das russische Thema fruchtbar machen.«[415] Am 19. Juli aber heißt es: »Das Grauen vor den Russen hat sich meiner wieder bemächtigt. Ich werde es wohl doch nicht mit ihnen aufnehmen.«[416]
Um diese Zeit beginnen wichtige Briefwechsel: mit dem Philosophen Leopold Ziegler, dem schwäbischen evangelischen Schriftsteller Otto Heuschele und mit Werner Bergengruen, den er noch in Berlin kennenlernte und der 1936 in die Gegend von München zieht, aber auch mit Jochen Klepper, denn zwischen Berlin und Potsdam gehen von 1934 bis 1937 viele Briefe und Karten, oft von einem Tag auf den anderen, hin und her; sie setzen Gespräche fort, übermitteln Einladungen, begleiten Bücher, Aufsätze, Rezensionen...
In Potsdam und Berlin begegnet Reinhold Schneider auch erstmals Rudolf Alexander Schröder, dem Nestor evangelischer zeitgenössischer Dichtung, und er lernt den ebenfalls evangeli-

schen Schriftsteller Otto Freiherrn von Taube kennen, den christlichen Arbeiterdichter August Winnig, Helmuth James Graf von Moltke, dessen schlesisches Gut Kreisau zum Treffpunkt von Oppositionellen des Dritten Reiches wird; den in diesen Kreis gehörenden Peter Graf Yorck von Wartenburg, Dr. Kurt Jagow aus dem Hohenzollernschen Hausarchiv, Hans Nikolaus von Halem – der wie Moltke und Yorck im Zusammenhang mit dem Attentat vom 20. Juli 1944 hingerichtet wird –, den Berliner katholischen Bischof Conrad Graf Preysing, der ihm 1941 eine Papstaudienz vermittelt, Pater Georg von Sachsen, den ältesten Sohn des sächsischen Königs, und den Schriftsteller Harald von Koenigswald; außerdem den Maler Heinrich Graf Luckner.

Man trifft sich bei Leo von König, bei Kleppers, deren kunstsinnig eingerichtetes Heim als das schönste Dichterhaus Deutschlands gilt, oder bei Guttenbergs. Damals schreibt Klepper in sein Tagebuch: »... es ist seltsam, daß Freunde für Schneider, der ganz gewiß sehr einsam bleiben muß, eine auffallend große Rolle spielen. Und seine Toleranz ermöglicht ihm den Umgang mit Menschen.«[417]

Aber diese kultivierte Geselligkeit, auch mit Lesungen von Schneider in Leo von Königs Atelier, überdeckt doch nicht den Ernst der Zeit und ist auch nicht dazu gedacht. Bei Kleppers ist ohnehin durch die Nürnberger Rassengesetze die Angst vor weiteren Maßnahmen gegen die Juden tägliche Last. Reinhold Schneider nimmt Anteil, fühlt mit und wendet sich, anders als manche anderen, nicht von den Freunden ab.

Im Sommer 1933 wird er zum ersten Mal nach Schloß Cecilienhof eingeladen, wo das Kronprinzenpaar lebt. »Die Hohenzollern« sind gerade erschienen und haben Aufsehen erregt. »Die Herrschaften waren freundlich, nachsichtig gegenüber meiner gänzlichen Unerfahrenheit im Zeremoniell«, berichtet Schneider.[418] »Das letzte Gespräch«, schreibt er, »führten wir an einem Oktoberabend, kurz bevor ich von Potsdam wegging. Der Kronprinz wies auf die Stühle. Hier sind vor einigen Jahren Hitler, Göring, Goebbels, Röhm gesessen. Hier hat mir Hitler gesagt: ›Mein Ziel ist die Wiedererrichtung des Kaisertums unter einem Hohenzollern‹. – ›Diese Menschen sind keine Monar-

chisten und konnten es niemals sein; sie können nicht zurücktreten vor dem König.‹ Er bestand darauf, daß die Abkehr erst im Mai 1933 geschehen sei.«[419] »Ich verließ die Halle; nach wenigen Jahren sollten in ihr die drei Gewaltigen sitzen, herbeigerufen von dem, der die Erben der längst verwirkten Krone mit der Lüge von der Krone betrogen hatte.«[420]
1933 trifft Reinhold Schneider zum ersten Mal die zweite Frau des letzten deutschen Kaisers, Hermine. Zwei Jahre später, auf der Rückreise von England, folgt er einer Einladung nach Doorn, dem Exil Wilhelms II., und wird herzlich empfangen. Er lernt den gestürzten Monarchen als einen vielseitig Interessierten kennen: »All sein Suchen ging um eine feste Mitte: es war keineswegs ordnungslos; beängstigend war nur die Schnelle des Wechsels. Die Mitte war: die neue geistige Begründung der Monarchie aus dem Glauben und der Geschichte. Für sich selbst hatte er, wie mir schien, resigniert; die letzten Enttäuschungen hinsichtlich einer wenigstens ehrenvollen Rückkehr – etwa nach Homburg – hatte er wohl eben durchlitten. Ich wollte mich verabschieden. Aber das ließ er nicht zu: ich sei müde und müsse in Doorn übernachten.«[421]
In seiner autobiographischen Schrift »Die ewige Krone« spricht Schneider davon, daß er nur einmal in seinem Leben auf einer Stirn den Schimmer der Souveränität gesehen habe, auf der Wilhelms II. Dieser Kaiser, meint Schneider, sei weit einsamer gewesen als der Einsiedler von Yuste, Karl V., in seinen letzten Lebenstagen. Würde und Hoheit seien »dem Gefangenen«[422] ohne Zweifel eigen gewesen, aber sie vor Zuschauern darzustellen sei ihm »zur Natur geworden«; »er spielte, anders als Shakespeares Könige, die Rolle fort, während der Vorhang längst gefallen war, und zwar in dem Stile der Epoche, die ihm zu gehören schien und sich später nicht gerne an den gespenstischen Beifall erinnerte.«[423]
So wird für Reinhold Schneider die Begegnung mit Kronprinz und Kaiser zur letzten, tragisch umwobenen, konkreten Begegnung mit Trägern der Krone. Der Kronprinz von Sachsen, dem er des öfteren noch begegnet und dem er große Verehrung entgegenbringt, hat als Jesuitenpater bereits einen entscheidenden Schritt auf das Terrain jenseits der Thronprätendenz getan.

Auch während der Potsdamer Jahre unterbricht Reinhold Schneider die Arbeitsabgeschiedenheit außer durch die ihm zum Bedürfnis werdenden Besuche bei Freunden in Berlin und in Potsdam durch längere und kürzere Reisen. Von der Englandreise des Jahres 1935, die ihn auf dem Rückweg über Doorn führt, kommt er am 5. April zurück. Am 20. April steht er an Nietzsches Grab in Rökken, nahe Lützen, wo Gustav Adolf von Schweden fiel. Wenig später folgt er der Einladung Anton und Katharina Kippenbergs nach Leipzig, wo er in der Thomaskirche Bachs Matthäuspassion hört. Im Juni führt ihn sein Reiseweg an den Bodensee. Dort lernt er den Schriftsteller Wilhelm von Scholz kennen.

Friedrich Schmid-Noerr in Percha trifft Schneider auf einer Reise 1936 und unterhält von da an bis 1942 einen lebhaften Briefwechsel mit diesem außergewöhnlichen Schriftsteller, Philosophen und Ästhetikwissenschaftler, zu dessen bekanntesten Werken »Kosmos, Mythos, Weltgeschichte« gehört, das 1935 bereits vor Erscheinen verboten wird.

Im Mai, kurz nach Vollendung des Englandbuches, bricht Schneider auf nach Rom und Florenz. Nach der Rückkehr schreibt er am 28. Mai 1936 wieder aus Potsdam an Anna Maria Baumgarten: »Glücklicherweise habe ich hier keine wesentlichen Neuigkeiten vorgefunden; zunächst habe ich unter meinen Büchern gekramt, das neue Regal, das inzwischen angekommen war, gefüllt und ein wenig in der Korrespondenz herumgelesen: ich brauche immer ein paar Tage, bis die Organe wieder arbeiten.«[424]

Auch 1937 zieht es ihn wieder nach Italien, nach Rom und Florenz – seine Stadt, eingeladen von seinem Verleger Kippenberg. Am 1. Juni ist er zurück, um im Sommer eine Schwarzwaldreise zu unternehmen, die das Gefühl in ihm befestigt, daß das Brandenburgische Konzert nun zu Ende geht: »Der Blick auf den Zwiebelturm von Hinterzarten, die gleichmütigen Wälder, die herben Wiesen, der Hochfirst überredete mich; ich konnte Kiefern und Sand, die herberglosen Dörfer der Mark nicht mehr ertragen.«[425] »Eher hätte ich mich vielleicht in Marienburg, vor dem Torturm des Ordensschlosses halten können: eine Art Epos ›Die Ritter‹ glitt dort vor mir vorbei. Der einzigartige Vorwurf hat nie seinen Meister herausgefordert; ich wäre es wahrscheinlich nicht gewesen. Aber noch immer denke ich [im Jahre 1957]

– mit einer Art Heimweh an Königsberg und Frauenburg zurück, auch an die armen Zimmerchen des Alleszermalmers [Kant]; an die Gewitternacht [im April 1933], als das Ordensschloß aufflammte über der Ebene und das Marienbild an der Mauer aufzuckte und entschwand, sechs Jahre, ehe das Gewitter kam. Das wäre mir – in seinen schneidenden Gegensätzen – näher gewesen, als mir die Mark gekommen ist.«[426] Er sehnt sich heim, in den Südwesten, bleibt aber noch ein paar Tage im Hotel »Zum Einsiedler« am Potsdamer Stadtschloß, »um Abschied zu feiern«[427].

Wenn es denn eine Feier war, so gewiß eine besonderer Art – Feier der gemessenen Freude über die Heimkehr in das gewohnte Klima, die geliebte Reblandschaft, aber auch Feier des letzten Blickes auf die gelebte Lebensspanne: »Der Herbst vollendete sich in den Kastanien. Noch einmal fuhr ich über die Havel nach Sakrow vor das gelbe Schlößchen, wo, wenn ich es noch recht weiß, der Dichter Fouqué Kinderjahre verlebte im Bereich Undines. Es ist ein unvergleichlicher Klang, sich lösender Widerspruch; märkisches Barock und Rokoko, märkische Romantik und Klassik: Fata Morgana und doch erfüllt. Es ist immer wieder das Suchen und Fragen einer Macht nach ihrem Gehalt.«[428]

Die Freunde sind besorgt um den Unbehausten. Jochen Klepper veranlaßt eine Sammlung, für die Hanni Möbel im Stil des von Schneider sehr geliebten Humboldtzimmers im Charlottenburger Schloß erwirbt – als Abschiedsgeschenk. Der Kaiser beteiligt sich mit einem Schreibtisch aus dem Marmorpalais, an dem einmal Friedrich Wilhelm IV. arbeitete, ein König, dem Reinhold Schneider viel Sympathie entgegenbringt.

Am 5. Oktober ist Schneider zum Abschiedsbesuch im Hause Klepper: »... der Moment des Abschieds ging ... durch und durch.«[429] In vier Sätzen drängt sich zusammen, was dieser Abschied für die Zurückbleibenden bedeutet: Erinnerung an schwere Zeit und Dankbarkeit für Freundschaft, Treue, Verständnis: »Letztes, was mich [Klepper] betraf: daß Schneider zu Hanni sagte: ›Das neue Buch [Das Ewige Haus] ist ja der eigentlich für ihn reservierte Stoff‹ und zu mir, wie unsere neuen Pläne sich begegnen: Zentrum seines neuen Buches wird Karl V. – So ist nun auch dies abgeschlossen. In den schweren Friedrich-Wilhelm-Jahren war der Eremit Schneider für uns die ›Welt‹.«[429a] Sieben Wochen später schreibt Reinhold Schneider an Leopold Ziegler: »Im Oktober habe ich Potsdam aufgegeben, um mich der Einsamkeit zu stellen, der man doch nicht mehr entrinnt.«[429b]

Der Protest

Als Reinhold Schneider beschließt, aus der Stadt in die Einsamkeit zu gehen, hat ihn die Melancholie, die Schwermut fast übermächtigt. Ein Leben zu ertragen, das in seinen Grundlagen und aufstrebenden Pfeilern so meilenweit von der herrschenden und beherrschenden Tendenz der Zeit entfernt ist – wer kann das leisten, ohne Schaden zu nehmen an Geist und Seele? Ruhelosigkeit, seit jeher Ausdruck seiner Verfallenheit an die dunklen Seiten seines Naturells, überkommt ihn immer häufiger. Die trotz geringer Geldmittel immer wieder abgesparten Reisen vermögen nicht mehr, den Drang nach Wechsel, die Unrast zu stillen.

Als Schneider im Herbst 1937 Potsdam verläßt, um sich der Einsamkeit zu stellen, die er als sein Lebensschicksal in harten inneren Kämpfen annimmt, trägt er mit sich den Plan für eine Erzählung, die im Protest des Christen gegen die unchristlichen Verhaltensweisen von Christen auflodert. Gleich nachdem er einigermaßen eingerichtet ist, beginnt er mit der Arbeit.

Am 11. Oktober 1937 schreibt er aus Hinterzarten im Schwarzwald, wo er eine Unterkunft für den Winter gefunden hat, an Anna Maria Baumgarten: »Die Kirche, der Wald und die Arbeit, die sollen mir die guten Helfer und Gebieter sein.«[430] Was die Arbeit alleine nicht vermochte, sollen nun die Natur und vor allem die Kirche leisten: Ruhe zu bringen in dieses unruhige Herz. Am 29. Oktober heißt es, an dieselbe Adressatin gerichtet: »Ich lese und denke viel, werde aber vielleicht nie mehr ein literarisches Buch in der Art der bisherigen schreiben und schreiben können. Das muß freilich seine Konsequenzen haben.«[431]

Am 11. November erwähnt er den Plan, den »Las Casas« zu schreiben. Einzig an Jochen Klepper schreibt Schneider hierüber ausführlicher: »Ich will sehr froh und dankbar sein, wenn ich die vorliegende nicht umfangreiche Aufgabe noch mit Ehren lösen könnte; dahinter wachsen keine neuen Pläne heran wie sonst, ich fühle vielmehr ein großes Bedürfnis aufzunehmen, zu schweigen und zu lauschen. Sollte ich die vorliegende Arbeit noch zustande bringen, so werde ich alles gesagt haben, was ich über die Aufgabe der Völker und die Ausbreitung des Reiches zu sagen vermag.«[432]

Ebenfalls an Klepper geht am 31. Januar 1938 folgender Bericht: »Ich lebe mit meinen Spaniern und baue mich, wenn ich des künstlerischen Antriebs bedarf, aus Calderon und Alfieri nach Möglichkeit auf. Eigentlich kann ich nur arbeiten, wenn ich mit den Tragikern verbunden bin; ohne Sophokles und Euripides hätte ich den Mut zum ›Inselreich‹ nicht gefunden, und auch früher waren mir die europäischen Gestaltungen des Tragischen immer ganz unentbehrlich.«[433]
Schneider lebt mit Las Casas, dem spanischen Geistlichen aus den »Neuen Indien«, den überseeischen Besitzungen Spaniens, der gegen die Versklavung der Indios durch die Spanier kämpft, und im Streitgespräch mit Sepulveda, einem bedeutenden Rechtswissenschaftler, vor Karl V. Gerechtigkeit sucht. »In den letzten Tagen«, schreibt er an Klepper am 12. Februar, »ist mir das große Schicksal wieder recht durch die Seele getobt.«[434]
Nur acht Tage später gibt er auf Kleppers Bericht vom bevorstehenden Abbruch seines Südender Hauses wegen Bauplänen der Regierung seiner Zukunftsangst klagenden Ausdruck: »Das Bild kommt mir nicht mehr aus den Augen, daß der Strom wieder aufgetaut ist, das Eis kracht und mit furchtbarem Tosen sich alles hinunterwälzt. In diesen Tagen und Wochen lerne ich die nackte Angst kennen; in ihr zieht sich oft das ganze Zeitgefühl zusammen.« Und dann, wie von Stufe zu Stufe stürzend, einem Ertrinkenden gleich, ruft er dem Freund zu: »Retten Sie Ihr Werk! Etwas müssen wir doch wohl ans andere Ufer werfen, während unser Boot hinunterschießt. Was wir geahnt haben, müssen wir wohl alles noch erleben; aber wir wollen uns an den Händen halten, solang es geht.«[435] Klepper, sehr bewegt, antwortet sofort – als lutherischer Christ: »Was geglaubt werden soll, bestimmt allein Gott. Diese seine Gabe des Glaubens im auferlegten Schicksal zu erkennen, zu begreifen und zu ergreifen, ist wohl das Wichtigste; es versöhnt, es macht geduldig; es ist das unablässig Treibende, wo man nur noch suchen und allem sich entziehen möchte.«[436]
Am 9. März schickt Schneider das Manuskript von »Las Casas vor Karl V.« an Anton Kippenberg; am 12. schreibt er an Klepper, daß er »mit viel innerer Trauer zu kämpfen« habe.[437]

In der Freundschaft mit Jochen Klepper und dessen jüdischen Angehörigen – seiner Frau Hanni und den beiden Stieftöchtern Brigitte und Renate – ist Schneider das Schicksal der Juden in Deutschland besonders nahegekommen. Am 18./19. Juli 1935 – im Mai sind die Nürnberger Rassengesetze erlassen worden – lautet Kleppers Tagebucheintragung: »Antisemitische Ausschreitungen am Kurfürstendamm. Verschärfte Arierparagraphen. In Sachsen und in Breslau 21 arische Mädchen in Schutzhaft, die Verhältnisse mit Juden hatten. Die Männer in Konzentrationslagern. – Die Säuberung Berlins von Juden drohend angekündigt.«[438] Die Töchter dürfen nicht mehr ins nahe Schwimmbad gehen. Große Freude herrscht, als die Tafel, die das für Juden verbietet, verschwindet. Aber am 7. September heißt es lakonisch: »Das Schwimmbad hier hat nun wieder die Tafel mit dem Judenverbot, und selbst an dem Zaun vor unserem Spaziergang zwischen den Laubengärten ist die Inschrift angebracht.«[439]

1934 hatte Schneider von Bekannten einen persönlichen Bericht über die Ermordung des Generals von Schleicher und seiner Frau erhalten. Eines Tages, es war noch in Berlin, begegnete er einem Amtsgerichtsrat, mit dem er bekannt war: Jude, Kriegsteilnehmer, schwer verwundet, mit dem Eisernen Kreuz, damals ein hochachtbarer Orden, ausgezeichnet. »...als wir uns am Nauener Tor begrüßten, fiel sein breiter runder Hut in den Straßenschmutz. Er hob ihn auf, ehe ich ihm zuvorkommen konnte, und setzte ihn auf den Kopf; das schmutzige Regenwasser hing noch am Rande. So ging er mit seinen tappend-hinkenden Schritten weiter, freundlich, beschmutzt, verlassen. Er soll noch nach Holland gekommen sein. Ich bin nicht an seiner Seite gegangen.«[440]

Die Juden in Deutschland werden boykottiert, drangsaliert, schikaniert. Nur wenige Berufe stehen ihnen noch offen. Sie verlassen das Land – mit wenig mehr als nichts. Auch Jochen Klepper und seine Frau Hanni müssen sich die Frage nach dem Exil, nach der Auswanderung der Töchter stellen.

Als Reinhold Schneider aus Potsdam in die Stille des Schwarzwaldes flüchtet, fühlt er das nahende Unheil, drängt es ihn, gegen das schon Geschehene und das Kommende zu protestieren. »Las Casas vor Karl V.«, erst als Biographie geplant, vom 15. Oktober bis zum 10. November 1937 schriftlich konzipiert und

skizziert, wird schließlich die Parabel einer Anklage: gegen Unterdrückung und Unduldsamkeit, gegen Roheit und Quälerei, gegen Gewaltherrschaft und Tod.
Noch lodern die Synagogen nicht. Noch sind die Gasöfen nicht in Gang. Aber die Mißhandlungen, die Qualen, die Demütigungen sind an der Tagesordnung. Die Juden in Deutschland sind nahezu rechtlos, fast vogelfrei; es wird nicht mehr lange dauern, und ihr Leben wird nach dem Willen der Mächtigen weniger wert sein als einen Pfifferling.
Vor diesem Hintergrund, ahnungsvoll und vor Schreck fast erstarrt, schreibt Reinhold Schneider seinen Protest, der ein Aufschrei ist. Getrieben von der Ahnung, daß Schreckliches heraufzieht, Ungekanntes und Unnennbares, vollzieht er den ihm gegebenen Auftrag: den Dienst an der Zeit. Und die Menschen, die sein Buch lesen, verstehen.
Aber es ist das Wesen der Parabel, daß sie nicht nur in eine Richtung zielt. Als Reinhold Schneider die Geschichte der Indios in den spanischen Kolonien Lateinamerikas zum Gegenstand seines Buches macht, will er nicht nur im Spiegel ihrer Unterdrückung die Leiden der Juden in Deutschland aufzeigen; er wendet sich auch der Schuld der Christen zu, der Schuld Europas, der Tragödie der Expansion, ohne ahnen zu können, daß in einigen Jahrzehnten hier aufgebrochene und von ihm neu gestellte Fragen entscheidende Aktualität in der Auseinandersetzung zwischen dem Norden und dem Süden der Erdkugel bekommen werden.

Auf dem Weg zum Bahnhof ruft Schneider eines Märztages »ein Bebrillter mit erhobener Hand« zu: »Österreich ist nationalsozialistisch.«[441] In der Wehrmacht gibt es Veränderungen. Die Generäle von Fritsch und von Blomberg werden entlassen. Das bedeutet: Die alte Armee mit ihren Traditionen wird geschwächt; neue, junge, ideologisierte Offiziere drängen nach. In diesen Monaten läßt Reinhold Schneider, aufgestört und leidend an der Zeit, seinen Pater Las Casas sagen: »Ich weiß nicht, ... wie ich meiner Sache noch helfen soll, wenn sie sich nicht selber hilft mit der Kraft der Wahrheit. Denn was wahr ist, habe ich gesagt.« »... wir sind da, um uns über das Einfachste zu verständigen: darüber, wie das Gebot unseres Herrn und Heilands, der für alle Menschen gestorben ist, befolgt werden soll, und auf welche Weise wir alle, ohne die Folgen unseres Tuns für zu groß und Gottes Wirkung für zu gering anzusehen, arbeiten sollen an der Verbreitung seines Reiches.«[442]

Der kompromißlose Kläger und der kompromißlose Verteidiger stehen sich gegenüber. Las Casas springt auf und ruft: »Im Namen Gottes erkläre ich die Eroberungskriege der Spanier, die bisher geschehen sind, für rechtswidrig, tyrannisch und höllisch; für schlimmer und grausamer als das, was Türken und Mauren getan haben!« – »Nichts«, ruft Sepulveda scharf zurück, »ist ein größerer Greuel als Unordnung; niemand verderblicher als der Unruhestifter.«[443] Aber Las Casas ist überzeugt: »Wir können mit schlechten Mitteln Gutes nicht erreichen. Und unsere Mittel sind schlecht.«[444] Aber er weiß auch: »Aus aller Schuld kann Gnade werden; vielleicht ist darum so viel Schuld in der Welt.«[445]

Vor dem Kaiser berichtet er, was er erlebt und gesehen hat. »Ich habe noch das ungestörte Leben erblickt in den Bäumen des großen Gartens, den unser Herr inmitten des Meeres als das Wunder aller Wunder angelegt hat. Aber dann habe ich gesehen, wie die Äste leer wurden und wie der tückische Knabe mit der Schlinge nicht aufhören konnte zu morden.«[446] Und Las Casas schildert die Berge von Leichen, die geschändeten Mädchen und Frauen, die gequälten, bis zum letzten Blutstropfen ausgepreßten Männer, die von habgierigen Spaniern immer wieder unter Wasser gedrückten Perlentaucher – bis sie starben, und stößt dann in höchster Erregung hervor: »Und das alles ist dort nichts. Denn ich habe sie fluchen hören, denen ich das Evangelium der Liebe gepredigt hatte, und ratlos mit angesehen, daß Sterbende das Sakrament verweigerten, um nicht in das Paradies der Spanier zu kommen. Vor mir stürzten die Seelen der Unglücklichen in die ewige Verdammnis hinab.«[447]

Daß Karl schließlich die Neuen Gesetze erließ und Las Casas beauftragte, sie als Bischof in den Neuen Indien zu vertreten und durchzusetzen, bietet sich literarisch als Abschluß sogar an. Aber die Gegenwart geht andere Wege.

Unter solchen Bedrückungen ist es beglückend, Freundschaft zu erfahren. Heinrich Ludewig aus Troisdorf, einer seiner Leser, bittet Schneider 1938, für seinen Lebensunterhalt mitsorgen zu dürfen, und bleibt ihm auf Dauer tief verbunden.

Aber das Jahr birgt mehr Ungemach als Freuden. Am 1. November 1938 tritt Generaloberst Ludwig Beck, der Chef des Heeresgeneralstabs, zurück. Im September haben sich Hitler, der englische Premierminister Chamberlain und der französische Ministerpräsident Daladier in München getroffen. Man spricht vom »Frieden von München«, der aber nur durch die Appeasementpolitik Englands und Frankreichs gegenüber Hitler möglich wurde und die Tschechoslowakei überging.

Am 8. November stirbt in Paris der deutsche Gesandtschaftsattaché vom Rath an den Folgen eines Attentats, das ein junger polnischer Jude verübte. Am 9. November brennen in ganz Deutschland die Synagogen, werden jüdische Männer in Konzentrationslager verschleppt, aus denen sie meist nur die Auswanderung befreit, werden die Fensterscheiben jüdischer Geschäfte eingeschlagen; es wird geplündert, und die Polizei schreitet nicht ein. Propagandaminister Joseph Goebbels nennt das Pogrom die Reichskristallnacht. Am Ende müssen die Juden die angerichteten Schäden selbst bezahlen. Frau Klepper kann, wie viele andere, die Kontributionsraten, die als Buße für den Tod des Diplomaten zu entrichten sind, nicht aufbringen. Ihr Mann tritt für sie ein, und er kann es nur, weil »Der Vater« eine Auflage nach der anderen erlebt. Aber wie viele haben solche Möglichkeiten, die, wenn man bedenkt, daß »Der Vater« ein mit der NS-Ideologie nicht zu vereinbarendes Buch ist, ans Absurde grenzen würden?

»Am Tage des Synagogensturms hätte die Kirche schwesterlich neben der Synagoge erscheinen müssen. Es ist entscheidend, daß das nicht geschah«, schreibt Reinhold Schneider in seinen Erinnerungen[448], um fortzufahren: »Aber was tat ich selbst? Als ich von den Bränden, Plünderungen, Greueln hörte, verschloß ich mich in meinem Arbeitszimmer, zu feige, mich dem Geschehenden zu stellen und etwas zu sagen. Jochen Klepper hat die Enttäuschung nie verwunden, daß die Kirche als Kirche zu den Freveln am Tempel geschwiegen hat. Das Leben in Deutschland wurde unerträglich. Dankbar folgte ich im Dezember einer Einladung nach Paris. Das war schmähliche Flucht.«[449]

Der Gott ist nun, der ihnen gleicht, erhoben,
Und hündisch werfen sie sich vor ihm nieder.
Heut ist er Herr, sie sind es morgen wieder,
Denn niedrig ist nun hoch und unten oben.

Wie bald, dann ist auch dieser Wahn zerstoben;
Gern schlöß' ich jetzt die müden Augenlieder,
Doch noch im Traume bebten meine Glieder
Vom Schreck des Endes, von des Unheils Toben.

Ich sehe Kreuz und Krone hingeschwunden
Und keinen, der im Innern sie errichtet,
In seiner Seele Kreuz und Krone bringt;

Ich sehe alles Hohe überwunden,
Der Untern Reich erfüllt, die Welt gerichtet,
Und Wahn, der ohne Ende Wahn verschlingt.[450] (1934)

Der Wanderer

Weite Reisen, unruhiges Umherschweifen von Ort zu Ort, die Spuren der Vergangenheit suchend, um der eigenen Schwermut zu entfliehen, gehören zu Reinhold Schneiders Lebensform. Im Jahre 1938 prägt sie sich noch mehr denn je aus. Es zeigt sich, daß Hinterzarten mit seinem langen, bis weit ins Frühjahr dauernden Winter nicht der geeignete Aufenthaltsort für ihn ist. Auch sind die zur Verfügung stehenden Räumlichkeiten nicht groß genug, um seine Bilder, Bücher und die von den Freunden gestifteten Möbel aufzunehmen. So entschließt er sich, nach Freiburg zu ziehen: »Ja, ich habe in Freiburg, Mercystraße 2, zwei Zimmer gemietet. Da es sich als ganz unmöglich erwies, Leerzimmer zu bekommen, entschied ich mich für diese beiden Räume in einem freistehenden Hause, deren einer ungewöhnlich groß ist. Die Dame ist auch bereit, einen Teil der Möbel herauszunehmen, so daß ich die Hoffnung habe, all die schönen Stücke der Freunde unterzubringen. Wie bald lernt man heute, daß auch die Heimat nicht mehr sein kann, was sie einmal war, und die große Einsamkeit einen an einer jeden Stelle erwartet, um weiter mitzufahren.«[451]
Auf diese melancholische Äußerung reagiert Klepper, an den sie gerichtet ist, ungewohnt schroff. In seinem Tagebuch findet sich dazu der Eintrag: »Ich verstehe allmählich die ständige Wiederkehr der Schneiderschen Klagen nicht mehr: all dies seelische Leiden ist doch heute unter uns eine selbstverständliche Voraussetzung. Er weiß gar nicht, welche Freiheit des Wirkens er besitzt.«[452]
Schneider kann als »arischer« Autor der Schrifttumskammer ohne Auflagen angehören, anders als Klepper als »jüdisch Versippter«, der nur eine Ausnahmegenehmigung besitzt, die ihm vorläufig das Publizieren ermöglicht; und wenn auch Schneider keineswegs zu den wohlgelittenen Autoren gehört, so ist er doch als Alleinstehender in einer ungleich besseren Lage als Klepper. Der Freund scheint nicht zu ahnen, daß Schneider eine Anlage hat, sein als tragisch erfahrenes Schicksal zu beklagen.
In dieser Zeit des sich steigernden Leidens findet Reinhold Schneider auch die letzte Wegstrecke, die ihn heimführt zu sei-

ner Kirche. Täglich kehrt er in ein Gotteshaus zum Gebet ein, geht sonntags zur Messe. »Aber«, schreibt der sich Erinnernde, »zum Sakramente wagte ich mich nicht. Ich wußte, daß das Sakrament entscheidend ist. Wenn das ewige Leben *jetzt* beginnen soll, der Durchgang durch den Tod schon jetzt: so doch nur aus der Kraft des Fleisches und Blutes unseres Herrn; wir leben nicht, wenn wir sie nicht empfangen, das ganze Unfaßbare nicht tun.«[453]
Zugleich beschäftigt ihn der Gedanke des andersartigen Sakramentsverständnisses der evangelischen Kirche. »Der Ernst, die unsägliche Schwierigkeit sind gleich groß, ob ich nun an die Vollmacht des Priesters, ob ich an die Kraft der im Herrn versammelten Gemeinde glaube; vielleicht läßt sich dieser Glaube sogar leichter vollziehn. Ich kann nicht zweifeln, daß ihn alle Voreltern meines Vaters geübt haben, und wenn es so war, so werden sie auch in Frieden ruhn.«[454]
Erst in Freiburg geht Reinhold Schneider zum ersten Mal nach Jahrzehnten wieder zur Beichte, nachdem er den Beistand eines Franziskanerfraters erbeten und erhalten hat: »Ich hatte wieder alles vergessen und war ebenso hilflos wie vor mehr als 25 Jahren in der Kirchenbank. Wie hätte ich noch beten sollen, wenn ich nicht getan hätte, was der Herr geboten hat? Wie hätte ich aber im Bewußtsein entsetzlicher gegenwärtiger, kommender Dinge leben sollen, ohne zu beten? Und wieder: wie hätte ich leben und beten sollen, wenn ich mich der Wahrheit nicht unterworfen hätte, einer unerbittlich das Leben einfordernden umgestaltenden Macht? Ich kenne im Leben nur eine einzige Schwierigkeit: den Vollzug der Wahrheit, Wahrhaftigkeit. Sie ist das Lebensproblem überhaupt. Alle Sittlichkeit gründet in ihr; die Verbrechen der Ruhmsucht, der Herrschgier, Eitelkeit, Leidenschaft stoßen an diese Grenze; der Mensch kann sie nicht überschreiten, wenn er sein Selbst behaupten will. Gegen Don Juan und Faust habe ich weiter keinen Vorwurf zu erheben, als daß sie betrogen haben.«[455] Eines aber ist gewiß: »Christus kann nicht lügen; er wollte die Wahrheit nicht lehren, sondern sein.«[456]
Was sind dagegen Zarathustra, selbst Buddha, die großen philosophischen Lehrer Chinas oder Sokrates: wahrhaftige Menschen mit dem Drang zur Wahrheit, aber von ihnen sei nicht zu sagen, daß sie die Wahrheit waren – »und also auch sind«[457]. Die Wahrheit zu sein aber ist nicht über-, sondern außermensch-

lich: »Und es geschah doch in der Gelassenheit der Wahrhaftigkeit und Wahrheit von Einem, der in allem wie ein Mensch befunden wurde. Hier beuge ich mich, ohne zu begreifen.«[458]
Vor Jahren in Berlin, beim nächtlichen Gang durch den Tiergarten mit Karl Ludwig zu Guttenberg, hatte Reinhold Schneider im Gespräch über Glaubensfragen gesagt: »Ich glaube, lieber Herr, hilf meinem Unglauben!« (Markus 9, 24). Es schien ihm, als bedeute das auch für den Freund viel.
In Hinterzarten empfing er dessen Besuch. Sie gingen in die kleine Kirche. Guttenberg »kniete mit ruhiger Sicherheit hin. Das war wie ein Wort an mich«, heißt es in »Verhüllter Tag«, »das Äußerste, das der Freund dem Freunde sagen kann. Ich konnte es ihm nie zurückgeben. Ich habe es bis heute nicht gesagt, was es für mich war.«[459]
So wurzelt er wieder ein in der Welt des Glaubens, der Offenbarung, der Kirche, und er bekennt: »Die völlig unbegreifliche und unbeweisbare, über dem Beweis stehende Tatsache der Menschwerdung kann in uns nur wirklich werden im Sakrament und aus dessen Macht. Ist das Sakrament nicht Christi Fleisch und Blut, empfange ich sie nicht, so wird mir die Menschwerdung wahrscheinlich entgleiten.«[460]
An der Unruhe und Getriebenheit seines Lebens ändert sich wenig, weil die Melancholie, dieser große, dunkle, majestätische Engel, den Dürer so unvergleichlich vor unsere Augen brachte, ihn nicht freigibt; doch er versucht, ihm zu entfliehen.

Zu Ostern 1938 ist Reinhold Schneider wieder in Oberlößnitz bei der Familie Franze-Bauer, den Verwandten von Anna Maria Baumgarten. Er wird krank, Schüttelfrost und Fieber überfallen ihn mit ungehemmter Heftigkeit. Die lange durchgehaltene unregelmäßige Lebensweise mit seltenen warmen Mahlzeiten, Achtlosigkeit beim Umgang mit der Physis allgemein, rächt sich nun.
Im Mai und Juni 1938 ist Schneider wieder in Italien, wie oft um diese Jahreszeit. Mitte Juni kehrt er zurück nach Freiburg. Ende September bringt der Insel Verlag »Las Casas vor Karl V.« heraus. Bevor Schneider am 9. Dezember nach Paris aufbricht, führen ihn Reisen nach Bonn, Leipzig (im April), Berlin (im Mai) und Naumburg.

Am 20. Dezember schreibt er aus Paris, wo er im Goethe-Haus, einer Einrichtung für deutsche Wissenschaftler, wohnt, an Otto Heuschele: »Vielleicht kann ich mit einigen verständnisvollen Menschen hier zusammen sein; im Grunde bin ich ja immer, seit Kindheitstagen, Gast gewesen.«[461] Das Gefühl der Wurzellosigkeit, der Heim- und Heimatlosigkeit, aber auch das Bedürfnis nach Verständnis, nach Umgang mit Menschen, denen er sich anvertrauen kann, ist geblieben.

Jeden Tag geht Schneider in die Kirche, in der Corneille begraben war – »bis zur Revolution; dann wurde der Staub wohl verweht; und auch dieses Symbol ist das einem Dichterleben angemessene«[462].

Auch das bleibt lebenslang: das Gefühl, daß der Dichter hier keine bleibende Statt habe, immer unbehaust sei und es eigentlich auch sein müsse, das Bewußtsein, nirgendwo auf dieser Erde wirklich zu Hause zu sein.

Der Essay über »Corneilles Ethos« ist – wenn man das sagen kann – ganz aus Schneiderschem Geist geboren: Der Tragiker Corneille ist dem Tragiker Schneider eng verbunden, und die Gestalten des französischen Dichters sind tragische Menschen. »Alles ist Opfer«, schreibt Schneider über sie, »auch das Leben; es gibt kein persönliches Leiden, das aus der geschichtlichen Bindung löste. So gilt das Wort des Tullius Aufidius für alle Menschen Corneilles, die als Überwinder aus der ›crise morale‹ hervorgehen; sie sind Gestorbene, die von den irdischen Pflichten doch nicht entlassen werden; sie sind die vom Dichter ersehnten Träger der Geschichte: Menschen, die auch den letzten persönlichen Wunsch aus ihren Herzen getilgt haben und darum unberührbar in der Wirklichkeit stehen, um sie zu durchdringen und zu beherrschen als das verkörperte Amt, die verlebendigte Pflicht. Oft haben sie, die Männer wie die nicht minder heldischen Frauen, den Einspruch des Herzens unterdrückt; aber gerade darin besteht die Kunst der tragischen Bühne, daß sie diesen unterdrückten Einspruch fühlbar und sichtbar macht: das Gesagte deutet nur das Unsagbare an.«[463]

Das Jahr 1939 beginnt mit lebhaftem Briefwechsel. Schneider schreibt an Heuschele, Klepper, Ziegler. An Klepper geht die Nachricht, er habe begonnen, an der Sorbonne Vorlesungen

über Dürer und die Reformation zu hören. Der Professor hat zuvor ein Werk über Johannes vom Kreuz veröffentlicht.»Nun liest er über Luther, mit nachdrücklichem Hinweis auf Staupitz; es ist fast wie eine persönliche Begegnung mit Ihnen in Paris.«[464] Das klassische französische Theater ist Schneider lieb geworden, vor allem natürlich Corneille, der nun einmal sein Liebling ist. Heuschele, der über Hölderlin arbeitet, wird in einem langen Brief vom 5. Januar ein Bekenntnis anvertraut:»Die Einheit von Leben und Tod, der Glaube an ein Jenseits, das in unlösbarer Beziehung zum Diesseits steht und fort und fort auf dieses zurückwirkt, die Erfahrung, daß die Liebe Diesseits und Jenseits aneinander bindet und daher auch über die Grenzen der beiden Sphären strebt: ... Das sind Gefühle, die mir sehr nahe sind; und sie haben gewiß einen großen Anteil daran, daß ich wieder zur Vorstellung von der Kirche gelangte als der unzerstörbaren, in große Kreise geordneten Einheit der Lebenden und der Toten. Diese Einheit besteht unverrückbar fort; fühlbar geschlossen wird der Raum, wenn die Gebete hinauf- und hinabwirken.«[465]
Am 25. Januar, Schneider ist der Austausch mit den Freunden in Deutschland mehr denn je Bedürfnis, schreibt er an Heuschele: »Ihr Dasein hat seit langem einen festen Standort, meines ist sehr unruhig gewesen, und ich habe nicht das Vorgefühl, an einen festen Ort zu kommen; immer aufs neue habe ich angefangen, mit der Zeit zu ringen und mit den Aufgaben der Zeit, wie ich sie langsam, sehr langsam verstehen lernte, bis ich mir, für meinen Teil, nun darüber klar zu sein glaube. Aus einem solchen Leben sieht man mit Dankbarkeit und Sehnsucht auf die Menschen, die sich einen festen Boden für Ausführung und Wirkung errungen und erhalten haben.«[466]
In diesem Monat Januar schreibt Schneider die Erzählung »Vor dem Grauen« über Benedikt Labre in der Ahnung kommenden Unheils. Im Februar ist er zu kurzen Besuchen in Rouen, St. Quentin, St. Germain und Tours. Am 5. März trifft er wieder in Freiburg ein.
Ostern verbringt er, nun schon traditionell, bei den Freunden in Oberlößnitz. Im Mai zieht es ihn ebenso traditionell wieder nach Italien, wo er Theodor Heuss, den Rezensenten des »Inselreichs«, und den Dante-Übersetzer Friedrich von Falkenhausen, Schwiegervater von Harald von Koenigswald aus Potsdam, kennenlernt.

Reinhold Schneider ist nun ein bekannter Autor. Am 22. Mai 1939 wendet sich das Tonfilm-Studio des Altmeisters des deutschen Films, Carl Froehlich – oder genauer gesagt: dessen bedeutender Regisseur, Harald Braun – an ihn. Dr. Harald Braun, aus einer Pastorenfamilie stammend, war Leiter des »Eckart«, bevor er Rundfunkredakteur wurde. Er holte Jochen Klepper zum Berliner Sender und trat ein für dessen Ausweichstellung im Ullstein Verlag; Braun setzte sich auch für die Erteilung von dessen Sondergenehmigung bei der Reichsschrifttumskammer ein.
Er bietet nun Reinhold Schneider, den er ebenfalls im Rundfunk beschäftigte, an, eine Filmnovelle über Mona Lisa zu schreiben. Woran das Projekt scheiterte – oder ob es vielleicht gar nicht in Erwägung gezogen wurde –, ist im einzelnen nicht belegt. Aber Schneider weiß nur zu gut, mit welchen Schwierigkeiten Jochen Klepper zu kämpfen hatte, dem ebenfalls Filmprojekte angeboten worden waren, die dann sämtlich nicht zustande kamen. Doch davon und von den besonderen künstlerischen, technischen und vielleicht auch milieubedingten Voraussetzungen abgesehen, dürfte Schneider wohl auch von der Besetzungsliste abgeschreckt worden sein: Zarah Leander als Mona Lisa und Werner Krauss als deren Mann.
Dennoch: Harald Braun ist der Regisseur bedeutender Filme geworden, darunter »Träumerei« über Clara Schumann und vor allem »Nachtwache«, ein Film, der die Notzeit nach dem Zweiten Weltkrieg unter ökumenische Zeichen stellte.

Im Juli lernt Reinhold Schneider auf seiner gemeinsamen Fahrt mit Leo von König nach Süddeutschland den Schriftsteller Ernst Wiechert kennen. An Heuschele berichtet er: »Wiechert holte uns mit seinem Auto am Seeufer ab und fuhr uns in den einsamen Hof, den die Blütenbeete und Wiesen umschließen und von dem der Blick weit über das Gebirge schweifen kann; die Wolken und Lichter wechselten über den fernen Gipfeln; ein Gewitter hielt uns fest, so wurden die Gespräche enger und persönlicher; daß sie sehr ernst waren, können Sie sich wohl denken.[467] Doch hat sich gleich eine geistige Verbindung gefügt; W. läßt seine Frau von Herrn von König malen, dessen Bildnisse, wie W. mir gestern schrieb, ihm einen sehr tiefen Eindruck gemacht haben. – Mit dem E.L. [›Das einfache Leben‹, ein bekannter Roman von Wiechert] bin ich trotzdem nicht zurecht gekommen; aber (es) ist mir klar geworden, warum das Buch so und nicht anders ist; und so hielte ich es für sehr unrecht, etwas dagegen zu sagen.«[468] Der Brief endet: »Hier fangen die Linden an, gelb zu werden, was immer ein besonderes Glücksgefühl in mir erweckt; es ist eine Ahnung darin, wie nahe die Grenze der Welt und dieses schönen, so schweren Lebens ist.«[469]

Wilhelm II. lädt Reinhold Schneider wiederholt nach Haus Doorn ein. Als er schließlich die Koffer gepackt und die Fahrkarte in der Tasche hat, bricht der Krieg aus.

Die Anzeichen waren unübersehbar: Im Oktober 1938 Besetzung des Sudetenlandes, im März 1939 die Besetzung von Böhmen und Mähren. Es war nur noch eine Frage der Zeit, wann es zum Krieg kommen würde.

Am 9. September 1939 schreibt Reinhold Schneider nach Berlin-Nikolassee, dem eben bezogenen Domizil der Familie Klepper, wo drei Verängstigte voller Bangen in die Zukunft sehen: »Wenn jetzt die Menschen sich nicht wandeln, wann sollte ihnen dann geholfen werden.«[470]

Einen Tag später schreibt er aus Saig im Schwarzwald an Otto Heuschele: »...gestern abend fuhr ich hier herauf; mit unendlicher Mühe quälte sich der kleine lichtlose Zug durch die tiefe Bergschlucht, vorüber an Transportzügen, in deren Dunkel, im schwachen Lampenschimmer, die Pferdeköpfe standen und die Soldaten lagerten.« »Über allem steht die Frage an das Schicksal, vielmehr nach Gottes Willen.«[471] »Was auch kommen mag, man wird fast allen Besitz verloren geben müssen; noch einmal wird in unser Leben geschnitten bis ins Mark; vielleicht wird die Seele frei, und dann würde der Kampf unseres Lebens und unserer Zeit doch gewonnen werden. Ich glaube, so lange nicht über den einzelnen verfügt wird – was natürlich zu jeder Stunde geschehen kann –, müssen wir alles daran setzen, die geistige Arbeit wieder aufzunehmen; sie ist das Wichtigste, was wir tun können...«[472]

»Wohin sich meine Wege wenden, ist ungewiß... In Freiburg ist die Bibliothek geschlossen; die Arbeitsmöglichkeiten sind gering... Die große Probe auf unser Leben im Geiste wird wohl

nun erst gemacht..., mögen wir sie bestehen dürfen, und möge Gottes Ordnung sich herstellen auf Erden, sei es auch auf unsäglich schmerzensreichen Wegen!«[473]
Schneider berichtet noch, daß Thankmar von Münchhausen, der Leiter des Goethe-Hauses in Paris, mit seiner Familie bei Kriegsausbruch auf dem Gut seiner Frau in Polen war, sie sich aber am 1. September nach Schlesien retten konnten.

Schneider ist nicht gesund, und der große dunkle Engel schlägt seine Flügel immer enger um ihn. Fürs erste sucht er Unterschlupf bei den Freunden in Oberlößnitz, wo Anna Maria Baumgarten lebt. Er denkt an ein Leben zwischen Dresden und Berlin, da Freiburg wegen der Nähe zur französischen Grenze als gefährdet gilt. »Der Tag des Gerichtes«, schreibt er an Leopold Ziegler, »kann immer auch ein Tag der Gnade sein.«[474] Und an Jochen Klepper, der zusammen mit seiner Frau und der jüngeren Stieftochter in Sorge ist um die ältere der beiden Töchter, die nach England emigrierte und zu der es jetzt keine Verbindung gibt, gehen diese Sätze: »...die letzten Wochen waren schwer, und ich habe immer wieder Stunden, wo ich dem der Menschheit drohenden Seelenleid kaum standhalten kann. Aber es muß ja sein, und ein wirklich untragbares Kreuz wird uns der Herr doch nicht auferlegen; ein jedes Kreuz ist ja durch den Heiland tragbar geworden: wir müssen nur in jedem Augenblick wissen, für wen wir es tragen sollen.«[475]
Schneider fragt sich: »Welcher Art wird der Mensch sein, der sich aus diesem Krieg erhebt?« Auf das in jedem Fall kommende Ende, wie immer es sein mag, blickend, fährt er fort: »Und welchen Glauben wird der Mensch haben, und welches heilige Zeichen wird er bergen im Innersten seines Herzens? Dies *ist* die Entscheidung.«[476]
Nun wird er mehr noch als zuvor schon zum Wanderer. Zwar wohnt er seit Oktober meistens bei Leo und Anna von König in Berlin-Charlottenburg. Aber es treibt ihn weiter.
Im November erscheinen die Sonette im Insel Verlag, neunundfünfzig insgesamt. Am 15. September ist bereits »Corneilles Ethos« herausgekommen. Das Sonett »Der Getriebene« entsteht 1937, kann aber wegen seines Inhaltes erst 1944 unter konspirativen Umständen gedruckt und verteilt werden.

Er kommt auf heißen Rädern hergeflogen,
Den Wahn verbreitend und vom Wahn gefeit,
Indes ihn aufgeregtes Volk umschreit,
Aus dem er gierig seine Kraft gesogen.

Und niemand kennt ihn, der die trüben Wogen,
Die alle füllen, trinkt und widerspeit:
So steht er schwankend als der Fürst der Zeit,
Betrügend heut und morgen selbst betrogen.

Um seine Stirne fliehn Dämonenschwärme
Und treiben ihn, die selbst er angetrieben
In seines Schicksals Abgrund ohne Halt.

Nur seine irre Seele ist im Lärme
und Flitter seiner Allmacht arm geblieben
und birgt verzweifelt ihre Ungestalt.[477]

Noch im Jahre 1939 erscheint die Erzählung »Elisabeth Tarakanow«, die hervorgegangen ist aus dem nicht ausgeführten Plan, nach dem »Inselreich« »Das Zarenreich« zu schreiben. Aus den vorbereitenden Studien ist die Geschichte um eine russische Fürstin unbekannter Herkunft entstanden, die, der Macht verfallen, schließlich selbst ein Opfer der Macht wird, schicksalhaft und grausam zugleich. Niemand weiß, wo, wie und warum sie endete.

In diesem schweren Jahr stellt Schneider in Freiburg, wohin er ab und zu reist, eine Sammlung seiner Essays und Aufsätze zusammen, die unter dem Titel »Macht und Gnade« im Dezember 1940 erscheint und gleich vergriffen ist, so groß ist die Zahl der Vorbestellungen. Zusammen mit der schnell folgenden zweiten Auflage werden zehntausend Exemplare verkauft. Danach hat Reinhold Schneider bis Kriegsende, von kleinen Bänden wie der Inselbücherei abgesehen, keine legalen Veröffentlichungsmöglichkeiten in Buchform mehr.

»Gestalten, Bilder und Werte in der Geschichte« lautet der Untertitel des Bandes »Macht und Gnade«, und dem Wertbewußtsein und Wertbestand gilt Schneiders Bemühen in den hier zum Ausdruck gebrachten Gedanken, besonders eindringlich in dem Essay »Das Unbezwingliche im Menschen«, der eingeleitet wird mit dem Jean-Paul-Wort: »Tief im Menschen ruht etwas Unbe-

zwingliches« – wie in jenen Hugenotten, denen einst, ihren Überwindern ausgeliefert, nichts blieb »als die Haltung, als der Entschluß, im Innern ihren Gegnern nicht zuzustimmen, obgleich sie in ihrem äußeren Dasein ohne Einschränkung unterlagen.« »Sie blieben frei, auch als Gefangene, und siegten als Freie in einem zunächst verborgenen Sinn, während der Gang der Geschichte gegen die Sache entschied, an die sie glaubten.«[477a]
Es ist Reinhold Schneiders eigene Sache, sein eigenes Verhalten, das hier verhandelt wird, wenn er hinter der historischen Gestalt das Moderne meint: »Die Gewalt der äußeren Ereignisse hatte die Hugenotten ganz auf die inneren verwiesen; hier aber standen sie in einem vielleicht noch wesentlicheren Sinne in der Geschichte als in ihren Feldzügen; hier waren sie noch einmal vor Ja oder Nein gestellt, welche Entscheidung die Geschichte keinem Menschen und Volke erläßt ... und hier fanden sie die Haltung, die ihr Gewissen ihnen vorschrieb ... es ist ja keine von der Geschichte geschaffene Lage denkbar, in der das Absolute den Menschen aus der Bindung entläßt, keine, in der er nicht im Sinne der höchsten Verpflichtung frei wäre.« »Denn das Absolute ist unerschöpflich an Fragen, die es dem Menschen stellt: sie sind die tausendfachen Abwandlungen der einen Frage, ob er bereit sei, das Absolute in seinem Leben zu vertreten und den Vorrang des Absoluten vor allen von Menschen gesetzten Forderungen und Werten durch ein ganzes Leben zu bezeugen.«[478]
In diesen Sätzen spricht sich ein Mensch aus, der weiß, daß es ums Äußerste geht, daß eingestanden werden muß für das als richtig und wert Erkannte, daß die Zeit der Wahrheit gekommen ist. Was er jetzt noch nicht ahnen kann, ist die Bedeutung dieser Haltung für Zeiten, die bereits jenseits des Krieges liegen werden. Die äußere Geschichte ist nach Schneiders Meinung »nur die durch die Zeiten hallende Frage; die Antwort ist selten vernehmlich, aber wir dürfen glauben, daß sie nie verweigert wird ...«[479]
Mit dem Ernst dessen, der in die Abgründe menschlicher Möglichkeiten gesehen hat, der sich keine Illusionen macht und fest entschlossen ist, sich nicht zu unterwerfen, schreibt Schneider über die Bitte des Vaterunsers »Und führe uns nicht in Versuchung«: »Immer, noch im Siege und im letzten Augenblick, steht alles in Frage; führe uns nicht in Versuchung; keine andere Bitte sprechen wir mit dieser Angst; keine andere öffnet uns diesen

Blick in den Abgrund, vor dem wir stehen. Denn überall, auf allen Wegen unseres Denkens, unserer Eitelkeit und selbst noch unserer Liebe wird uns die Macht geboten, die losgerissen ist von der Deinen: die Macht in der Zeit, die Macht über Menschen, die erlogene Macht des Geistes und des Ruhmes und auch die dunkle Macht der Wünsche, verkehrter Hoffnungen, eigenmächtigen Ansinnens an Deine Weltlenkung; führe uns nicht in Versuchung, denn wir können sie nicht bestehen.«[480]
Die rechte Verwendung der Macht in jedem Sinne ist einer der wesentlichsten Gedanken von Schneiders historisch-politischem Denken. Macht ohne transzendentale Erhöhung und Vertiefung, ohne Beziehung zum Ewigen, Macht, die nicht als geliehen gilt und deshalb nicht zu verantworten ist, ist für ihn böse.

Reinhold Schneider erwartet das Gericht, und er ist entschlossen zum inneren Widerstand gegen die Mächte des Bösen, des Dämonischen. Schon 1936 hat er das folgende Sonett geschrieben:

Allein den Betern kann es noch gelingen,
Das Schwert ob unsern Häuptern aufzuhalten
Und diese Welt den richtenden Gewalten
Durch ein geheiligt Leben abzuringen.

Denn Täter werden nie den Himmel zwingen:
Was sie vereinen, wird sich wieder spalten,
Was sie erneuern, über Nacht veralten,
Und was sie stiften, Not und Unheil bringen.

Jetzt ist die Zeit, da sich das Heil verbirgt,
Und Menschenhochmut auf dem Markte feiert,
Indes im Dom die Beter sich verhüllen,

Bis Gott aus unsern Opfern Segen wirkt
Und in den Tiefen, die kein Aug entschleiert,
Die trocknen Brunnen sich mit Leben füllen.[481]

Ende Mai lädt ihn die portugiesische Regierung zu ihrem Staatsfeiertag nach Portugal ein. Das Reichsministerium für Volksaufklärung und Propaganda* teilt dem Präsidenten der Reichsschrifttumskammer mit, daß die Ausreisegenehmigung erteilt sei

---

* Das Goebbels-Ministerium

und Devisenzuteilung erfolge. Schneiders Schriften werden dabei als »überdurchschnittlich gut« bezeichnet, auf einer bewußt katholischen Einstellung beruhend. Da eine offizielle Einladung der portugiesischen Regierung vorliege, bestehe »ein propagandistisches Interesse daran, daß Schneider der Einladung ... nachkommt ... die deutsche Gesandtschaft (hat) die Gewähr dafür übernommen, daß Schneider sich im Ausland in keiner Weise den deutschen Interessen abträglich betätigt«[482]. Portugal ist ein neutrales Land. Das NS-Regime will die Beziehungen nicht belasten, ja noch etwas für sich herausschlagen – aus propagandistischem Interesse. Aber der Instanzenweg ist zu lang und umständlich: Schneider kann die Reise nicht rechtzeitig antreten. Statt dessen muß er zum ersten Mal zur Musterung. Im November und Dezember lebt er wieder bei Leo und Anna von König in Berlin. Dieses Haus, in dem er den von ihm hochverehrten Gerhart Hauptmann kennenlernt, bietet ihm alle Freiheit, die er als Künstler braucht: Er arbeitet und wohnt in einem großen Raum, der einmal ein Pferdestall war, unter dem Maleratelier. Umgeben von Bildern, ist er ganz unabhängig, geht und kommt, wann er will, und hat doch die dankbar empfundene Möglichkeit geistigen Umgangs, kultivierter Geselligkeit an den Abenden im Atelier. Das bedeutet auch Überwindung der Einsamkeit und Dunkelheit durch die Zeichen der Freundschaft. Noch lange nach dem Versinken dieser Zeit – der Freund ist tot, das Haus erloschen – bewahrt er dessen Schlüssel: »sinnloser, höchst teurer Besitz«[483].
Wohl im April 1940 ruft Käthe Kollwitz, auf dem Sofa im Atelier sitzend, aus: »Wären wir nur hindurch!«[484] »Die Bilder leuchten aus dem Dämmer, Barlach, die Kollwitz, Moissi*, Wiechert, Menschen, die von ihrem Schicksal einverwandelt wurden, die nur noch Zeichen des Schicksals waren.«[485]

---

* Gemeint ist der Schauspieler Alexander Moissi.

Anna Maria

In den letzten Tagen, bevor Reinhold Schneider den trotz allem geliebten Schwarzwald mit seiner Einsamkeit und Dunkelheit verläßt, überkommt ihn die Erinnerung, und er schreibt an Anna Maria Baumgarten: »Es will mir scheinen, daß wir beide nur einmal ganz das gewesen sind, was wir in unserem tiefsten Innern hätten sein sollen und heute wohl auch noch sind: das war damals im Frühjahr und Sommer 1922, als wir nur füreinander da waren und lebten und jeder Tag eine neue Begegnung und ein Finden war. Es ist so unsäglich schmerzlich, diese Tage wieder herbeizurufen, und es ist doch ein so großes Glück darin, als könnte ich nur in dieser Erinnerung Dir und mir begegnen, und als hätte ich nur damals wirklich gelebt.«[486] Es verlangt ihn danach, die Wege noch einmal zu gehen, wo er »für immer«[487] sein Schicksal traf, dem er »im tiefsten Herzen vielleicht« doch nicht untreu geworden ist. »Damals entschied sich alles, und mein ganzes nach diesem Sommer begonnenes Leben sollte nur noch Erinnerung sein.«[488]
Bewegt zieht er die Summe seines Lebens: »Die Tränen stürzen mir wieder aus den Augen, ich möchte mein ganzes Leben ausweinen; mit einem Male ist mir alles so furchtbar klar. Woher nur plötzlich diese Klarheit kommt? Ich weiß es nicht. Vielleicht, weil das Werk von mir absinkt. Das Werk ist ja immer eine Art von höherem Egoismus und läßt sich mit der Liebe nicht vereinen. Mit seinem Aufkommen ging die Liebe in Trümmer; nun, da das Werk sich verzieht wie ein Gewitter, wird im Tale die unnennbare Landschaft der Liebe wieder sichtbar, und ich fürchte an meinem Wege zusammenzubrechen, um zu weinen, wie ich noch nie in meinem Leben geweint habe. Stände an dieser Stelle des Weges nicht das Kreuz, woran sollten wir uns halten?«[489] Hier, am Kreuz und durch das Kreuz, ist Halt, Orientierung und Vergebung der Schuld zu erreichen. Hier kann zur Ruhe gebracht werden, was in der Wirrsal des Lebens nicht gelöst werden konnte.
Aber die Erfahrungen der Vergangenheit können auch nicht geleugnet werden, ebensowenig wie die Erkenntnis, daß in der Arbeit von außen wie von innen etwas zu Ende gebracht worden

ist, vielleicht sogar die Produktivität sinkt. Schneider weiß auch in diesem Augenblick des Selbstbekenntnisses und der Selbstanklage, was ihr Verhältnis verändert hat und es gefährdet: »Sind wir zusammen, so steht das Dunkle und Fremde zwischen uns; sobald wir uns getrennt haben, bricht die alte Sehnsucht wieder hervor. Heute war ich immer wieder nahe daran, zu Dir zu fahren; ich hätte es gewiß getan, wenn ich für morgen nachmittag nur auf zwei ruhige Stunden an irgendeinem schönen Fleck hätte rechnen können. Ich würde so gern die Nacht hindurch fahren, denn schlimmer ist nichts als das Aufwachen in der Trauer. Aber ich muß fürchten, daß wir auch diese zwei Stunden nicht hätten, und daß neue Schwierigkeiten und Konflikte entständen. Und ich bin selber zu Glas geworden und fürchte, bei dem ersten Stoß zu zerspringen. Also können wir nur warten, dulden, überwinden.«[490]

Resignation, christliche Geduld, alles einem höheren Gesetz und seinem Verlauf anheimstellen – die unsägliche Müdigkeit, die aus diesen Worten spricht, ist nicht neu, sie war da und wirkt fort, gewendet ins Christliche.

Dieser Brief vom 12. März 1938 hat vier Nachschriften, die den tief zerrissenen Gemütszustand Schneiders bezeugen: die Sehnsucht, sie wiederzusehen, die unerträgliche Einsamkeit, den dunklen Mantel der Schwermut, so wenn es heißt: »Bitte, bitte, bitte laß mich ein Wort von Dir empfangen, schreibe mir, wie es Dir geht und wann wir uns sehen können. Ich komme für die kürzeste Zeit irgendwohin. Es fällt mir so furchtbar schwer, nicht zu fahren; aber es bedürfte neuer Unwahrheiten und brächte neue Konflikte. In Liebe und tiefer Wehmut.«[491]

Und gegen Ende dieses aufgewühlten Briefes heißt es: »Ich bin ruhiger geworden; sorge Dich nicht ... Es ist nun Abend, der Eilzug wird gleich wegfahren, und ich hoffe, mich darüber zu beruhigen, daß ich nicht gefahren bin. Vielleicht sind auch meine Nerven und innern Kräfte überreizt. Ich weiß nicht mehr, wie ich mich behandeln soll. Aber das tiefe Leiden und die tiefe Reue machen vielleicht doch manches gut. Ich küsse Deine lieben Hände. Laß bald von Dir hören, auf ein baldiges Wiedersehen hoffen. Ein schwerer Tag ist nun ausgekämpft.«[492]

Die Krisen seit der Trennung in Portugal, die Wiedersehen, Gespräche, die Trennungsversuche, die Briefe, die das alles spiegeln, ausdrücken, begründen: die Unmöglichkeit dieser Liebe, Erfüllung zu finden; das Erlöschen eines großen Verlangens, das erstickt wurde von der unentschiedenen, ängstlichen Frau; der Entschluß, ganz der eigenen Freiheit im Verzicht auf Frauenliebe, ganz dem Werk zu leben – und doch immer wieder von der Freundin, denn anderes kann sie nicht mehr sein, bezaubert und durch sie im letzten weithin bestimmt – alles kehrt hier zurück. Er braucht sie, ihre Zustimmung, ihren Zuspruch, ihre Einfühlung, ihr Verständnis, auch ihre sanften Ermahnungen. Wer weiß, was stärker ist: seine Gefühle der Dankbarkeit, der Schuld, weil er sie nicht mehr lieben kann, und die Erfahrung, sie nicht entbehren zu können, wenn ihm denn jene andere Frau, der er sein Gemüt und sein Herz zugewandt hatte, verwehrt bleiben muß – oder ihre beharrliche Herstellung von Nähe, von Verbundenheit, ihr bei aller geäußerten Großmut doch stets spürbarer Anspruch an das Schicksal dieses Mannes, in dem sie eine so wichtige Rolle gespielt hat.

In vieler Hinsicht war sie ihm auch in den Jahren, da er vehement versuchte, die innere Trennung oder zumindest Distanz auch nach außen herzustellen, unentbehrlich, auch im ganz alltäglichen Leben. Sie sprach wiederholt bei seinem ersten Verleger Jakob Hegner vor, um über Geschäftliches zu verhandeln, und tat das mit Geschick. Daß sie sich als Schneiders entfernte Verwandte vorstellte, ging offenbar sowohl auf ihre konventionelle Haltung als auch auf die Rücksicht zurück, zu der sie sich Schneider gegenüber für verpflichtet hielt. Aber sie unterließ doch nicht, einfließen zu lassen, daß sie miteinander schwere Zeiten durchlebt haben, um auf diese Weise die Vertrauensstellung, die sich nun auch nach außen zeigte, zu legitimieren und das Persönliche der Verbindung zu unterstreichen.

Sie stellte sich auch durchaus seinen wiederholten Versuchen, ihrem Verhältnis eine neue Grundlage zu geben, zeigte Verständnis und Teilnahme, um aber nach ein paar Briefen doch wieder in die alte Haltung zu fallen, die Vertrautheit, Gemeinschaft, Liebe spiegelt. Während er von »Werk« und »Verzicht« sprach, schrieb sie: »Mein geliebter Freund, mein zweites Herz, das ich immer schlagen höre, ob nah, ob fern.«[493]

Und Schneider – einsam, versuchend, von Leidenschaft zum

Verzicht, zur erzwungenen Askese überzugehen – berichtet weiter ausführlich: über seine Arbeit, seine Gedanken, seine Pläne. Sie blieb die Vertraute seines Geistes, seines Gemütes. Aber seine Liebe wendete er einer anderen zu, und er litt darunter. 1935 besuchte Friedrich Singer Reinhold Schneider in Potsdam und erlebte den Zwiespalt, in den der Freund geraten war. Um diese Zeit oder etwas später entsteht das Sonett

Der ist verdammt, dem sich das Herz gespalten,
Den Liebe bindet, ohne zu vereinen,
Daß er begehrend flieht und nie der Einen
Und nie der Andern darf sein Leid entfalten.

Erglühen muß er und zugleich erkalten,
Es wird sein Auge trüb von Tränen scheinen,
Und bitter werden Andre um ihn weinen,
Die ihn umklammern und ihn doch nicht halten.

Ihn küßt sein Glück wie Gram mit bitterm Munde
Und kaum berührt will er den Richter bitten,
Daß er ihn nicht auf Ewigkeit verdamme.

Und schuldig findet ihn die Sterbestunde,
Bewacht vom dunklen Leid, das er durchlitten,
Und seiner Liebe zweigeteilter Flamme.[494]

Die endgültige Entscheidung, die den Zwiespältigkeiten, von denen Friedrich Singer berichtet, ein Ende machte, scheint mit dem Verlassen Potsdams gefallen zu sein. Der Abschied vom Norden war also mit hoher Wahrscheinlichkeit nicht nur vom Heimweh nach dem Rebland seiner Heimat bestimmt. Von der Krise, die damit verbunden ist und die allerpersönlichste Züge zeigt, zeugt der zitierte Brief vom 12. März 1938. Jenseits des Glücks, jenseits der Idylle ist das Leben Reinhold Schneiders angesiedelt, ganz von Tragik umfangen, die er als sein Gesetz anerkennt, ja die er als Gesetz des Lebens überhaupt ansieht. Anlage und auf mancherlei Weise gewonnene Erfahrung – geschichtliche Studien, daraus abgeleitete Schlüsse, christliche Ergebung – machen schließlich jede Gegenwehr – und es gab sie – zunichte. Was bleibt, ist Entsagung, ist Leiden. Das Leiden aber ist aufgehoben in Jesu Opfer; und der auf sein

Leben Zurückblickende schreibt sechzehn Jahre später: »Der Eros wird zum reinen Leiden und unterliegt damit dem Heil.«[495]

Das Verhältnis zu Anna Maria Baumgarten lebt fortan von der Erinnerung an die Vergangenheit und vom Wissen um die veränderten Grundlagen der Gegenwart. Auch die Gegenstände, um die sich die Briefe drehen, verändern sich. So schreibt Schneider am 27. Oktober 1939 aus Berlin: »In Gedanken sind wir ja täglich und stündlich verbunden, und ich bin immer glücklich, wenn der hl. Johannes vom Kreuz Dich und mich zur gleichen Zeit tröstet und bestärkt. Ich möchte nun versuchen, auf irgendeine Weise die Gesamtheit seiner Aussage anzudeuten und später auch den Versuch machen, seine Gestalt ein wenig ins Licht zu heben, so weit, daß mehr Menschen ihn wieder sehen und daß sie wieder empfänglich werden für sein Wort. Nur solche Männer, die der bittersten Not zwischen Diesseits und Jenseits standhielten, können wieder Nothelfer sein.«[496]
In diesem Brief zeigt sich der Wandel, der Einschnitt in das Leben, der neue Abschnitt, der nun beginnt: »...ein Streben nach außen hin hat keinen Sinn mehr; Gottes Wille geschehe.«[497] Und das bezieht sich sowohl auf die persönlichen wie auf die zeitgeschichtlichen Umstände: »Mittlerweile läuft die große Tragödie ab. Es ist höchst fraglich, welche Spieler das Ende des fünften Aktes erleben werden und ob dies überhaupt einem Spieler beschieden ist.«[498]

Im Mai 1941 bezieht Reinhold Schneider wieder seine alte Wohnung in der Mercystraße 2 in Freiburg, um zusammen mit Anna Maria Baumgarten, die zuvor schon mehr und mehr das tägliche Leben mit ihm teilte, den neuen Anfang zu wagen. Nach außen hin wird sie als seine Verwandte, meistens als Cousine vorgestellt. Der große Altersunterschied hält Verdächtigungen ohnehin fern. Anna Maria sorgt für ihn. Reinhold Schneider fühlt sich für sie verantwortlich und braucht sie als Gesprächspartnerin. Nur Reisen trennen sie noch manchmal, bis auch hier schließlich die Gemeinsamkeit überwiegt.
Reinhold Schneiders Entwicklung zum Glauben vollzieht sie ganz mit. In ihren Briefen werden christliche, fromme Wendun-

gen gebräuchlich. Am 25. Mai 1940 schreibt Anna Maria an Reinhold Schneider: »Heute vor 18 Jahren fanden wir uns zu Glück und Leid. Und doch wollen wir lobpreisen, denn wir fanden den Weg zur ewigen Heimat. Gestern gedachte ich Deiner in der kleinen Kirche von Herdern [einem Stadtteil von Freiburg] und am späten Nachmittag noch einmal im Münster vor der Marienandacht, da es noch ganz still im großen Raum war.«[499] Schneider bemüht sich zu der Zeit um die Genehmigung der erwähnten Reise nach Portugal, und so schließt der Brief mit Wünschen für die »große Fahrt«: »Aller Segen und alles erdenkbar Gute soll über Dir walten und Dir die Tage zum höchsten und schönsten Erlebnis werden lassen. Laß Dich in treuester Liebe umarmen mit tausend, tausend innigen Wünschen und Grüßen immer und ewig Deine Anna Maria.«[500] Schmerzliche Entsagung, Dankbarkeit und auch die Sehnsucht, beides hinter sich zu lassen, sprechen aus dem Sonett, das 1936 entstand:

Die Liebe hat uns wenig mehr beschieden
Als Trennung ohne Ende und ein Sehnen
An dein bewegtes Herz mein Haupt zu lehnen,
Und einmal dort zu finden meinen Frieden.

Doch hat beharrlich uns das Glück gemieden,
Und überreich an unerfülltem Wähnen
Sind wir's auch beide an vergoßnen Tränen:
Erfüllung wird uns nimmermehr hinieden.

Doch alles Hohe, das mein Dasein trägt
Und mit des Schmerzes Flügel überwindet,
Das wird von dir mir täglich neu gegeben,

Bis einst mein Geist, von hartem Leid geprägt,
Die nie vereinten Seelen fest verbindet,
Und mit dir aufstrebt in das ewge Leben.[501]

Der Sanitäter

Zu Anfang 1939 schreibt Reinhold Schneider an Jochen Klepper: »An große Bücher denke ich nicht mehr; nur an möglichst eindringliche Symbole.«[502] Aber die Arbeitskraft hat abgenommen, das Leiden an der Zeit drückt auf Gemüt und Gesundheit. Zu Weihnachten 1939 verdoppelt Anton Kippenberg das übliche Sonderhonorar von fünfhundert Reichsmark und bittet, das Geld für einen Sanatoriumsaufenthalt zu verwenden. Schneider beschäftigt sich jetzt vor allem mit der spanischen Mystik, findet aber auch Trost bei Eichendorff und Goethe, der ihm auf eine »nicht erklärbare Weise plötzlich sehr nahe gekommen ist«[503]. Doch im Oktober 1939 schreibt er an Otto Heuschele: »Ich bin froh, wenn ich dann und wann noch einen Aufsatz zustande bringe und im übrigen wenigstens die Richtung meines Arbeitens und Denkens einhalten kann.«[504] Dem Insel Verlag wird 1941 von den zuständigen Behörden erklärt, daß eine Neuauflage des »Inselreichs« unerwünscht sei. Schneider weiß nun genau, daß er in Deutschland keine legalen Aussichten für Neuerscheinungen mehr hat. Der »Las Casas« wird allerdings neu aufgelegt.
Er wird zum Wehrdienst nach Donaueschingen einberufen, doch der Befehl wird am 24. Juni 1941 zurückgenommen. Es ist aber nun klar, daß er mit Anforderung durch die Wehrmacht rechnen muß, wenn auch in seinen Wehrpaß eingetragen ist: »a. v.* nicht Wehrmacht. Ers. Res. II«[505]. An den Maler Heinrich Graf Luckner, der später nicht veröffentlichte Zeichnungen für den »Las Casas« vorbereitet, schreibt Schneider, das sei wohl »so ziemlich die unterste Charge«[506].

1940 hatte der Frankreich-Feldzug mit einem sogenannten Blitzsieg fürs erste geendet. Im Juni 1941 setzt der deutsche Überfall auf die Sowjetunion neue Zeichen der Selbstüberhebung und des hybriden Machtwahns der Führung. Jetzt lernt Reinhold Schneider durch den befreundeten Ludwig Winters-

---

* arbeitsverwendungsfähig

wyl den elsässischen Verleger Joseph Rossé kennen, dessen Alsatia Verlag in Colmar ihm die Gelegenheit bietet, trotz Unterdrückung seiner Schriften durch die NS-Kulturbehörden weiter zu publizieren. Fast wöchentlich fährt Schneider nun nach Colmar zu Besprechungen. Das erforderliche Papier besorgt Heinrich von Schweinichen, den Schneider aus seiner Berliner Zeit kennt.

Im Frühsommer 1941 liegt Reinhold Schneider krank im Hause von König in der Frauenhofer Straße in Berlin. Zwischen Fieberanfällen schreibt er ein kleines Buch: »Das Vaterunser«. Es ist die erste Schrift, die nun, im geheimen gedruckt, hinausgeht zu den Menschen im Felde. Heinrich Höfler vom Caritasverband sorgt für die Weiterleitung an die Front.

Im ganzen hat Reinhold Schneider wohl zwölf Kleinschriften für den Alsatia Verlag geschrieben, die ganz bewußt auf Leser in schweren Notsituationen ausgerichtet sind. Hier geht es nicht um literarische Brillanz, hier geht es um Trost, so wie Jochen Klepper auf die Frage, was denn die Pfarrer predigen sollten, antwortete: »Trost und immer wieder Trost.«

Reinhold Schneider versucht auch, Werner Bergengruen zur Mitarbeit zu gewinnen, der allerdings ablehnen muß, weil er vertraglich anderweitig gebunden ist.[507] Zusagen haben aber unter anderen Leopold Ziegler, Ludwig Winterswyl und Heinrich Lützeler gegeben.

Joseph Rossé, an dem alles hängt, erscheint den einen als ein politisch Zwielichtiger, den anderen als ein typischer Elsässer, mit dem den Grenzländern zugewiesenen politischen Schicksal. Für Reinhold Schneider ist er ein Freund – zuverlässig, den Schwierigkeiten der Zeit gewachsen, fromm.

Dreimal war Rossé gefangen, das erste Mal nach dem Ersten Weltkrieg. »Als Mitglied der Chambre des Députés erlebte er in Paris den Ausbruch des Zweiten Weltkriegs. Dann folgte die zweite Haft, aus der er, dicht am Tode, von den Deutschen in Lyon befreit« wird.[508] Alles, was er von nun an tut, steht unter dem Verdacht, er sei Werkzeug der Unterdrücker.

Als die Klöster aufgelöst werden, stellt Rossé Nonnen als Arbeiterinnen in der Druckerei ein. Während in der Bevölkerung Todesurteile gegen Widerstandskämpfer Entsetzen auslösen, erge-

hen an Rossé flehentliche Bitten um Einwirkung auf die Mächtigen. Vielen kann er helfen. Reinhold Schneider schreibt in »Verhüllter Tag«: »Wenn das Schuld ist, so habe ich einen großen Anteil daran. Denn alles, was ich etwa wirkte, setzte seine Schuld voraus.«[509] Und dann folgt die gültige Schlußfolgerung, die sich immer wieder, bis auf den heutigen Tag, als unbarmherzig wahre Tragik enthüllt: »Das ist der Fluch des Zeitalters, daß man der falschen Macht innerhalb ihres Bannkreises nicht begegnen kann ohne Bündnis mit ihr.«[510]
Schneider erlebt Rossé im Gebet, und das sagt ihm alles. »Für und Wider der Politik berührten mich nicht; sie sinken in die untere Instanz, die die Autorität unserer Zeit ist.«[511]
Nach dem Krieg wird Joseph Rossé als Kollaborateur verurteilt. In tiefer Sorge um den Freund bittet Reinhold Schneider Robert Schuman um Beistand. Rossé hat einst geholfen, ihn aus einem deutschen Gefängnis zu befreien, so daß er in den unbesetzten Süden Frankreichs fliehen konnte. Jetzt ist Schuman Außenminister der Französischen Republik und vermag doch, trotz allen guten Willens, nichts.
Das Drama dessen, der der Gnade von Menschen ausgeliefert ist, denen selbst die Quelle der Gnade nicht mehr bewußt zu sein scheint, nimmt seinen Lauf. Joseph Rossé ist in seiner dritten Gefangenschaft in den Pyrenäen unter vielen Leiden gestorben.

Als der deutsche Dichter und der elsässische Verleger daran arbeiten, den Menschen in der größten Not beizustehen – gegen den Willen der Mächtigen, der Frevelnden, der Gewaltherrscher –, wissen sie um die Gefahr, der sie sich aussetzen. Und dennoch bleiben sie sicher im Bewußtsein ihrer Aufgabe, ihres Dienstes, ihres Rechtes, ihrer Stärke.
Als Sanitäter im Kriegsdienst hat sich Reinhold Schneider in dieser Zeit verstanden und bewährt, die er für seine eigentliche Zeit hält. Viele hunderttausend Exemplare seiner Schriften hat er damals zusammen mit Rossé und mit der Hilfe von Schweinichens und Höflers geschrieben, gedruckt und verteilt. Eine Tochter Werner Bergengruens, die in Freiburg studiert, besucht Schneider während der Jahre 1943/44 wiederholt. Ihr fällt der Gegensatz zu dem Bild auf, das Leo von König 1936 von ihm gemalt hat, wo er »jugendlich-kräftig erscheint..., die Hände lebendig

bewegt«, wie sie ihn nie gesehen hat. Einmal kann sie ihm beim Packen »vieler Feldpostpäckchen mit seinen kleinen Schriftheftchen helfen«.[512]
Das Echo ist tausendfach. Die Menschen nehmen die seelsorgerliche Hilfe, den Trost, die Verkündigung dankbar auf und statten ihren Dank auch schriftlich ab. Allein »Das Vaterunser«, das 1941 als erste Schrift Schneiders im Alsatia Verlag erscheint, hat eine Auflage von insgesamt mindestens einer halben Million Exemplaren.[513] 1942 gibt es eine Feldpostausgabe; 1944 überträgt die Blindendruckerei in Paderborn das kleine Buch in Blindenschrift für Soldaten, die ihr Augenlicht verloren haben.
Dr. Moritz Hauptmann vom Insel Verlag schreibt zehn Jahre später an Reinhold Schneider: »Ich möchte die Gelegenheit benutzen, sehr verehrter Herr Dr. Schneider, um Ihnen zu sagen, wieviel mir in schwerster Zeit Ihr ›Vater Unser‹ bedeutet hat. Es war ein zerfleddertes Heft, das in unserer russischen Kriegsgefangenschaft von Hand zu Hand ging und von jedem einzelnen wiederholt gelesen wurde. Es hat uns viel Kraft und Besinnung gegeben.«[514]
Zu den von Hand zu Hand gehenden Veröffentlichungen der Kriegszeit gehören auch Schneiders Sonette. Zuerst erscheint 1941 ein Privatdruck in fünfhundert signierten Exemplaren. 1943 folgt die Colmarer Sammlung von fünfundsechzig Sonetten mit dem Titel »Jetzt ist des Heiligen Zeit«. Die ersten Sonette sind im Kriege von den Werkstätten der Stadt Halle, Burg Giebichenstein, gedruckt worden. Im selben Jahr 1942 gibt der Alsatia Verlag den »Kreuzweg« und die Erzählung »Die Stunde des heiligen Franz von Assisi« heraus.
Waschkörbeweise kommen die Dankesbriefe in das Haus in der Freiburger Mercystraße. »Ich war in gewissem Sinne einberufen«, schreibt Schneider, »endgültig abberufen vom literarischen Leben in die religiös-geschichtliche Existenz«.[515] Er fühlt, daß es für ihn nur eine Art des Lebens und der Gegenwirkung gibt gegen das Entsetzliche, das sich abspielt – an der Front, in den unzugänglichen Verliesen des Bösen, in der Heimat: das Gebet. Es wird beantwortet durch die Gebete anderer – »von den entlegensten Fronten, von Sizilien, dem Eismeer, Griechenland und, noch als letztes Zeichen, aus Stalingrad und aus den Bombenstädten Frankfurt, Hamburg, München«[516]. Ein Gebetszusammenhang entsteht, den Schneider als das wichtigste ihm zuteil

gewordene Geschenk empfindet, »wie ein verborgenes Reich«[517], in dem er sich beheimatet fühlt.
Die vielen Briefe, die ihn erreichen, kann er nicht mehr alle beantworten und schließlich nicht einmal mehr lesen. Aber er bleibt weiter ein unermüdlicher Briefschreiber, fast über seine Kräfte hinaus.

Die Musterungen werden häufiger. Er wird zurückgestellt. Er ist fest entschlossen, einem Gestellungsbefehl, wenn er denn käme, nicht zu folgen »und zu tragen, was kommen sollte«[518]. »Ich fühle gar keine Anlage zu einem Helden in mir«, bekennt er später. »Ich fühle keinen Mut, nur eine Notwendigkeit. Wenn sie sich meldet, trete ich in jeden Konflikt ein.«[519] Das ist ein Wort, das seine Konsequenzen hat.
Die Gestapo kommt wiederholt. Die Briefe müssen aus dem Haus. Schneider ist gefährdet. Er gehört zu einem Kreis von Menschen, die die Gegnerschaft zum NS-Regime eint. Zu ihnen zählen der Philosoph Max Müller, der Rechtswissenschaftler Erik Wolf, der die Bekennende Kirche juristisch berät, Karl Färber, der Chefredakteur der Zeitschrift »Christlicher Sonntag«, und andere. Man trifft sich bei Schneider, bei Färber oder im »Heiliggeiststüble« beim Wein. Hier wird Reinhold Schneider »Don Reinoldo« genannt und Anna Maria Baumgarten »Donna«. Schließlich kommen auch Ludwig Winterswyl und Heinrich Höfler dazu. Im Kreis der Freunde wird 1941 der Einstand in der Mercystraße gefeiert. Solche Erlebnisse freundschaftlicher Verbundenheit lassen die schmerzvolle Wirklichkeit ein wenig zurücktreten.

Jochen Klepper wird Soldat. »Wir sind alle Mörder vor Gott«[520], schreibt er. Freunde in Berlin, wie der Schriftsteller Ludwig Wolde, verlieren Hab und Gut, Wolde eine »ungewöhnlich schöne Bibliothek«[521].
Reinhold Schneider geht es nicht gut. Am 22. Dezember 1941 schreibt Anton Kippenberg an seinen Autor: »Aus Briefen gemeinsamer Freunde geht immer wieder hervor, daß wir in Sorge um Ihre Gesundheit sein müssen. Ich habe sie schon einmal flehentlich gebeten, doch für längere Zeit ein Sanatorium aufzusu-

chen, und wiederhole diese Bitte heute noch einmal eindringlich. Die Kosten würde der Insel Verlag in jeder erforderlichen Höhe nicht nur tragen, sondern *gern* tragen. Aber erweisen Sie mir die Freundschaft und versagen sich meiner Bitte nicht.«[522] Doch es scheint, daß Schneider in diesen bewegten Jahren sogar die Schwierigkeiten seiner körperlichen Verfassung zu überwinden vermag. An Anna von König schreibt er am 18. April 1942: »Immer melden sich Hoffnungen auf Veröffentlichungen; ich habe Versuche nach vielen Seiten eingeleitet. Der Gedanke bemächtigt sich meiner, daß das Jahr 1942 *mein* Jahr sein könnte, das Jahr, für das ich gelebt habe.«[523] Und Heinrich Graf Luckner läßt er am 4. Juni 1942 wissen: »Mir selber geht es seltsam: oft habe ich das Gefühl, in einem fließenden Lichte zu stehen, so daß ich nicht weiß, wie ich das Fließende greifen soll. Dann kommen dumpfe Stunden tiefer Trauer und physischen Mißbehagens. Aber das Licht kommt immer wieder zurück. Ich habe den ganz tiefen Glauben: jetzt ist meine Zeit, die Zeit, für die ich geboren bin.«[524]
Aber schließlich macht sich die dauernde Überanstrengung doch bemerkbar. Von Anfang März bis Anfang Mai 1943 liegt Schneider fast ununterbrochen im Lorettokrankenhaus in Freiburg. Seit mehreren Jahren quälen ihn Magen- und Darmbeschwerden, die auf Verwachsungen im Darmbereich beruhen. Eine Operation würde die Gefahr neuer Verwachsungen heraufbeschwören. Schon Anfang Januar fühlte er sich krank, schrieb an Leopold Ziegler von zwei bis drei Arbeitsstunden täglich.[525] Die Untersuchungen und Behandlungen nehmen den Patienten mit. Erst Mitte August erholt er sich von der schweren Betäubung seines Körpers durch die Narkosen.
In diesem Jahr, in dem »Elisabeth Tarakanow« neu aufgelegt wird – denn die Schriften der Inselbücherei müssen nicht genehmigt werden –, der Herder Verlag »Ehrwürdiges Alter« und »Das Weltgericht« als Ausgaben in der Reihe der Bilderkreisbändchen bringen kann, Alsatia die Erzählung »Die dunkle Nacht« über Johannes vom Kreuz, »Worte an einen Gefallenen«, »Laß uns zur Stimme deiner Liebe werden« und die Sonettsammlung »Waffen des Lichts« druckt, schreibt der Landesbischof der evangelisch-lutherischen Kirche Mecklenburgs, Walter Schultz aus Schwerin, an Reinhold Schneider. Er dankt für übersandte Schriften, mit denen Menschen, »die nun zum

Teil schon über vier Jahre auf den Straßen des Krieges ihren besonderen Opfergang gehen«, eine Weihnachtsfreude bereitet werden soll. »Zu vielen von ihnen werden Sie als der zeitnaheste Prediger unseres Volkes kommen und zweifellos manchem einen hellen Schein in sein Herz geben (2. Cor. IV,6) und in die hintergründige Wirklichkeit des apokalyptischen Geschehens unserer Tage schauen lassen. Gebe Gott, daß Ihr Ruf vor allem auch von denen gehört wird, die die Möglichkeiten haben, äußerlich gesehen, den Entsetzlichkeiten, an denen Europa zugrunde zu gehen droht, zu wehren! Aber genau wie Sie«, fährt der Bischof fort, »habe ich keineswegs den Glauben, daß ›die Täter‹, wie Sie sie nennen, das Entscheidende gestalten. Das bleibt den Betern vorbehalten, deren Zahl gottlob im Steigen begriffen zu sein scheint.« »Als kleines äußeres Zeichen meiner Dankbarkeit für Ihre große Hilfe überweise ich Ihnen mit gleicher Post ein Honorar von RM 1000,00.«[526]
Auch später bietet der Landesbischof wiederholt Honorare an. Schneider aber fordert nichts, offenbar wegen der bereits geleisteten Zahlung. Da übersendet der Bischof im April 1944 erneut tausend Reichsmark und begründet das damit, daß durch die Papierknappheit doch die Drucklegung erschwert sei und deshalb die Einnahmen sicherlich nicht die Höhe der Vorkriegszeit erreichen könnten.
Was der Bischof nicht weiß: Da Schneider wegen der Publikationssperre durch die Reichsschrifttumskammer dem Insel Verlag viel weniger Einnahmen einbringt als früher, hat er selbst weitere monatliche Zahlungen abgelehnt, ist nun aber auch nicht mehr an diesen einen Verlag gebunden.

Die Gefahren infolge der illegalen Veröffentlichungen sind groß, die Schwierigkeiten schier unvorstellbar. Der Zellstoff für das Papier muß aus einer Munitionsfabrik in Norddeutschland beschafft werden. Ein Ingenieur übernimmt die Verantwortung. In einer Papierfabrik wird illegal das Druckpapier hergestellt, in einer Kleinstadt Mitteldeutschlands der Text gesetzt. Anderenorts werden die Matern hergestellt; gedruckt und verlegt wird »Jetzt ist des Heiligen Zeit« bei Alsatia in Colmar.
Die Gefahr, daß Leser über den Buchhandel weitere Exemplare bestellen, die für alle Beteiligten tödlich werden könnte, ver-

sucht man abzuwenden durch Beilegung eines Informationsblattes. Darin wird unter der Überschrift »Unbedingt beachten« auf die niedrige Auflage, die Schwierigkeit der Herstellung und die völlige Zwecklosigkeit von Nachbestellungen hingewiesen. Die ausgelieferten Exemplare seien vor langer Zeit in Auftrag gegeben worden. Eine geringe weitere Anzahl werde nach Fertigstellung im Zuteilungsverfahren ausgegeben. Damit ist das Menschenmögliche getan.

Am 10. Dezember 1942 gehen in Berlin Jochen Klepper, seine Frau Hanni und die Tochter Renate, deren Deportation bevorstand, gemeinsam in den Tod. In den letzten Stunden ihres Lebens haben sie in der Bibel gelesen. »Wenn der Herr die Gefangenen Zions erlösen wird, so werden wir sein wie die Träumenden.«[527]
»Es ist ein Selbstmord unter dem Kreuz, dem Zeichen der Liebe. Das Problem stellt sich in einer Gestalt, auf die es keine Antwort gibt.«[528]
Bald danach schreibt Reinhold Schneider drei Sonette zum Gedenken an den Freund. Das zweite lautet:

Nun darfst du ruhn. Es wird das heilige Licht
Von dir sich nimmer scheiden und den Deinen,
Wenn einst des Richters Boten dir erscheinen,
Verzage nicht! Um deinen Glauben nicht!

Die Schuld ist aller. Unser das Gericht.
Wer all sein Leben opferte dem Reinen,
Sühnt noch im Dunkel, da durch haltlos Weinen
Des Abgrunds mächtige Todesstimme spricht.

Dir ward dein Wort genommen und der Ort,
Wo deines Herzens Treue durfte dauern,
So lang beschützt mit ritterlichen Armen.

Da machtest du den Tod zu deinem Wort.
Es bricht gewaltig aus den Kerkermauern
Und klagt und sühnt und Gott wird sich erbarmen.[529]

Acht Wochen später endet der Kampf um Stalingrad mit einer Katastrophe für die sechste deutsche Armee und leitet die deutsche Niederlage ein. Am 19. April 1944 verliert Reinhold Schneider wieder einen Freund: Leo von König stirbt in Tutzing.
Etwa um dieselbe Zeit führt die Gestapo Haussuchung und Verhör bei Reinhold Schneider durch. Vor allem die Sonette sind Stein des Anstoßes. Wenn die Angelegenheit auch glimpflich abläuft, so weiß Schneider jetzt doch genau, daß er überwacht wird.
Am 20. Juli ist er noch einmal bei Joseph Rossé in Colmar. Von den »gefürchtetsten Stellen«[529a] waren aufs neue Telegramme wegen Schneiders Schriften gekommen. Die Gefahren haben sich so sehr gesteigert, daß der Band »Das Gottesreich in der Zeit« 1942 in Krakau gedruckt wurde – zwanzigtausend Stück. Die Feldzeitungen berichteten und druckten ab.
So kann es nicht mehr weitergehen. Den ganzen Tag über ist Spannung unverkennbar. Ein Telefonat nach Dresden kommt nicht mehr durch. Am Abend, bei der Ankunft in Freiburg, dröhnt ein Radio die Nachricht vom mißlungenen Attentat aus dem Fenster auf die Straße. Menschen, die ihm seit langem bekannt sind, geraten in den Strudel des Untergangs: Graf Moltke, von Halem, Yorck von Wartenburg, Freiherr zu Guttenberg. Unsagbares spielt sich ab.
Schneider kann kein Attentat billigen, aber er achtet die Gewissensnot derer, die von der Notwendigkeit der Tat wie von ihrer Verwerflichkeit vor Gott bewegt sind.
Ende August ist Joseph Rossé noch einmal in Freiburg: »Beten Sie für mich!«[530] Das ist sein letztes Wort. Ein Abschiedsbrief folgt noch. Dann reißt die Verbindung nach Colmar ab.
Am 27. November erfolgt der schwere Luftangriff auf Freiburg. Schneider, der gerade von der täglichen Behandlung aus dem Krankenhaus zurückkehrt, kann mit seinen geschwollenen Füßen, die oft nicht einmal in die Schuhe zu zwängen sind, nur langsam gehen. Der Keller, in dem er und Anna Maria Baumgarten Zuflucht suchen, liegt am Hang, aber oberhalb der Straße, bietet also wenig Schutz, dämpft jedoch die Geräusche. Als die Nachbarn ans Fenster klopfen, zum Zeichen, daß entwarnt worden sei, ist Freiburg ein Trümmerhaufen, nur das Münster ist unbeschädigt.

In Deutschland verbreitet sich das Gerücht, daß Reinhold Schneider tot sei. Seelenmessen werden gelesen; von den Kanzeln evangelischer Kirchen wird seiner gedacht.

Kurz bevor der Zweite Weltkrieg zu Ende geht, veranlaßt Reichsleiter Martin Bormann, der letzte Leiter der Reichskanzlei, Anklage gegen Reinhold Schneider wegen der Veröffentlichung von »Das Gottesreich in der Zeit«. Aber die Verbindungen von Berlin nach Freiburg sind bereits so nachhaltig gestört, daß der Haftbefehl sein Ziel nicht mehr erreicht.
In den letzten Wochen vor Kriegsende, als sein Gesundheitszustand erbärmlich ist, soll Reinhold Schneider zum Schanzen am Westwall eingezogen werden. Anna Maria Baumgarten erreicht das schier Unmögliche: Mit Hilfe eines ihnen bekannten Arztes gelingt es, für beide Aufnahme im Krankenhaus zu erwirken. Eine Sekretärin schmuggelt das ausgestellte Attest in die Amtsakten.
Reinhold Schneider bleibt von Anfang Dezember 1944 bis Februar 1945 im Lorettokrankenhaus. Dann finden die Gefährten Unterschlupf im evangelischen Melanchthonstift, das von einem Geistlichen geleitet wird, dessen Vater Wilhelm Schneider die Trauerpredigt hielt.

Die Schuld

1945 – das Jahr des Zusammenbruchs, der Verzweiflung, der Ratlosigkeit vieler Menschen, trifft Reinhold Schneider bei denkbar schlechter Gesundheit. Immer wieder muß er das Krankenhaus aufsuchen. Kurz vor Kriegsende, am 8. Mai 1945, wird eine Operation vorgenommen, die aber keine dauernde Besserung seines Leidens bringt. Eine zweite ist wegen des schlechten Gesamtzustandes des Patienten nicht möglich.
Reinhold Schneider und Anna Maria Baumgarten wohnen noch im Melanchthonstift, als die französische Armee auch das Haus in der Mercystraße beschlagnahmt. Briefe und Materialien werden zerstört oder gehen auf andere Weise verloren. Aber noch im selben Jahr gelingt es Schneider, eine Bescheinigung zu erlangen, die seine Wohnung freistellt. 1947 erhält er eine Carte de protection der Militärbehörde. Da aber das untere Geschoß von Besatzungssoldaten genutzt wird und die oberen, von Reinhold Schneider und Anna Maria Baumgarten bewohnten Räume keine abgeschlossene Wohnung bilden, sondern vom Treppenflur aus direkt zugänglich sind, muß stets einer von beiden daheim bleiben. Meistens ist das Reinhold Schneider, der es nicht gut ertragen kann, beim Verlassen des Hauses auf seinen Gruß von den Soldaten keine Antwort zu erhalten. Auch der Garten, den er sehr liebt, ist nicht mehr zu betreten.
Im Juli 1945 verschlechtert sich Schneiders Gesundheitszustand so sehr, daß sein Arzt ihm wegen des Medikamentenmangels in Deutschland rät, um Aufenthalt in der Schweiz nachzusuchen. Reinhold Schneider überwindet sich, bittet Freunde in der Schweiz um Hilfe bei der Beantragung der Einreisegenehmigung. Er schreibt in diesem Sinne auch an Hermann Hesse, der seit den zwanziger Jahre in Montagnola im Tessin lebt und mit dem er in einem lockeren Austausch steht: »Wenn Sie mir Ihre Fürsprache gewähren, vielleicht auch noch eine Stimme dazugewinnen wollten, so würden Sie mich vielleicht retten. Denn ich fühle selbst, daß unter unaufhörlichen Schmerzen und Beschwerden mein Körper kaum mehr durchhalten wird – während ich auf der andern Seite große Aufgaben sehe und aus ganzem Herzen mithelfen möchte, daß das unsägliche Leiden

fruchtbar werde und Gedanken des Friedens endlich den Todeszirkel durchbrechen, in dem wir gefangen sind. Die Hoffnung auf das christliche Abendland habe ich nicht verloren.« Und dann folgt als konkreter Ausdruck dieser Hoffnung die Feststellung: »Gewiß ist, daß ein neuer großer Einsatz des Geistes geleistet werden muß. Denn der Geist oder Ungeist hat doch das Unheil verschuldet.«[531]
Alle Bemühungen der Freunde führen jedoch nicht zum Erfolg, und so beschließt Reinhold Schneider, die Reisepläne aufzugeben und trotz großer körperlicher Beschwerden den Winter über in Freiburg zu bleiben – »gehe es, wie es wolle«[532].

Daß die Schuld bekannt werden muß, um wirklich Frieden stiften zu können, und daß die Grundlage der schuldhaften Handlungen der Geist sei, das ist Reinhold Schneiders feste Überzeugung. Sie hat ihre Wurzeln bereits in den frühen dreißiger Jahren, als er um das Verständnis von Geschichte als Zeichen des Ewigen rang. Jetzt aber geht es darum, Bekenntnis der Schuld und Hilfe für die schuldig Gewordenen miteinander zu verbinden.
Schneider wendet sich ganz praktisch, wie vorher vor allem den Soldaten im Feld, nun dem Dienst am Menschen allgemein, insbesondere aber an den Kriegsgefangenen zu. In seinem Brief in ein Gefangenenlager »Der Sinn aller Opfer« heißt es: »Berauben Sie sich und Ihre Gefährten nicht um den Sinn Ihres Leidens, gewinnen Sie es für sich und sie – und uns alle! In der Gefangenschaft erfahren Sie nur in der härtesten, aber auch reinsten Form, was über unser Volk gekommen ist als Folge seiner Verfehlung in Denken und Tun: Sie erleiden die Machtlosigkeit, die mächtig ist oder werden kann, insofern sie im Bezirk der Sitte, des Denkens, des Glaubens eine reinigende Wende vollzieht. Das ist unser Werk, ganz allein das unsere; niemand vermag es für uns zu tun.«[533]
1946 schreibt Reinhold Schneider seinen mahnenden Essay »Der Mensch vor dem Gericht der Geschichte«, der im selben Jahr als Vortrag in Baden-Baden gehalten wird. Er ist überzeugt, daß das Böse, das Satanische in der Geschichte handelt und Rang und Namen erwerben kann. Es sei die schlimme Gefahr des Deutschen, »zu denken statt zu sehen, zu wollen statt

aufzunehmen, gewaltsam zu bilden statt zu empfangen und sich an der Welt dafür rächen zu wollen, daß sie der eigenmächtig entworfenen Vorstellung nicht entspricht«[534]. Wenn wir aber vor dem Richter der Geschichte bestehen wollten, müßten wir »Menschen sein vor Gott in der Zeit, das heißt *daß wir uns selber erkennen, uns selber richten sollen, an dem, was geschah,* an den Ereignissen, in die wir verstrickt sind. Geschichte ist der Boden der Selbstbegegnung, die fruchtbare Vergegenständlichung unserer Gedanken, Wünsche, Empfindungen. Hier sollen wir uns richten, den Feind des Menschen in uns selber bekämpfen und mit Inbrunst nach dem in uns trachten, das Gottes ist.«[535] Damit aber ist der Mensch zugleich dazu bestimmt, »darum zu ringen, daß Gottes Reich kommt, daß die Welt unter den Schauern der Zeitlichkeit sich ordnet nach Gottes Gebot und gegen alle Gewalten für *den* sich bereitet, der ihr Herr ist«[536].
Im selben Jahr 1946 entsteht auch der Aufsatz »Schuld und Sühne«, in dem Schneider das Schuldproblem systematisch aufrollt – was sonst nicht seine Stärke ist. In wenigen Kernsätzen bringt er dann das Zentrale zum Ausdruck: »Was ein Volk vollbringt im geschichtlichen Leben, ist an sittliche Entscheidungen gebunden, die der einzelne treffen muß. Immer trägt der Staat Forderungen an den Menschen heran, die von diesem ein Verhalten verlangen ... die erste Autorität, das Gewissen, ist ... im Menschen selbst, und das Gewissen muß ihm sagen, ob er die Forderungen des Staates vor Gott, vor den Menschen, dem Geschaffenen erfüllen kann oder muß. Es gibt kein Gesetz, das blind vollzogen werden darf.«[537]
Aber die Forderung blinden Gehorsams ist erhoben und auch befolgt worden. Wo liegt die Ursache dafür? Schneider sieht sie, zumindest zu dieser Zeit, im Ethos der Pflicht, wie es in der Philosophie Kants und in der preußischen Form Gestalt gewann: »Echte Macht kann nur der Mensch haben, der den Menschen achtet, nicht der Übermensch jenseits des Gesetzes. Der Macht als einer werdenden Gottheit entsprach eine Versklavung an sie, die den Staatsbürger zum soldatischen Werkzeug machte und folgerichtig dahin zielte, daß die Übermacht endlich in die Hand eines einzelnen, Losgerissenen fiel, dem gegenüber sich alle als verantwortungslose Sklaven verhielten oder verhalten sollten; wer es nicht tat, verfiel dem Tode ... Vorgearbeitet hatte dieser Ideologie die Heiligsprechung der Pflicht, die seit wenigstens

zwei Jahrhunderten im Gange war, eine Pflicht militärischen Gepräges.« Aber Schneider relativiert diese Aussage auch sofort, wenn er hinzufügt: »Sie hatte in ihren Ursprüngen durchaus noch eine Beziehung zum Gewissen, diese wurde aber in demselben Maße zerstört und endlich aufgehoben, als die Vergötzung der sich rastlos steigernden Macht gelang.«[538] Reinhold Schneider weiß aber zu gut, daß der Mißbrauch nicht denen anzulasten ist, deren geistige Leitung mißbraucht wird. Er spricht vielmehr von dem »großen Unrecht«[539], das geschieht, wenn Personen, Lebensformen, Forderungen der Vergangenheit des sittlichen Versagens der Zukunft angeklagt werden, meint aber dann dennoch, daß »die Möglichkeit der Entartung von Anfang an bestand«[540].

Nun ist es das Schicksal allen menschlichen Denkens und Tuns, daß die Motive und Gehalte umgedeutet, verkannt und mißbraucht werden können. Aber ist nicht der Ausgangspunkt, obwohl die Auswirkung in der Geschichte gar nichts über »sein Wesen, seinen Bestand, seinen Wert aussagt, doch wesenhaft?«[541] Die Auswirkung ist anders, da in einem anderen Medium geschehend, ist Trübung und Brechung, gegenüber dem Ursprung »immer mit einem Mißverständnis und Mißbrauch beschwert«[542].

So gewappnet, wendet sich Schneider auf der Suche nach den Spuren dem deutschen Geist zu, der Epoche des Deutschen Idealismus, unserer klassischen Kultur. Lessing und Kant, Hegel und Schelling sowie schließlich Nietzsche werden befragt und endlich, jeder auf seine Weise, mit dem Fragezeichen versehen, das der Frage nach dem Bilde Christi in der Philosophie des 19. Jahrhunderts folgen muß. »Die Heimkehr des deutschen Geistes« ist das Bekenntnis des katholischen Christen Reinhold Schneider zur geoffenbarten Wahrheit, wie sie seine Kirche – nicht nur, aber auch – im Gegensatz zur Dichtung und Philosophie der deutschen Klassik vertritt. Diese Dichtung und Philosophie ist, wie Hans Urs von Balthasar meint, »säkularisierte Theologie«, evangelische Theologie.[542a] Schon am Ende des ersten Teils wird das Ergebnis vorweggenommen, wenn es heißt: »Nicht die Denker haben die Welt geschaffen, sondern Gott hat es getan, und es steht dem Menschen nicht an, zu sprechen, wenn Gott sich offenbart. Von der Erkenntnis, dem Bekenntnis der Schuld führt vielleicht ein Weg zur Ehrfurcht vor der Welt-

wirklichkeit und Offenbarung, über den Untergang hinaus, zur Erlösung des deutschen Geistes von sich selbst – sofern wir den Untergang in Wahrheit erlitten haben.«[543]
Den Gedanken der Philosophen wird der Glaube des wertenden Dichters Reinhold Schneider gegenübergestellt: »Die Hingabe an die Wahrheit, die nicht erdacht, nicht *geschaffen* worden ist, sondern zu uns kam, als Gott Mensch wurde und die Welt erleuchtete mit dem Licht der Inkarnation wäre die Erlösung des deutschen Geistes von sich selbst, von seinem Wahne, schaffen und denken zu müssen, was längst vollendet wurde von Gott.«[544] Denkt man diesen Gedanken konsequent zu Ende, so wäre jedes Denken über den Menschen und die Welt überflüssig, ja schädlich. Das aber meint auch Schneider im Grunde nicht, doch er konstatiert die Verfehlung des deutschen Geistes so: »Indem das deutsche Denken Christus verfehlte, hat es auch die Menschheit verfehlt; der Mißbrauch des Menschen, der keinen göttlichen Bruder mehr hat und die Lüge, die diesen Mißbrauch verschleiert, sind die Zeichen dieser Jahre.«[545] Die Frage, ob zur Tradition deutschen Denkens, deutschen Geistes nicht auch noch andere bedeutende Denker und Dichter gehören, ob nicht von ihnen anderes ins »deutsche Denken« eingeflossen ist und warum es nicht rettend war oder vielleicht nicht rettend sein konnte, ob nicht gerade durch die Reformation zwar ein anderer, aber ein christlicher Neuansatz gegeben wurde – das alles wird nicht behandelt, ist vom gewollt katholischen Ansatz dieser geistesgeschichtlichen Bilanz ausgeschlossen.
Reinhold Schneider, zutiefst verwundet von der moralischen Katastrophe des Volkes, dem er sich zugehörig fühlt und weiß, forscht in diesen ersten Jahren nach Kriegsende schon fast verzweifelt nach den Gründen der Schuld, so daß uns hier mindestens ebensosehr ein Selbstbekenntnis wie ein Schuldspruch im ganzen entgegentritt. Am Ende aber richtete sich aus der verzweifelten Spurensuche in der zertrümmerten Welt ein Zeichen mühsam auf, das aus des Autors eigenem Leben stammt und das nicht dem Verdikt zum Opfer fällt. Nietzsches Kampf und Wert werden mit den Sätzen gewürdigt: »Denn wie sehr er auch das ›Christentum‹, die Kirche, die christliche Moral verklagte und befehdete – so ist doch kein Zweifel, daß es ihm um den Ort ging, wo Christus stand, und daß es ihm immer mehr darum ging gegen Ende. Christus herrschte; die Kirche, die christliche Mo-

ral waren gewissermaßen nur Vorwerke.«[546] »Nietzsche hat wider Wollen, aber mit furchtbarem Ernste, nach der Redlichkeit und Weite des Christentums gefragt; er durfte nicht ohne Antwort bleiben.«[547] Keinem anderen der in dieser Abhandlung genannten Denker wird so viel Verständnis, Achtung, Liebe vom Autor entgegengebracht wie dem, der ihn in seiner Jugend und auch in seinem Mannesalter begleitete.
Jahre später, als Reinhold Schneider sein Leben überdenkt, stellt sich auch seine Haltung zu den Ursprüngen des Machtmißbrauchs anders dar. »Auf Preußen lag ein echter Auftrag«, schreibt er nun. »Es ist, wie wenn eine Lichtbahn ein Stück Land aus der Landschaft hebt.«[548] Er weiß wieder – oder hebt es wieder aus der Versunkenheit hervor –, daß Widerspruch gegen erteilten allerhöchsten Befehl durchaus zu Preußen gehörte, wenn das Gewissen, die Pflicht, die Ehre – alle drei hatten viel miteinander zu tun – es geboten. Namen wie Marwitz, Ziethen und Kleist werden von ihm in diesem Zusammenhang genannt, und er weiß auch, daß das Religiöse die eigentliche Grundlage Preußens war: »Gott vor alles in derweldt«, und zwar auch über Friedrich den Großen hinausreichend, über den übrigens Eduard Spranger, der bedeutende Pädagogikwissenschaftler, an Schneider schrieb: »Ich glaube aber auch bei ihm [Friedrich] eine Schicht entdeckt zu haben, von der er nur einmal (zu de Catt) geredet hat.«[549] Der Kadavergehorsam war Produkt des Verfalls im Wilhelminischen Reich.
Und der Deutsche Idealismus? In »Verhüllter Tag« heißt es: »Geblieben ist mir vom deutschen Idealismus, von Kant und Fichte, das eherne Soll, die Unabhängigkeit seines Vollzugs von der Wirkung; ich fühle dieses Erbe wachsen, je freier und einsamer ich werde.«[550] Zu dieser Zeit hat Schneider bereits Erfahrungen gemacht und Einsichten gewonnen, die ihm das Ethos der Pflicht von einer anderen Warte aus unter neuem Aspekt zur Notwendigkeit und Gewissensfrage werden ließen.
So scheidet sich die Spreu vom Weizen: Pflicht und Soll, Gewissen und Widerstand – sie erweisen sich als einander näher stehend, als in Zeiten der allerersten Spurensuche nach den Gründen der Schuld und dem Blick in ihre Abgründe möglich schien. Besteht aber zwischen der Katastrophe der Jahre 1933 bis 1945 und der geschichtlichen Vergangenheit keine Beziehung? Schneider hatte mit »Las Casas vor Karl V.« gezeigt, daß furcht-

bare Verbrechen im Namen Christi begangen worden sind und daß diese Gefahr nie gebannt ist. Die Berufung auf das Absolute, auf den letzten Wert, muß der menschlichen Handlung noch keine hohe moralische Qualität geben. Diese Gebrochenheit der Beziehung von Religion und Tat, von Religion und Macht ist die eigentliche Mitte von Reinhold Schneiders Überlegungen zur Schuldfrage. In »Philipp II.« steht die Religion über allem, alles hat ihr zu dienen, auch und vor allem die Macht, und keineswegs sind die Handlungen, die unter diesem Zeichen vorgenommen werden, alle moralisch vertretbar. In »Las Casas vor Karl V.« mißbraucht die Macht offen die Religion; in den »Hohenzollern« tritt die Macht, gebunden an Religion und Ethos, auf, und auch hier spielt sie eine zwiespältige Rolle. Schneiders oft zitierte Äußerung aus diesem Buch über die Macht hat dazu geführt, daß ihm, je nach Einstellung, machiavellistisches oder faschistoides Denken unterstellt wird.[550a] Vergleicht man seine frühen Stellungnahmen zum Machtproblem mit späteren, zeigt sich, bei sonst vorhandenen Abweichungen, daß wichtige Elemente in seiner Sicht unverändert geblieben sind.

In den »Hohenzollern« heißt es: »Der Machtkreis der Erde ist gefüllt, aber ewig brechen neue Kräfte in ihn ein: an sich einen Teil der Macht zu reißen, die sich doch nicht vermehrt oder vermindert, sondern, in ständig wechselnder Aufteilung, das festumgrenzte Erdrund überdeckt. Der Hervorbrechende beraubt den Besitzenden: es wird keine neue Macht erschaffen, nur die uralte, die schon die Krone versunkener Herrscher und Völker umgab, an einen neuen Namen gefesselt. Aus dem zerschlagenen [römischen] Weltreich entstehen zahlreiche Herrschaften: Teilhaber der einen unveränderlichen Gewalt, die den Erdring erfüllt und an einen sowohl wie an tausend vergeben werden kann. Der Kampf um die Macht wird zum stumpfen, rohen Mechanismus: keiner, der in ihn hineingerissen wird, entzieht sich dem Gesetz der Parteiung: diesem eindeutigen, brutalsten aller Gesetze.«[551]

Das ist am Anfang der dreißiger Jahre. 1945 lautet die analysierende Interpretation: »Macht ist über alle Räume, Höhen und Tiefen des geschichtlichen Daseins verteilt: wo sie zur Form wird, verdichtet sich geschichtliches Leben, ist der Mensch in die Verantwortung gerufen. Macht kann nicht besessen werden, und ebensowenig darf sie den Menschen besitzen; sie ist Teil eines unermeßlichen Reiches, der Allmacht des Herrn, und nur der Freie, der unter seinem Gewissen steht, wird ihr gerecht.«[552] 1932 erscheint das Wesen der Macht als aus Menschen und Territorien herauswachsend; 1945 als letztlich von Gott herrührend. Der rechte Verwalter der Macht unterstellt sich der Allmacht Gottes.

1932, in den »Hohenzollern«, beschreibt Schneider Macht als politisches Verhalten bestimmende Größe, die wahre Freundschaft und Treue auf diesem Gebiet verhindert. Das war bei Philipp so, bei Oranien, bei Friedrich, auch bei seinem Vater, allerdings zu dessen Kummer. Selbst Maria Theresia mußte sich den Erfordernissen der Machtpolitik beugen und litt darunter. Englands Geschichte ist von Macht und Machtpolitik geprägt wie die Geschichte jedes Landes. Das gilt auch für die Kirchengeschichte. Es genügt der Blick auf Innozenz oder Sepulveda, den spanischen Juristen, der in Südamerika die Macht über die Gebote der Religion triumphieren lassen will, oder auf die Geschichte der Reformation bezogen. Die Macht ist überall, überall kann sie zur Versuchung werden und zum Mißbrauch führen.

Hat Schneider also seine Auffassung grundlegend geändert? Das eine Mal, in den »Hohenzollern«, wird eine Beschreibung gegeben, aber in der Feststellung der Brüchigkeit des Machtprinzips auch schon eine Wertung. Das andere Mal – 1945 – schließt sich an die gleichgebliebene Grundauffassung von der Existenz der Macht die transzendentale Herkunftsbegründung an. Für den auf der Grenze zum Christentum unentschlossen verharrenden Autor der Jahre 1932/33 und davor ist die Macht weithin roh und brutal, aber tragisch bestimmt. Letztlich gehört sie für ihn in den tragischen Zusammenhang der Welt.

Am Ende der ruchlosen Herrschaft der zwölf Jahre sieht der Christ Reinhold Schneider die Macht weniger von historischer Notwendigkeit und Tragik geprägt als durch die göttliche Herkunft. Jeder, der sie ergreift, wird in die Verantwortung gerufen und muß als Verwalter der Macht vor Gott Rechenschaft ablegen, »denn Gottes ist alle Macht«[553].

In den »Hohenzollern«, aber auch im »Philipp« steht die praktische Ausübung der Macht im Vordergrund, ohne ihre transzendente Wurzel zu leugnen, aber auch ohne sie ausdrücklich zu erwähnen. In der kleinen Schrift »Die Verwaltung der Macht« von

1945 dagegen wird diese Verknüpfung zum tragenden Aspekt der Deutung. Erst als Christ, aber schon in Umrissen auf dem Wege dahin, sieht Reinhold Schneider Macht und Ordnung ausgerichtet und bezogen auf die ewige Ordnung und die Allmacht Gottes. Alleine die Bindung an das Absolute, an die göttliche Herrschaft vermag menschliche Machtausübung vor der Hybris des Machtwahns zu bewahren. »Die rechten Verwalter der Macht sind Erleuchtete mächtigen Herzens gewesen.«[554]
Daß in einer immer säkularer werdenden Welt der um Wahrheit, um Wahrhaftigkeit sich mühende Mensch auch um sittliche Werte zu ringen vermag, wird Schneider erst später bewußt. Dann aber ist er dem modernen Menschen sehr nah. Christen wie Nichtchristen kann zudem die Richtschnur allen sittlichen Tuns einen: das Gewissen. Vor dieser letzten irdisch-überirdischen Instanz muß die Schuld bekannt, verantwortet und gebüßt werden, damit sie im transzendenten Prozeß gesühnt werden kann. »Wir sahen die Spinne [das Böse] die Völker schlagen und gelangen unweigerlich vor den Gerichtshof unseres Gewissens«, heißt es in der Betrachtung zu der Bitte des Vaterunsers: »Und vergib uns unsere Schuld«. »Das Gewissen spreche, nicht wir ... Das Gewissen alleine reinige das Gemüt; es bestimme die Sühne; es führe durch die Traumgebilde der Dichter, in denen die ganze Wahrheit nicht ist, zur Wahrhaftigkeit und zur Wahrheit vom Sein zwischen Leben und Tod. ›Unsere Schuld‹, das heißt ..., daß wir eins sind, ein jeder angewiesen auf des anderen Wahrhaftigkeit und Hilfe; unsere Schuld, das ist schon Verheißung, und wir können das Wort nicht aussprechen ohne die Hoffnung auf unser aller, hier auf Erden sich ordnendes und damit für die Ewigkeit gerettetes Leben.«[555]
Was ihn bewegt, was ihn beflügelt, zu tun, was sein Gewissen von ihm fordert – die Schuld bekennen und die Sühne leisten – und was in wenigen Jahren, von denen jetzt noch keine Ahnung ist, von ihm das Äußerste verlangen wird, verdichtet sich 1946 in dem Sonett

Es ist ein Wort; du kannst ihm nicht entrinnen:
Du mußt es tun, doch ist das Tun der Tod.
Es ist die Not weit über aller Not,
Von innen unbeirrbar zu beginnen.

Doch ist des Lebens ganzes Leben Innen,
Wo des Gewissens unversehrt Gebot
Die Welt bewacht und tod- und schmachbedroht
Das Letzte schützt, um alles zu gewinnen.

Da sich des Todes Macht zusammenballt:
Wo ist die Gegenmacht, wenn nicht im Wort,
Das rein von innen die Gesetze bricht?

In uns der Engel scheidet zur Gestalt;
Und unbegreiflich blüht die Erde fort,
Begnadet zwischen Hölle und Gericht.[556]

Vor dem Sturm

Die ersten Jahre nach dem Zweiten Weltkrieg lassen zwar den Schriftsteller Reinhold Schneider nicht verstummen, aber das Künstlerische, das Poetische ist immer noch an die zweite Stelle gerückt, der Tröster, dann der Mahner nehmen die erste ein. Das ist keine komfortable Position. Ein Volk, ermattet von kaum überstandenen seelischen und physischen Anstrengungen, ist manchmal auch der Aufforderung zur Selbstprüfung müde. Und doch ist die Wirkung Reinhold Schneiders in dieser Zeit unübersehbar groß, darf der Wille zur Aufarbeitung der Vergangenheit nicht unterschätzt werden.

Mit kleinen Schriften zum Frieden sowie mit zwei Sonettsammlungen wird trotz Papierknappheit den Menschen der Zugang zu einer der redlichsten Stimmen dieser Zeit des Hungers auch nach geistigen Gaben eröffnet. Mit der im Herder Verlag erschienenen Sammlung von Aufsätzen unter dem Titel »Das Erbe im Feuer« wird auf das Unzerstörbare verwiesen, das sich bewährt angesichts der Frage, ob es auch bei strenger Prüfung für dauerhaft befunden werden könne: »Wir müssen das Erbe prüfen in seinem Verhältnis zur Wahrheit und Wahrhaftigkeit; wir müssen zugleich in der Zeit einen jeden Gedanken fragen, ob er den Mut hat, gelebt zu werden, das heißt auf die Bühne der Geschichte zu treten und sich auf ihr zu verantworten.«[557]
Trotz schwankenden Gesundheitszustandes, mangelhafter Ernährung, Kälte arbeitet Reinhold Schneider unentwegt in dieser Richtung. Das zehrt an seinen Kräften und läßt seinen künstlerischen Möglichkeiten und Bedürfnissen kaum Wirkungsmöglichkeiten.

In dieser Situation trifft ihn die Verleihung des Ehrendoktorates der Philosophischen Fakultät der Universität Freiburg um so nachhaltiger. Im selben Jahr 1946 ehrt ihn auch die Universität Münster durch die Ernennung zum Doctor honoris causa der Rechts- und Staatswissenschaftlichen Fakultät. Bei der Überreichung der Urkunde am 3. Januar 1947 in seiner Wohnung erklärt der Geehrte in freier Rede: »Dichter sein heiße, aus ganzer Seele und schonungslos das Wirkliche vor die Wahrheit stellen, daß es die Menschen erschüttere, die Herzen umwandle; so vollziehe der Dichter ein ganzes Leben hindurch ein Selbstgericht.«[558]

1949 wird Reinhold Schneider zum Mitglied der Mainzer Akademie der Wissenschaften, Klasse Literatur, ernannt, was ihn nach Aussage von Maria van Look sehr bewegt und zu der Äußerung veranlaßt: »Sie haben mich als ihresgleichen aufgenommen.«[559]

Die Freundschaft mit dem Zahnarztehepaar van Look, das in unmittelbarer Nachbarschaft von Schneider und Anna Maria Baumgarten lebt, stammt noch aus der Kriegszeit und wird eingeleitet durch eine Bemerkung des van Lookschen Töchterchens: »... da läuft der Fürst mit der Prinzessin«.[560] Erst später stellt sich heraus, wer der »Fürst« und seine »Prinzessin« sind, und es begründet sich ein über den Tod hinausreichendes Freundesverhältnis. Maria van Look hat mit ihrem Buch »Jahre der Freundschaft mit Reinhold Schneider«, dem eigene Tagebuchaufzeichnungen zugrunde liegen, viel zur Erhellung der Freiburger Jahre beigetragen. Sogar das Weihnachtsfest, das für Reinhold Schneider – abgesehen von seiner Kindheit – immer von schwermütigen Gefühlen umwölkt war, hat er mehrfach in diesem Hause gefeiert.

In den Jahren zwischen 1945 und 1947 hat Reinhold Schneider etwa fünfzig kleinere Schriften bei verschiedenen Verlagen veröffentlicht – je nach Möglichkeit, darunter die Gedichtsammlung, die unter dem Titel »Herz am Erdensaume« im Kerle Verlag erschien. Zu den hier vereinten Versen gehört auch das Gedicht »Rosen am Abend«:

Rosen am Abend

Liebe Rosen, laßt mich nicht allein.
Webt um die Schmerzen purpurnen Schein,
Tragt durch den Regentag fern ferne Pracht,
Sendet den Duft durch die rauschende Nacht.

Liebe Rosen, senkt das Haupt noch nicht,
Abglanz des Himmels, mein Erdenlicht.
Bleibt nur ein einziger Schimmer entfacht,
Lohnen sich alle Leiden der Nacht.
Liebe Rosen, stirbt mir der Seele Laut,
Gebt, daß die ganze Seele euch schaut!
Strahlend, verhauchend webt ihr mich sacht
Ins große Geheimnis der steigenden Nacht.[561] (1946)

Bevor die großen Konflikte beginnen, wird Reinhold Schneider noch einmal erfreut durch die Verleihung des Annette von Droste-Hülshoff-Preises der Badischen Landesregierung, den er 1948 zusammen mit Gertrud von le Fort erhält. 1949 nimmt Schneiders Vortragstätigkeit zu. Vom Kriegsende bis zu seinem Tode hat er weit mehr als zweihundert Vorträge gehalten. Sein Verleger Jakob Hegner, aus dem Londoner Exil zurückgekehrt, wünscht sich von ihm dringend eine Kirchengeschichte – in Stil und Haltung des »Inselreiches«. Da kommt es kurz vor Weihnachten 1949 zum Zusammenbruch, der körperlich und seelisch bedingt ist. Schneider ist nicht mehr reisefähig, die Vortragsreisen müssen eingestellt werden. Er sinkt in eine tiefe Depression. Am 3. Januar 1950 schreibt er an Otto Heuschele: »Ich würde gern ein persönliches Wort über Ihre Arbeit sagen; aber nach einem schlimmen Zusammenbruch, den ich vor Weihnachten erlitt, hat mir der Arzt alle Beschäftigung und selbst das Lesen untersagt; ich halte es nicht ganz, aber ich komme doch nur sehr langsam ein Stückchen weiter.«[562]
Zum fünfzigsten Geburtstag des schwäbischen Autors und Freundes, mit dem er nun mehr als ein Jahrzehnt in Austausch steht, schreibt er einen langen Brief, den Brief eines Schriftstellers an einen Schriftsteller. Schneider legt darin nicht nur von seiner Kunstauffassung Zeugnis ab, sondern läßt auch erkennen, worum es ihm bei seiner Wendung zur Gegenwart geht: »Die moderne Zeit meinte oftmals, es sei nicht Sache der Kunst, die Menschen bessern zu wollen; wir wissen, daß viele der größten Künstler, die – für einen oberflächlichen Blick – nur die Form gewollt zu haben scheinen, dieser Auffassung auf das entschiedenste widersprechen, daß es ihre höchste Absicht war, die Menschen zu läutern, zu erheben und daß sie darin, nicht in dem

Reinhold Schneider an seinem Arbeits-Kachelofen in Freiburg.

Lobe, das die Literaturgeschichte erteilt, ihren Ruhm suchten.«
»Die Literatur hat ihre Umgangsformen, Konventionen, ihre Presse, ihre Kritik; sie mag leicht einen zu breiten Raum einnehmen – aber das ist viel eher die Schuld der Leser als die ihre. Das Rascheln des Papiers wird man im Umgang auch mit der gescheitesten Literatur nicht loswerden.«[563]
Das ganze Umfeld des Literaturbetriebes ist Schneider zuwider, und er hat Werner Bergengruens Feststellung, daß es keine so »abscheuliche Berufsgruppe« gibt »wie die, in die wir einregistriert sind«, nicht widersprochen: »Intriganten, Neidhämmel, Streber, Hysteriker, Psychopathen, vor Eitelkeit, Selbstverblendung, Geltungsdrang, Mittelpunktswahn der Tollheit Ausgelieferte.« Wieviel traitabler seien da doch die Leute von der bildenden Kunst.[564]
Am 1. Dezember 1950 schreibt Reinhold Schneider an den Waiblinger Freund Heuschele: »Ich fühle mich in einem tiefen Zerfall mit Gegenwart und Vergangenheit; wenn überhaupt kann ich mich nur noch in dramatischer Form äußern, in immer schrofferen Antithesen, deren Hintergrund die viel verschleierte Wahrheit des christlichen Weltbildes sein soll. Ich habe das Gefühl, in einer weiten Kurve das Tragische wieder erreicht zu haben, das ich immer als meinen Auftrag empfand; ich hielt lange Christentum und Tragik für unvereinbar; nun sehe ich, daß das Christliche das eigentlich Tragische ist. Das Schicksal der Wahrheit ist der Tod. Durch solche Entscheidungen sehe ich mich von vielen getrennt, mit denen ich zu gehen glaubte.«[566]
Hier bahnt sich etwas an – neu, dunkel, in die Zukunft weisend, Vergangenheits- und Gegenwartsbild berührend. In einigen Jahren wird es entscheidend werden. In »Verhüllter Tag« heißt es: »Was Christus war und gestiftet hat, ist ganz deutlich. Die Welt kann den Geist der Wahrheit nicht empfangen. Darum stirbt die Wahrheit für die Welt.«[566]
In diesem Jahr des Leidens, der beginnenden Isolierung, erscheint das Drama »Der große Verzicht«, in dem die Frage gestellt wird, »ob ein Heiliger herrschen kann auf Erden und welche Gestalt seine Herrschaft haben muß«[567]. Im Mittelpunkt steht Papst Cölestin V., der fünf Monate nach seiner Wahl auf seinen Thron verzichtet. Reinhold Schneider fragt in einer Einführung zu dem Drama: »Ist denn keine Antwort? Die Antwort ist nur das Opfer. Cölestin versagt. Aber er versagt unter dem

Kreuz. Und er wird damit zum Licht der Welt. Er tritt aus der irdischen Ordnung. Aber er geht in die höhere ein, von der allein die irdische erlöst werden kann. Ob er recht, ob er unrecht getan hat: das haben Menschen nicht zu entscheiden. Sein leidensvoller Weg ist nicht Gesetz, sittliche Norm; er bedeutet einsamste christliche Entscheidung, Vollzug einer Glaubensnotwendigkeit, die nur dann ins Recht gelangen kann, wenn sie in demütiger Folgerichtigkeit durchlitten ist.«[568]
Zwei Grundlagen seines eigenen Lebens und seines religiösen Verständnisses spricht Schneider hier an: Christsein bedeutet Bereitschaft zum Opfer und die Verpflichtung zur Gewissensentscheidung. Damit aber ist Einsamkeit vorgezeichnet. Christi Leiden und Sterben, seine Agonie, ist das Schicksal des Christen und der Welt. Christentum, christliches Leben ist Agonie, ist Übergang vom Leben zum Tod, hinter dem das geläuterte, das ewige Leben steht. Diese Agonie muß durchlitten werden, wie Leiden und Christsein und Notwendigkeit zusammengehören. Unter diesem Zeichen sieht Reinhold Schneider seine Krankheit, die er in Übereinstimmung mit Pascal als zum Leben des geistigen Menschen gehörend trägt, ebenso wie die Konflikte, in die ihn die fünfziger Jahre stürzen.

Die weltpolitischen Veränderungen der letzten fünf Jahre, die von der bedingungslosen Kapitulation Deutschlands über die Aufgliederung in vier Besatzungszonen bis zur weltanschaulich-politischen und geographischen Teilung nicht nur des Landes, sondern der Welt führten, sind allein schon Quelle des Leidens. Aber sie fußen auf unwiderlegbarer Schuld.
Die nach der Gründung zweier deutscher staatlicher Gebilde unter der Hegemonie ihrer jeweiligen Siegermächte auftretenden Veränderungen aber sind für Reinhold Schneider schlechthin unerträglich. Vor dem Hintergrund der beginnenden Diskussion über eine deutsche Wiederbewaffnung, worin Schneider die Rückkehr zu einem militärischen Machtprinzip allgemein zu erkennen meint, wird sein Schmerz über das Zerreißen menschlicher Beziehungen, die in Notzeiten gewachsen waren und unzerstörbar schienen, verständlich.
1945 hatten ihm evangelische Christen, die zu einer Tagung des Reichsbruderrates der Bekennenden Kirche in Frankfurt am

Main zusammengekommen waren, eine Dank- und Grußadresse geschickt. Zu den Unterzeichnern gehörten die Theologen Martin Niemöller, Heinrich Held und Hans Asmussen, der Historiker Gerhard Ritter sowie der Jurist Erik Wolf. Mit Erik Wolf und Konrad Hoffmann gab Reinhold Schneider 1948 das Buch »Sieger in Fesseln – das Christliche Deutschland 1933–1945« heraus, an dem eine Arbeitsgemeinschaft katholischer und evangelischer Christen mitarbeitete und das Dokumente von zum Tode Verurteilten enthält.
Dies alles scheint nun verschüttet. Reinhold Schneider hegt schlimme Befürchtungen und ist entschlossen, dem Gang der Entwicklung nicht stumm zuzusehen. Es ist eine der Situationen erreicht, von denen er gesagt hat: »Ich fühle keinen Mut, nur eine Notwendigkeit. Wenn sie sich meldet, trete ich in jeden Konflikt ein.«[569]
Der jetzt heraufsteigende Konflikt wird Reinhold Schneider in Gegensatz bringen zu staatlichen und kirchlichen Autoritäten jener Zeit, zu Freunden und Weggefährten. Er handelt als radikaler Christ aus Gewissensnot und scheut auch unkonventionelle Wege nicht.

Der Fall

1951 läß Hans Urs von Balthasar eine Reihe von Aufsätzen Reinhold Schneiders aus den ersten Nachkriegsjahren in dem von ihm geleiteten Johannes Verlag (Einsiedeln) erscheinen unter dem Titel »Rechenschaft«. Darin heißt es unter anderem: »Unsere Öffentlichkeit, unser Staat mögen jeden Namen beanspruchen, der ihnen begehrenswert erscheint. Nur, sich christlich zu nennen, haben sie kein Recht, und niemand hat ein Recht dazu, der das Bestehende hinnimmt. Es bedarf heute keiner Prophetengabe, um einen furchtbaren Ablauf vorauszusehen.«[570]
Bislang hat Reinhold Schneider die Möglichkeit gehabt, sich in verschiedenen Zeitungen, Zeitschriften und Rundfunksendern zu religiösen und politischen Themen zu äußern. Seitdem er, im Tiefsten in seinem Gewissen beunruhigt, vor den Gefahren eines möglichen neuen Krieges warnt und eine Wiederbewaffnung Deutschlands ablehnt, gerät er in immer größere Isolierung. Zu Ostern 1951 schreibt er an Otto Heuschele: »Eine Presse, für die ich wirklich arbeite, habe ich auch nicht mehr; ich schreibe dann und wann eine Rezension in der NZ [›Neue Zeitung‹ in München]; seit ich mich entschieden gegen die Aufrüstung wie gegen den Krieg überhaupt ausgesprochen habe, reißen fast alle Verbindungen; die politischen Betrachtungen im Sender [Südwestfunk Baden-Baden] mußte ich aufgeben*; schlimmer noch hat sich der Stuttgarter Sender benommen.«[571]**
Im März 1951 veröffentlicht Reinhold Schneider in der Ostberliner Monatsschrift »Aufbau« einen Aufsatz, den er in Westdeutschland nicht unterbringen kann: »Unsere Verantwortung«. Die Zeitschrift des Nürnberger Verlegers Karl Borromäus Glock »Die Besinnung« druckt ihn später nach.[572]
Die Veröffentlichung – der Ort, wo sie erstmals erschienen ist, weniger der Inhalt – haben eine gegen Schneider gerichtete Kampagne zur Folge. Das »Petrusblatt«, Presseorgan des katholischen Bistums Berlin, schreibt in der Pfingstausgabe 1951 unter

---
* Sie wurden unter anderem Titel und mit eingeschränktem Themenbereich wieder aufgenommen.
** Der Stuttgarter Sender unterbrach mehrere Monate lang die Zusammenarbeit.

der Überschrift »Quo vadis, Reinhold Schneider?«: »Glaubt Reinhold Schneider der Kirche zu nützen, dem Frieden zu dienen, wenn er sein Wort der kommunistischen Friedenspropaganda zur Verfügung stellt, einstimmt in den Chor der kommunistischen Kulturpolitiker? Sollten wir hier das Gesetz zum Schutze des Friedens* zitieren, die Schatten aller Opfer der kommunistischen Friedenspropaganda heraufbeschwören, um dem Dichter die Wahrheit und Wirklichkeit zu demonstrieren? Sollen wir ihn einladen, seinen Wohnsitz von Freiburg im Breisgau nach Aue in Sachsen** zu verlegen? ... Wir bedauern es hier in Berlin aufs tiefste, daß gerade der Mann sich so verhängnisvoll blenden ließ, dem wir aus seinen historischen Werken und seinen tröstenden Dichtungen in der Nazizeit so unendlich viel verdanken.«[573]

Der Aufsatz vom März 1951 ist nicht Schneiders erster Beitrag im »Aufbau«. Im Januar hatte er bereits in einem längeren Brief an den Chefredakteur Bodo Uhse zum Thema »Die Macht des Gewissens« Stellung genommen. Schneider scheint der Ansicht gewesen zu sein, überall da, wo er Ansätze zu sehen glaubte für das Verständnis seiner – radikalen – Position, sie auch aufgreifen zu müssen.

Um seine Haltung verständlicher zu machen, veröffentlichte er, ebenfalls 1951, unter dem Titel »Briefe an Weggefährten« eine Zusammenfassung seiner strittigen Äußerungen und Auffassungen. Die Darstellung beginnt mit den Sätzen: »Anfang dieses Jahres schrieb ich zwei für den Osten bestimmte Aufsätze. Ich wollte darin sagen, was im Westen nicht mehr gesagt werden konnte: daß das deutsche Volk im Falle einer Befragung sich gegen die Aufrüstung entscheiden würde und daß der Christ eine andere Haltung gegenüber den Nicht-Christen finden müsse als die militaristisch-defensive, die sich im Westen durchsetzte. Ich habe als Christ gesprochen, aus der Freiheit des christlichen Gewissens und für diese; es kam mir gerade darauf an, ein Zeuge dieser Freiheit zu sein.«[574] Es heißt dann weiter: »Man kann diese Haltung kritisieren und ablehnen. Man wird mir aber keine Zeile nachweisen können, die sich für den Kommunismus

---

* Der DDR.
** Zentrum des Uranbergbaus in der DDR unter sowjetischer Führung, wo damals Zwangsarbeit geleistet wurde.

ausspricht. Die Hinfälligkeit des Irdischen, die Vergeblichkeit allen auf das Irdische als Wert und Ziel gerichteten Strebens, die Übermacht des Jenseits sind ja das Thema meiner Lebensarbeit; es liegt einfach nicht in meinem Vermögen, den Sinn des Daseins im Irdischen zu sehen.«[575] Es werden Fragen und Positionen von grundsätzlicher Bedeutung angesprochen, wenn Schneider fortfährt: »Dem Kommunismus können wir nur begegnen mit dem glaubwürdigen Bekenntnis unseres Glaubens, den Waffen des Geistes und radikaler sozialer Gerechtigkeit, jedenfalls, indem wir dem Menschen Achtung erweisen, gleichgültig, ob wir selbst geachtet werden.«[576] Es geht Schneider nicht zuletzt um die Gewissensnot, einem Krieg zustimmen zu sollen, auch wenn er für gerecht erklärt wird und es sich um einen Verteidigungskrieg handeln sollte. Und es geht ihm um die Not des geteilten Volkes: »Wir sind nur Volk, sofern wir ein Herz, einen Sinn haben. Solange für uns die Gefahr besteht, unsere Brüder erschlagen zu müssen, können wir keine Waffe in die Hand nehmen.«[577]
Reinhold Schneider fragt nach dem Willen der Frauen in dieser Situation. Aber es habe nur Ausnahmen gegeben, die alleingelassen worden seien und beschimpft wurden. »Die Frauen haben offenbar nur um das Wahlrecht gekämpft, um die Stimmen der Männer zu verdoppeln. So finden sie sich auch damit ab, daß die das Geschick der Völker entscheidenden Konferenzen von einigen wenigen Männern gebildet werden.«[578] Damit nimmt Reinhold Schneider einen Vorwurf wieder auf, den er schon früher an die Frauen gerichtet hat.
Auf den Angriff des »Petrusblattes« antwortete er am 15. Mai 1951, er habe »nirgendwo ein Wort (geschrieben), das die Unterdrückung entschuldigt, die Leiden beschönigt (...) Ich weiß nur, daß die Leiden, die der Menschheit drohen, mit denen, die sie gegenwärtig trägt, nicht zu vergleichen sind; und ich glaube allerdings, daß die politische Stellung der Kirche in dieser Stunde, wie sich das ja oft schon ereignet hat, Bedenken rechtfertigt. Ich bekenne mich nicht dadurch zum Kommunismus, daß ich unter Kommunisten meinen Glauben ausspreche und – bei niemals verleugneten schärfsten Gegensätzen der Überzeugung – versuche, eine menschliche Beziehung zu erhalten, die der Christ auch dann anstreben muß, wenn sie unmöglich scheint.«[579]

Das »Petrusblatt« antwortet auf eine Schneider verteidigende Zuschrift eines Freiburger Studenten mit unverhüllter Drohung der Exkommunikation Schneiders. Das Dekret des Hl. Offiziums vom 1. Juli 1949 verbot es Katholiken, sich zum Kommunismus als Doktrin zu bekennen und ihn zu unterstützen. Es drohte Exkommunikation bei Zuwiderhandlung an.
Eine Gruppe katholischer Ärzte greift Schneider in der evangelischen Wochenzeitung »Christ und Welt« scharf an. Es kennzeichnet die ausgebrochene Verwirrung der Geister, daß der Chefredakteur des Blattes wenig später bei dem Angegriffenen um Vergebung bittet, falls ihm Unrecht geschehen sei. Man habe ihm nur eine schmerzliche Frage stellen wollen, die die Form eines Angriffs angenommen habe. Der Kern dieses Angriffs ist die Behauptung, Schneider halte »allein die Kommunisten für die wahren Friedenskämpfer«[580]. Schneider antwortet: »Ich erkläre eidesstattlich, daß ich diese Äußerung nicht getan habe. Sie wäre ein Verrat an den Menschen, die aus religiöser Überzeugung oder radikaler Sittlichkeit für den Frieden kämpfen und sich für ihn opfern.«[581]
Am 1. Juni 1951 schreibt Reinhold Schneider an Gräfin Yorck von Wartenburg: »Von meinen Büchern kann ich nicht leben. Meine Existenz beruhte darauf, daß ich monatlich etwas für den Sender und einige Rezensionen oder Aufsätze schrieb. Diese Möglichkeit habe ich in der letzten Zeit verloren. Meine sowohl auf religiösen wie auf politischen Überzeugungen gegründete Ablehnung der Rüstung, meine Polemik mit der den Krieg rechtfertigenden Theologie, mein Bemühen, über alle Gesetze hinweg eine menschliche Beziehung zu den Gegnern des Glaubens zu erhalten und dort ein christliches Wort zu sprechen, wo keines gesprochen wird, haben mir erbitterte Feindschaft eingetragen. Ich mußte das erwarten. Man hat aber offenbar die Absicht, meine Existenz zu zerstören. Dieselben Blätter und Blättchen, die so lange von meiner Arbeit zehrten, beschimpfen mich auf jede Weise. Eine Verteidigung ist nicht möglich. Das Ziel ist erreicht: man wagt nicht mehr, mit mir zu arbeiten. Nur das ›Literarische Deutschland‹ hat bisher die Beziehung gehalten.«[582]
Lebensangst kommt auf. Schneider fühlt sich verlassen, obwohl treue Freunde weiter zu ihm stehen, ganz gleich, wie sie seine Einstellung einschätzen; so Werner Bergengruen, Otto von Taube, Bernt von Heiseler, der in eine briefliche Debatte mit

Schneider über den Kriegsdienst eintritt, Max Picard. Aber auch einige Zeitungen kommentieren den »Fall Reinhold Schneider« durchaus sachlich, so die »Deutsche Tagespost« und die »Aachener Nachrichten«.

Erschwert wird der Konflikt durch Reinhold Schneiders Mitarbeit an der Wochenzeitung »Stimme des Friedens«, die nach Ekkehard Blattmanns Angaben in seinen Untersuchungen zum »Fall Reinhold Schneider« »kryptokommunistisch« war.[583] Blattmann leitet aus seinen Recherchen die Berechtigung ab, Schneider als Kollaborateur der Kommunisten zu bezeichnen und als jemand, der Verrat begangen habe.
Dieser letztgenannte Vorwurf bezieht sich auf das Verhältnis zu dem als linkskatholisch eingestuften Journalisten Georg D. Heidingsfelder, der nach kurzer Kontaktaufnahme während des Krieges sich 1950 an Schneider wendet, um sich mit ihm »über die alte Reichsideologie und Reichstheologie«[584] auszutauschen. In der gemeinsamen Einstellung gegen die Wiederbewaffnung bildet sich zwischen beiden eine Art Vertrauensverhältnis und etwas wie eine Aufgabenverteilung. »Schneider sollte als Feldherr im Antimilitarismuskampf die argumentativen Feldzugspläne entwerfen; er, Heidingsfelder, wollte mit einem verschworenen Haufen sich dafür im Tageskampf herumschlagen.«[585] In der Tat haben beide bei ihrer publizistischen Arbeit etwa ein Jahr, vielleicht etwas länger, diese Aufteilung beachtet. Danach trennten sich ihre Wege. Schneider schreibt am 25. September 1950 an Heidingsfelder: »Ich bin Ihnen immer dankbar für diese Verbundenheit, in der wir, wie ich nun erfahre, doch nicht so einsam sind, wie ich vor einigen Wochen annahm.« Am 13. Januar 1951 heißt es in einem Brief Schneiders an denselben Adressaten: »Ich bin überzeugt, daß wir in der Zukunft, was auch kommen mag, immer fest verbunden sein werden.«[586] Schneider veröffentlicht vier Aufsätze in der »Stimme des Friedens«, und zwar in den Monaten Januar bis April 1951. Heidingsfelder, der ebenfalls dort publizieren will, läßt er nicht im Zweifel: »Sie setzen sich einem gewissen Verdacht aus; man wird Sie des Kommunismus beschuldigen. Meines Erachtens muß man das hinnehmen. Ich verlasse mich einzig auf den Geist, in dem ich zu wirken suche.«[587]

Reinhold Schneider der Kollaboration mit den Kommunisten zu beschuldigen, ist angesichts der zeitgeschichtlich bedingten und geprägten Besetzung dieses Begriffes – der ja seitdem nicht einfach Zusammenarbeit bedeutet, sondern Verrat an eigenen Grundsätzen – äußert zweifelhaft. Schneider will seine Einstellung zur Wiederbewaffnung publizieren – im Westen wie im Osten. Im Westen ist es ihm mehr und mehr versagt. So bedient er sich für relativ kurze Zeit einiger Blätter, die mit dem Osten kooperieren, wohl auch von dort gesteuert werden. Die Zusammenhänge sind ihm bewußt, doch er geht keinerlei Kompromisse in seiner religiös-ethischen Haltung ein. Er schreibt dort nicht anders als in anderen Presseorganen.
Unzweifelhaft hat Reinhold Schneider niemals kommunistische Sympathien oder Ambitionen gehabt. Seine Hoffnung, auf dem Weg, den er einschlägt, um seine Gedanken bekanntzumachen, dem Frieden dienen zu können, mutet naiv und weltfremd an, entspringt aber durchaus seiner Überzeugung.
Von Heidingsfelder, der immer stärker in die Fallstricke der Ostberliner Ideologen gerät, distanziert sich Schneider ab 1952 mehr und mehr. Dennoch baut der Journalist Äußerungen aus Briefen und Arbeiten Schneiders weiter in seine Artikel und Aufsätze ein, die er in politisch undurchsichtige, zweifelhafte oder eindeutig ostorientierte Publikationen einstreut. So ergibt sich der Eindruck einer nach wie vor bestehenden Übereinstimmung mit dem bedeutenden Schriftsteller, die in Wirklichkeit nicht mehr existiert.
Schneider versucht vielmehr zunehmend, Heidingsfelder von der Zusammenarbeit mit den DDR-abhängigen Blättern abzubringen. Obwohl das schließlich gelingt, verwendet Heidingsfelder nach wie vor Schneider-Texte in seinen Aufsätzen und Artikeln, bis Reinhold Schneider 1956 dies massiv untersagt und die Verbindung zu Heidingsfelder unwiderruflich abbricht.[588]
Ekkehard Blattmann ist der Meinung, Schneider habe dies getan, um seine Vergangenheit zu vertuschen: »Der Zeitpunkt dieses Generalangriffes [auf Heidingsfelder] war nicht beliebig gewählt, sondern hatte eine mächtige Triebfeder: Soeben (am 19. März) hatte Schneider durch Dr. Knecht vom Börsenverein erfahren, daß ihm der Friedenspreis des Deutschen Buchhandels verliehen werden solle. Da galt es für Schneider, die letzten Erinnerungen und Spuren an seine ›rote‹ Zeit völlig zu tilgen.«[589]

Blattmann bezeichnet die »Geschichte Schneider – Heidingsfelder« als »die Geschichte des Verhältnisses eines bedeutenden Geistesmannes zu einem gläubigen, fleißigen, wenig originellen, aber kompromißlosen, ja auch fanatischen Journalisten, und sie ist letztlich die Geschichte des Verrates eines Großen Mannes an einem Kleinen Mann.«[590]
Blattmann stützt seine Verratsthese unter anderem auf Heidingsfelders finanzielle Verelendung nach der von Schneider geforderten und von dem Journalisten vollzogenen Abwendung vom Kommunismus, während Schneider selbst sich wieder in guten, ja glänzenden pekuniären Verhältnissen befunden habe. Die Einbringung solcher Argumente, die Skrupellosigkeit und – wie im Falle des Friedenspreises – Berechnung signalisieren, ohne daß Zusammenhänge erkennbar sind, wie auch die Verwendung von Begriffen wie »Kollaboration« und »Verrat« geben der notwendigen und erwünschten Beschäftigung mit allen Aspekten der Biographie Reinhold Schneiders einen affektgeladenen Akzent, wobei nicht die Fakten, wohl aber Zuordnung, Interpretation und Wortwahl diesen Eindruck hervorrufen.
Überblickt man die bislang bekannt gewordenen Tatsachen und Zusammenhänge, so erweist sich »der Fall« als exemplarisch für den Versuch eines in seinem Gewissen angefochtenen Christen jener Zeit, eine Lösung des Problems Krieg und Frieden anzustreben und dabei auch unorthodoxe Wege nicht zu scheuen. Das war vielleicht oder sogar höchstwahrscheinlich utopisch. Aber es war kein Verrat, da seine Motive ehrenwert waren, während die heutige Bedeutung des Wortes Kollaboration Unehrenhaftigkeit impliziert.
Der Historiker Jürgen Steinle weist darauf hin, daß Schneider, ähnlich wie 1933, »ein einziges Ziel absolut« setzt: »1933 war es die zu erstrebende nationale Einswerdung, und 1950 die Frage der staatlichen Militärabstinenz. In beiden Fällen war Schneider bereit, für das zu erstrebende Ziel Kompromisse mit gesellschaftlichen Kräften zu schließen, die er nicht bejahen konnte, 1933 den Nationalsozialismus und 1950 den Kommunismus. Im Dienste des absolutgesetzten Zieles konnte aber die an sich abgelehnte politische Kraft als Hilfsmittel geduldet werden.«[591]
Zugleich enthalte Schneiders Stellungnahme zur Wiederbewaffnung »eine Erneuerung des Prinzips der ›Heroischen Leistung‹«[592], das Schneider bereits viel früher aufstellte.

Die zum Teil mit Erbitterung geführte Auseinandersetzung zwischen Reinhold Schneider und einem Teil der katholischen Öffentlichkeit führt dazu, daß Buchhändler seine Bücher nicht mehr auslegen und katholische Presseorgane ihn meiden, vielfach auf seine Mitarbeit verzichten; angebliche Freunde ziehen sich zurück. Zu Maria van Look sagt Schneider: »Es war eine Wonne, unter Hitler zu leben, gegenüber dem, was ich jetzt erdulde.«[593] Der tief Verletzte empfindet den Schmerz des Mißverstehens und des Ausgestoßenwerdens so stark, daß sogar die schreckliche Vergangenheit hier in einem erträglichen Licht erscheint. Die Verfolgung, die er damals erlitten hatte, konnte für ihn wenigstens die Bestätigung des eigenen Standpunktes sein, wenn man bedenkt, von wem und woher die Drangsalierung stammte.

In einem Brief an Maria van Look schreibt der ganz in sich Zurückweichende: »Ich habe nicht meinen unsäglich schweren Lebenskampf geführt, um mich von einer gewissen, leider auch noch klerikalen Presse tyrannisieren zu lassen.«[594] Und in einem späteren Brief heißt es: »...der Schriftsteller ist ja nicht da, um zu sagen, was gewünscht wird, sondern was ihm aufgetragen ist.«[595]

Schneiders Sorge ist, daß die Wiederbewaffnung und die Eingliederung in die NATO, die von führenden konservativen Politikern für unverzichtbar gehalten werden, nicht zuletzt wegen des Koreakrieges, der 1950 begann, der aggressiven Haltung der Sowjetunion und der Aufstellung militärischer Verbände in der sowjetischen Zone, die Teilung Deutschlands noch verschärfen werden: »...zwei Vaterländer, zwei Völker, zwei Empfindungs- und Denkweisen und bald zwei Sprachen...«[596]

Was die Einstellung der deutschen Bevölkerung zur Wiederbewaffnung betrifft, hat Reinhold Schneider mit seiner Einschätzung gewiß recht. Deutschland in jenen Tagen ist das Land der »Ohne-mich«-Haltung. Zu tief sitzt die Ernüchterung, zu gut haben die Menschen ihre Lektion gelernt. Die Hand solle verdorren, die wieder ein Gewehr ergreife, hat vor nicht langer Zeit ein konservativer deutscher Politiker gesagt. Schneiders radikales Nein aus christlicher Gewissensnot entspricht durchaus der Haltung der meisten Deutschen. Am 21. November 1951 gründen der wegen Kanzler Adenauers Politik der Wiederbewaffnung zurückgetretene ehemalige Bundesminister Gustav Heinemann und die ehemalige Vorsitzende der Deutschen Zentrumspartei, Helene Wessel, die »Notgemeinschaft für den Frieden Europas«, der sich auch Reinhold Schneider anschließt. Er unterzeichnet den Aufruf zur Volksbefragung über die Wiederbewaffnung.

Schon am 10. Oktober 1950, als sich in der Öffentlichkeit die Diskussion um die Wiederbewaffnungspolitik der Bundesregierung steigert, schreibt Reinhold Schneider an Bernt von Heiseler: »Ich kann mir nicht helfen: ich bin zu einer radikalen Haltung gekommen, die wohl etwas Gefährliches hat; daß sie auch häretisch sein könnte, glaube ich nicht. Christen sind wir insofern, als wir Christus nachzufolgen suchen; das neue Gebot steht durchaus im Widerspruch zur Gewalt; dafür ist freilich dem Menschen Friede, aber auch die Gewalt des Glaubens verheißen: eine essentiell christliche Macht, die notwendige Macht in der Geschichte ist. Es ist die Macht der christlichen Persönlichkeit. Von der Menschheit, von Völkern oder Staaten ist sie bisher nicht realisiert worden.«[597]

In seinem Aufsatz »Die Gnade im Verzicht« hat der Schriftsteller und evangelische Theologe Albrecht Goes 1956 im »Echo der Zeit« berichtet, daß Schneider und er während eines Gespräches auf »die Wehrkraft der Wehrlosigkeit« gekommen seien, und Reinhold Schneider sagte, daß dies den östlichen Machthabern – es war noch zur Stalinzeit – gesagt werden müsse, so daß sie es hörten. Aber »es käme auf den Christen an, der das sagen kann und dem nun keine, gar keine Interessen auf der Stirne geschrieben stehen; der gar nichts will, als dieses eine: dieses Wort ausrichten. Und dann – nach einer Pause: Ich würde morgen fahren!«[598]

Diese Einschätzung, Ideologie und ideologisierte Macht würden dem Einbruch einer ganz anderen Welt in ihre Sphäre – gewissermaßen der Begegnung von Macht und Gnade im übertragenen Sinne – stattgeben und zu einer völlig neuen Dimension in der Auseinandersetzung der Interessengegensätze führen, wirkt utopisch und ist auch so gesehen worden. Es fragt sich allerdings, ob Reinhold Schneiders Denken utopisch war und wo gegebenenfalls diese Utopie ihren Ort hätte.

Die Schneider schon lange, verstärkt seit der Rückkehr zum Glauben begleitende Vorstellung, daß diese Welt der Agonie entgegengehe – kurz: seine eschatologische Geschichtssicht, die sich schon in den großen Historiographien andeutet – ist verbunden mit der jetzt noch vorhandenen Hoffnung, daß die irdische Spiegelung des Gottesreiches in der Reichsidee letztlich die Umkehr der Menschen bewirken werde. Das Jahr 1945 erscheint deshalb als die gegebene Möglichkeit der Erneuerung, des neuen Anfangs. Lothar Bossle schreibt dazu in seiner Untersuchung über »Utopie und Wirklichkeit im politischen Denken Reinhold Schneiders«: »Er konzentrierte ... seinen Optimismus auf die Wandlung des Menschen, der in einer bisher niemals so offenen Weise, in gleichsam apokalyptischer Wucht, auf die Grundwerte des menschlichen Lebens und den Sinn der Welt hingewiesen worden ist.«[599]
Doch es dauert nicht lange und Schneider muß erkennen, daß nach Schock und Trauma die Phase des Rückfalls in überwunden geglaubte Denk- und Verhaltensweisen eintritt. »Reinhold Schneider hat(te) an dem Glauben an die umgreifende Wandlung des Menschen, an die Chance zur Verwirklichung einer vollständig neuen, noch nie betretenen Ordnung sogar noch festgehalten, als schon die Kräfte der Reduktion der Utopie auf den Plan getreten war(en).«[600] Das ändert aber nichts an Schneiders tiefer Überzeugung, daß der Christ Christus nachfolgen müsse, und das heißt: den Weg der Gewaltlosigkeit gehen.
Mitten im Krieg hat Reinhold Schneider ein Gelübde abgelegt, nicht zu töten. Seine Motive sind nicht die eines Pazifisten, wie er sich überhaupt nicht zu den Pazifisten zählt, denn er kann, ungeachtet seiner Hoffnung auf die Wandelbarkeit des menschlichen Herzens, die Realität des Krieges in Geschichte und Gegenwart nicht ignorieren. »Fast könnte ich die Pazifisten beneiden«, schreibt er, »um die Meinung, daß es möglich sei, die Kriege aufzuheben, den Blutstrom der Erde zu stillen. Aber ich weiß, daß Krieg und Kriegsgeschrei immer greller werden und daß am Ende die Elemente vor Hitze zerschmelzen und die Erde samt den Werken auf ihr verbrennen werden (2. Petr 3, 10). Vor dieser Wirklichkeit, die unabänderlich ist und immerdar, soll nach meiner Überzeugung der Christ den Frieden *tun*. Ich beneide die Pazifisten nicht. Ich achte ihren Mut, ihre Zuversicht, ihren Glauben an den Menschen und die Vernunft. Aber ich

glaube einzig und allein an Jesus Christus und die Welt, die er uns geoffenbart hat, die zugleich verdammte und gerettete Welt.«[601]
In dieser Welt aber soll der Christ Jesu Leben und Tat bezeugen durch sein eigenes Leben – in der Tat des Friedens und der Liebe. Doch in den Schwierigkeiten und Fallstricken der Welt ist neben Jesu Wort und Beispiel das Gewissen der sicherste Führer und Begleiter. Schneider sieht sich dadurch zu der Aussage gezwungen: »Heute kann man Gewalt nur ausüben oder behaupten, wenn man die Mitschuld an der Verwendung moderner Waffen auf sich nimmt. Denn zu denken, daß deren Anwendung durch Verträge ausgeschlossen werde, halte ich für absurd. Ich sehe daher in dieser Zeit die Forderung nach radikalem Umdenken: einer Schuld gegenüber, die nicht ihresgleichen hat, ist auch etwas geboten, was nicht seinesgleichen hat (es sei denn in den ersten Jahrhunderten bis Augustin, da die Kirche den Krieg verwarf).«[602] Und wohl mit Blick auf den gewaltlosen Widerstand Mahatma Ghandis in Indien fragt Reinhold Schneider: »Warum nicht als Christ von Indien lernen? Die Meinung indischer Christen, daß die Abendländer Christus gar nicht verstanden hätten, hat für mich Überzeugungskraft. Daß das Christentum mit Indien kaum ins Gespräch kommt, ist ein Verhängnis.«[603]
Bernt von Heiseler widerspricht Schneider und meint: »Sagen aber müssen Sie, was ein *Staat* seinen Bürgern als Vorschrift geben soll, wenn er nach Ihrer Auffassung recht handelt! ... Wenn ich mich anders überzeugen soll, so sagen Sie mir, was Jedermann, der ›Mann auf der Straße‹ tun soll, um sich recht zu verhalten – und welchen Rat, welches Gebot der Regierende ihm geben kann, welches *praktisch erfüllbare* Gebot? – Ich sehe keines, als nur, wenn der schreckliche Kriegstag käme, die Erfüllung der bitteren Pflichten.«[604]
Schon rund drei Wochen zuvor aber schrieb Heiseler, den Graben, der sich zwischen ihnen aufzutun droht, überschwingend: »Der *Einzelne* kann zu einer solchen Konsequenz kommen ... ja, und wahrscheinlich ist kein Segen auf dem Volk, wenn es keine Einzelne hat, die so entscheiden. – Ich grüße Sie dankbar verehrend.«[605]
Rund ein Jahr später, nach vielen schmerzlichen Erfahrungen, schreibt Reinhold Schneider dem Freund: »Mein Befinden, nach

dem Sie fragen, hat freilich sehr gelitten; doch halte ich noch immer an der Hoffnung fest, der Arbeit näher zu kommen, die ich als die abschließende betrachte und betrachten will. Es waren dazu noch gewisse Erfahrungen des Tragischen nötig, die mich an dem Ort bestätigen, von dem ich ausgegangen bin. Die Einsamkeit vollendet sich gerade darin, daß ich mich zur katholischen Kirche bekenne; in der evangelischen wäre ich nicht ganz so allein.«[606] Der Hinweis auf die evangelische Kirche macht deutlich, daß dort eine Reihe von Gruppierungen existieren, die seinen Vorstellungen recht nahekommen und die durch die Namen Heinemann und Niemöller bezeichnet werden. Wichtig und zugleich kennzeichnend ist aber auch, daß Schneider im folgenden Satz den Weg aufzeigt, der ihm neben dem Glauben forthilft: »Die Kunst kann und wird diese Zeit durchbrechen.«[607] Aber die Einsamkeit wird nun auch in den künstlerischen Beziehungen gesucht. Am 4. Dezember schreibt Schneider an Werner Bergengruen: »Ich löse mich gegenwärtig aus PEN und Autorenverband; es wird mir immer wohler je isolierter ich bin. Man kann heute nicht in Gruppen ziehen, denn der Weg ist unsagbar schwer. Man kann aber umso besser Freundschaft halten, je einsamer man ist.«[608]

Reinhold Schneiders Widerspruch, ja Widerstand gegen die Restauration des Vergangenen, führt ihn zu Erfahrungen, die in ihm angelegte Entwicklungen beschleunigen. Mit Schopenhauer, Nietzsche und Unamuno ist er von der Faktizität des Tragischen ausgegangen, die von seinem eigenen Erleben bestätigt wird. In der Bejahung und Überschwingung der Tragik von Leben und Geschichte schien er die Einstellung gefunden zu haben, die es ihm ermöglichte, das Leben trotz angeborener Schwermut und ständig sich wiederholender Depressionen zu ertragen. In der Erkenntnis, daß die Unheilbarkeit der Welt nur in der Transzendierung ihrer Schmerzen ertragen werden kann und den Weg zum Heil findet, eröffnet sich ihm der Weg zu Jesus Christus, dem Gottmenschen, der sterben muß und will, um die Welt zu erlösen von der Qual ihrer Schuldhaftigkeit. Ihr Ende wird schrecklich sein, aber jenseits dieses Endes liegt das Verheißene, die Erlösung, die Befreiung von Schuld und Sünde. Auf dem Weg dorthin hat der Mensch seinem Gewissen zu folgen. »Der Christ«, sagt Reinhold Schneider in »Der Friede der Welt« (Wiesbadener Fassung), »hat also nur sich selbst, sein Gewissen.«⁶⁰⁹ »Das Christentum ist ja Freiheit. Aber diese Freiheit ermächtigt auch zum Widerspruch. Die lebendige Wahrheit ist über jeder Autorität: im Religiösen als Gegenwart des Herrn, als das Aug in Auge, in das keine Instanz sich einmischen kann. Im rein Sittlichen nicht minder als Achtung und Ehrfurcht vor der Einheit allen Lebens, die nationalen Bindungen übergeordnet ist. Die Entscheidung ist rein personal. Sie kann nicht zum Urteil über eine entgegengesetzte Entscheidung erheben.«⁶¹⁰ Hier ist eine Entscheidung für die Freiheit des Gewissens getroffen, die von niemand eingeschränkt werden kann, und damit eine reformatorische Position bezogen.

Im Undenkbaren das Wahre tun, das ist Schneiders Maxime. Aber auch im schärfsten Kampf bleibt ihm die Achtung, die Verehrung der Persönlichkeit. Als ihm nach einem Angriff auf den evangelischen württembergischen Landesbischof Theophil Wurm von mehreren Seiten nahegebracht wird, wie stark die Betroffenheit des Angegriffenen sei, schreibt er an den Bischof, nachdem er die rein sachliche Ausgangslage seiner Polemik betont hat: »In dem einzigen Aufsatz, den ich gegen Sie schrieb [in der Frage der Wiederbewaffnung]... habe ich ausdrücklich gesagt, daß Sie mir verehrungswürdig sind und bleiben. Es war nicht meine Absicht, Sie zu verletzen; sollte es dennoch geschehen sein, so bitte ich Sie, mir zu vergeben. Mögen Sie der Kirche, dem Lande und Volke noch recht lange erhalten bleiben. Das wünsche ich inständig. In herzlicher und verehrungsvoller Ergebenheit Ihr Reinhold Schneider.«⁶¹¹

Wegscheide

Reinhold Schneiders radikales Christentum, das aus einem bewußten Nichtchristsein hervorging, führt zu Konflikten – nicht nur zu politischen. Bereits am 14. Januar 1939 hat ihn sein Stiefvater Joseph Mayer auf seine veränderte Weltanschauungs- und Glaubenssituation angesprochen und bemerkt:»... der Glaube an die transzendentale Natur des Menschen und seine höhere Bestimmung«[612] sei nicht nur an kirchliche Formen gebunden, und er fährt fort:»So sehr ich verstehe und achte, wenn einer von Kindesbeinen auch darin verharrt, weil er sie grundsätzlich nicht zum Gegenstand seines Nachdenkens macht. Bei der Umkehr vom freien Menschen zum gebundenen dagegen müssen bei einem Menschen von höchster geistiger Verantwortlichkeit und Redlichkeit, wie in Deinem Falle, ganz besondere und schwerwiegende Gründe maßgebend sein.«[613] Eine Begründung für Schneiders veränderte Position verlangt der Stiefvater nicht, aber er fügt hinzu, die Mutter glaube, er schränke nun wegen der unterschiedlichen Standpunkte seine Besuche bei ihnen ein. Der Gedanke, hier werde das Gut der Freiheit gleichsam vergeudet, beschäftigt den Mediziner und Freidenker aber weiterhin. Am 8. September 1940 schreibt Joseph Mayer dem Stiefsohn, der Naturwissenschaftler dem Dichter:»Was ich im tiefsten Herzen beklage ist: Daß Du es Dir versagt hast, ein Wegbereiter für Freie zu sein. Die *Herde* Christi hat Hirten genug. Es war mir eine große Hoffnung und sie schien nicht unbegründet.«[614] Drei Jahre später, am 5. Oktober 1943, wird der briefliche Anruf vollends zur Klage:»Du ahnst ... das überaus Schmerzliche, das mich bewegt bei dem Weg, den ich Dich gehen sehe. Die Medizin erleichtert die Lage keineswegs für mich, sie erschwert sie ganz im Gegenteil noch durch Dein physisches Befinden ... Ich verstehe, daß Du mir antworten wirst, ich solle mir keine unnötigen Sorgen um Dich und Deinen Weg machen, da Du gewiß bist, Dich auf dem rechten zu befinden, aber das hieße zu viel verlangen!«[615] Der Brief schließt mit dem Dank für Kartengrüße, die erwidert werden –»und was Dich betrifft mit herzlicher Bekümmernis. Joseph«.[616]
Aber über die Jahre hinweg wächst, wenn auch nicht die Billi-

gung, so doch der Einblick in und vielleicht auch das Verständnis für den Weg des Stiefsohnes, und nun nehmen die Briefe eine andere Wendung. Aus dem Krankenhaus, mit Bleistift, schreibt am 11. September 1954 Joseph Mayer an Reinhold Schneider: »Reinhold! Ich habe eine sehr eindringliche Bitte an Dich: Lehre Deine Mutter *beten*, beten so wie *Du* betest. Sie hat Dich die Worte der Gebete gelehrt, vermittle *Du* ihr den Geist! Ich habe ihren Glauben nie angetastet, aber das Leben hat sie kritisch gemacht und sie ist wohl auch an meiner Seite lau geworden trotz meiner zahllosen Ermahnungen, *Dich* in diesen Dingen zum Vorbild zu nehmen ... Tue alles, um dieser geborenen, uns so teuren Frohnatur eine starke Stütze zu geben, wenn ich ihr wider alles, was auf sie einstürmen mag, in ihrer körperlichen und seelischen Not nicht mehr zu helfen vermag. Es ist das Anliegen, das mir am nächsten am Herzen liegt und das Einzige, was ich Dir heute sagen will. Dein Joseph.«[617]
Aber auch die Reaktionen auf seine Arbeit beschäftigen Mutter und Stiefvater, und so antwortet der Sohn und Stiefsohn am 24. Oktober 1954, daß er zu spüren meine, Aufnahme und Wirkung seiner Bücher erfüllten ihre Hoffnungen »nicht oder immer weniger«[618]. Das ist schmerzlich für ihn, denn er fühlt sich in der Dankesschuld für alles, was für ihn getan wurde. Aber er steht auch zu dem Unabänderlichen: »Meine Arbeit steht ganz in der geschichtlichen Situation, so wie ich sie empfinde. Ich habe nie eine andere Aufgabe gehabt, als mich ihr zu stellen und sie auszudrücken ... Ich bin der Zeit zugleich nah und fern, zugleich vergangen und zukünftig. Ich habe immer von Ahnungen gelebt und aus Ahnungen gearbeitet; es kann nicht meine Aufgabe sein, zu tun, was andere besser können als ich – sondern das was ich soll. Und nur in der Konsequenz kann in meinem Falle überhaupt die Möglichkeit einer Wirkung sein.«[619] Am Ende des Briefes wird die Hoffnung auf einen Besuch des Stiefvaters in der kommenden Woche ausgedrückt und dieser zugleich terminiert: »Der 30. Oktober wäre der letzte erreichbare Tag: denn dann müssen wir nach Saarbrücken.«[620]

Dieser Hinweis zielt auf die Theaterproben zur Aufführung von Schneiders Schauspiel »Die Verantwortung« (Zar Alexander) in der saarländischen Hauptstadt.

Zu dieser Zeit – 1954 – liegen die schweren Aufregungen, Kränkungen und Angriffe bereits hinter ihm – kurz: jene Vorgänge, die mit »Der Fall Reinhold Schneider« bezeichnet werden und womit oft genug nur das politisch Vordergründige und nicht die tiefgründige theologische und existentielle Analyse gemeint ist, die einzig den Mann an seinem Kachelofen bewegt. Die Substanz von Unverständnis, Ignoranz und Befremden, neben denen es auch aufrichtige und von beiden Seiten nobel ausgetragene Freundeskontroversen gab – wie zwischen Schneider und Bernt von Heiseler – erwies sich als so dünn, praktisch gar nicht vorhanden, daß 1952 ein Umschwung in der Öffentlichkeit einzusetzen begann.

Am 9. Oktober 1952 wird Reinhold Schneider in den auf Friedrich den Großen zurückgehenden Orden Pour le mérite für Wissenschaft und Kunst gewählt. Wesentlichen Anteil daran haben die warme Fürsprache Rudolf Alexander Schröders und die kluge Wegbereitung und Leitung durch den ersten Bundespräsidenten Theodor Heuss. Der Philosoph und Jesuitenpater Erich Przywara schreibt an Schneider: »Da hat der Alte Fritz höchstpersönlich Prof. Heuss dazu inspiriert.«[621]

Dieses wichtige Jahr im Leben Reinhold Schneiders beginnt mit dem Abschluß des Dramas »Innozenz und Franziskus«. Noch immer wirken sich die Folgen des Boykotts aus, den manche kirchlichen Zeitungen gegen ihn verhängt haben. Die »Niederungen des Broterwerbs«[622], in denen er sich zeit seines Schriftstellerlebens immer wieder herumdrücken muß, sind auch jetzt noch nicht durchschritten. Aber die Situation hat sich dennoch verändert. Er wird wieder in größerem Maße zu Rundfunkvorträgen eingeladen; die Stationen in Bern, Basel und Olten bitten um Beiträge, und obwohl diese Aufgaben für ihn physische Qual bedeuten, erfüllt er sie.

Sein elender Gesundheitszustand drückt sich in den Sätzen an Anna von König aus: »Im Physischen ist mein Leben mühselig geworden. Ich komme nur noch an Stöcken weiter, da die Füße durch das Stehen ganz überanstrengt sind.«[623]

Schneider arbeitet an einem Kachelofen, auf dem seine Schreibmaschine steht. Nur so kann er die Schmerzen ertragen, die von seiner Magen- und Darmkrankheit herrühren und fast den ganzen Tag über anhalten. Nur der frühe Morgen und allenfalls die Vormittagsstunden können noch der Arbeit dienen.

Am 18. Dezember 1952 erscheint »Innozenz und Franziskus« im Insel Verlag. Reinhold Schneider kommt hier auf das Problem der Macht der Kirche zurück, der er in seinem (zu jener Zeit) unveröffentlichten Buch »Innozenz III.« die des Staates gegenüberstellte. In »Innozenz und Franziskus« begegnen sich kirchliche Macht und religiöse Spiritualität, ohne daß letztere alleine dem Machtlosen zugeordnet wird. Die Gegenüberstellung ist zur Begegnung aufgelöst. »Es ist, als seien der Papst und der Heilige einander auf dem schmalsten Grat der Geschichte begegnet, da eine Möglichkeit zu schwinden beginnt, eine andere wächst. Näher war wohl kein Papst dem geistlich-weltlichen Reich in seiner Vollendung gekommen als Innozenz, und doch war dieses Reich hundertfach beengt und bedroht, schienen dem Papst selber die Mauern des Heiligtums zu wanken – wenigstens in der Wirklichkeit seines Traumes. Es war offenbar, daß das Reich in dieser Gestalt nicht kommen werde. Aber in diesem Augenblick spannte Franziskus, der gehorsame Arme, den Bogen der kühnsten Forderung über alle Untergänge hinweg, und es war vielleicht die größte, in die weiteste Zukunft dringende Tat des Papstes, daß er Franziskus und seine Gefährten gesegnet hat.«[624]

Am 26. November 1952 kündigt Reinhold Schneider Bernt von Heiseler die Zusendung des »Innozenz und Franziskus«-Dramas an und schreibt: »Sie werden sehen, daß ich in den letzten Büchern im Angesichte Roms vor unlösbaren Problemen stehe. Amt und Amtsnachfolge sind für mich ganz fest, alles andere ganz fragwürdig. Christliche Geschichte ist mir eine notwendige Unmöglichkeit.«[625]

Am 15. Januar 1953 kommt er auf die Schwierigkeiten zu sprechen, die seine Dramen – zwischen 1948 und 1952 erscheinen acht dramatische Werke – für das Theater bedeuten: daß das Publikum auf die Probleme und die Zeit, die er beschwört, nicht eingestellt sei. Außerdem ist es nahezu unmöglich, Heilige durch Schauspieler darstellen zu lassen. Seine Erklärung, warum er, wohl wissend, daß seine Stücke es auf dem Theater schwer haben müssen und für das Theater nicht leicht zu realisieren sind, dennoch mehrfach die dramatische Form wählt: »Ich kann eben gewisse Probleme nur in dieser Form austragen.«[626]

Aber ist er eigentlich allein derjenige, der diese Probleme erkennt? Er kann das nicht glauben und meint auf die selber gestellte Frage: »Warum aber sind die Probleme des Papsttums so sehr vom Drama vernachlässigt worden? Vielleicht hat es die evangelischen Dichter nicht stark genug ergriffen, die katholischen aber waren nicht frei genug. Man kommt vor heillose Probleme.«[627] Leopold Ziegeler ist in dieser Zeit neben Bernt von Heiseler der wichtige Briefpartner, mit dem sich Schneider über Wert und Bühnentauglichkeit seiner Dramen austauscht. Ziegler, von »Der große Verzicht« tief beeindruckt, erkennt aber, daß »Innozenz und Franziskus« »einer künftigen Übertragung ins Theatralisch-Szenische weniger widerstrebe als die früheren Stücke«.[628] Deshalb nutzt er seine Bekanntschaft mit dem Regisseur Heinz Dietrich Kenter und macht ihn auf Schneiders Werk aufmerksam. Dessen Reaktion ist typisch für die innere Isolierung, in der er lebt: »Sehr dankbar bin ich Ihnen dafür, daß Sie Herrn Heinz Dietrich Kenter auf meine Arbeiten aufmerksam gemacht haben; ich selber wage nicht, mich den Theatern zu nähern, im Gefühl, das den Fügungen überlassen zu müssen, die etwa noch einmal sichtbar werden. Es muß eben ein Funke herabfallen – oder übertragen werden. Und vielleicht haben Sie das nun getan. Wenn Herr Kenter mich besuchen will, so würde ich mich sehr freuen. (Eine Vormittagsstunde ist immer am günstigsten, dann wird es meist leider schwierig.) Aber auch für jedes Zeichen des Interesses werde ich dankbar sein.«[629]

Am 13. Mai 1953 begeht Reinhold Schneider seinen fünfzigsten Geburtstag. Sein Schweizer Verleger Jakob Hegner will aus diesem Anlaß eine vierbändige Auswahl aus seinem Gesamtwerk herausbringen. Doch dieses Geburtstagsgeschenk steht anfangs unter keinem guten Stern. Konzipiert sind die »Ausgewählten Werke« fünfbändig, doch das Erscheinen droht sich zu verzögern, und so schreibt Reinhold Schneider am 11. August 1952 an Jakob Hegner: »... vielleicht hätte ich, wenn zum Geburtstag die fünf Bände mit Deinem Verlegernamen vorgelegen wären, irgendeinen der vielen Preise bekommen, die heute in Deutschland verteilt werden. Ein solcher Preis ist ebenso komisch wie der Geburtstag selbst, aber er wäre vielleicht eine kleine finanzielle Hilfe für mich gewesen; ich hätte sie dringend nötig, um ein einziges Mal aufzuatmen; umso dringender, als ich ja auf die

Hälfte des Honorars verzichtet habe.«[630] Schließlich gelingt es doch, eine vierbändige Ausgabe im März 1953 herauszubringen. Im April 1953, noch vor Schneiders Geburtstag, erscheint die erste große Würdigung von Reinhold Schneiders Werk durch den Schweizer Theologen Hans Urs von Balthasar. Aber auch hier gibt es Enttäuschungen und Aufregungen: Balthasar stimmt Schneiders Auffassung von der für einen Christen unerlaubten Führung der Waffen nicht zu. Schneider ist tief getroffen. Am 3. März 1953 schreibt er an Balthasar: »Mit Dankbarkeit sah ich, daß Sie das Ethos meiner Lebensarbeit in der Forderung nach der neuen Ritterschaft zusammenfassen. Aber eben von daher müßten Sie die Ablehnung des Wehrdienstes verstehen; denn dieser verlangt das unsäglich Gemeine.«[631] Schneider befürchtet, daß Balthasars Buch die gerade etwas abgeklungenen Angriffe gegen ihn wieder beleben könnte: »Die Frage ist nun: wie wird Ihr Buch wirken? Ich glaube, darüber gibt es keinen Zweifel. Wir kennen die katholische – und nicht katholische – Presse. Sie wird die abschließend-ablehnenden Urteile – wie Seite 102 – propagieren, ohne die Begründungen oder das doch anerkannte Positive anzuführen; sie wird sagen: hier spricht eine unangreifbare Autorität von wohlwollender objektiver Haltung – und verwirft. Damit wird der Anstoss, der, nach Ihrer Schätzung, von meiner Arbeit doch ausgehen könnte, sogar ausgehen müsste, aufgehoben, er wird gar nicht empfangen. Denn es wird etwas unmögliches verlangt: *die Vereinigung des unabänderlich gefügten Lehr- und Denkgebäudes mit der evangelischen Wahrheit, die ihrem Wesen nach Weg ist: das Sich Ereignen des Wortes.*«[632] Das alles ändert nichts an Schneiders Dankbarkeit für Balthasars Arbeit. Er wünscht ein Gespräch. Aber das Buch erscheint in der von Balthasar vorgelegten Fassung, und erst in der Neuauflage von 1991 unter dem Titel »Nochmals – Reinhold Schneider«, die eine Bearbeitung darstellt, sind gewisse Veränderungen im Sinne der Schneiderschen Intervention vorgenommen worden. Gleichwohl hat das Buch »Reinhold Schneider – Sein Weg und sein Werk« die befürchteten negativen Folgen nicht ausgelöst.

Die Geburtstagsfeier, an der auch Balthasar teilnimmt, versammelt Verwandte und Freunde um den Dichter: Die Mutter, Wilhelma Mayer-Schneider, ist anwesend, Anna Maria Baumgarten, deren Nichte Hilde Bauer, der Verleger Jakob Hegner, die Tochter von Anton und Katharina Kippenberg, Bettina von Bomhard, Theophil Herder-Dorneich, Werner und Charlotte Bergengruen, Prälat Eckert, Karl Färber, der Chefredakteur des »Christlichen Sonntag« (der Schneiders Haltung in der Frage der Wiederbewaffnung nicht teilt, so daß der Dichter die Arbeitsverbindung abbrach, aber offenbar nicht die persönliche), Heinrich von Schweinichen, der Freund aus schweren Tagen, Josef Rast, der Schweizer Mitverleger von Hegner, und das Freundesehepaar van Look.

In diesem Jahr des Eintritts in das sechste Lebensjahrzehnt schreibt Reinhold Schneider seinen Lebensbericht, der bezeichnenderweise »Verhüllter Tag« heißt. Es ist keine Autobiographie, weil manches verhüllt wird, was der Autor »der Welt« nicht kenntlich machen will, so die wichtige Rolle von Anna Maria Baumgarten in seinem Leben. Das Buch erscheint 1954 bei Hegner.

Obwohl es ihm gesundheitlich nicht gut geht, wirft sich Reinhold Schneider förmlich in die mit zahlreichen öffentlichen Auftritten verbundene Arbeit. Er eilt von Vortrag zu Vortrag. Es ist, als wolle er nachholen, was ihm in den letzten Jahren vorenthalten wurde. Mehr noch aber drückt sich in diesem unentwegten Dienst am Geist, an der Geschichte, an der Gegenwart die Sorge um die Zukunft aus, und das tiefinnerliche Empfinden wie das klare Bewußtsein eines Auftrags – seines Auftrags: der Gegenwart, der Zeit, den Menschen zu dienen – als Mahner und Verdeutlicher.

Daß es tatsächlich zur Uraufführung des Dramas kommt, belebt Schneider sichtlich. So schreibt er zu Anfang des neuen Jahres an Ziegler: »Ich will und soll nun nächste Woche nach Essen, wo die Proben des »Innozenz« im Gange sind. Daß es dazu kam, verdanke ich zu einem wesentlichen Teile Ihnen ... Ich versuche es jetzt wieder mit Vorträgen; in physischer Hinsicht ist es für mich meist eine unsägliche Qual, aber ich bin doch ganz erfüllt von der Stunde, die den Einsatz will.«[633]

Wenn er unterwegs ist, kann er nichts essen, weil sonst die Schmerzen ihn überwältigen. Tomatensaft, Wein, Cognac, Bier, gequirltes Ei – damit hält er sich aufrecht. Anna Maria Baum-

Reinhold Schneider. Aufnahme aus den letzten Lebensjahren.

garten begleitet ihn, hält störende Besucher fern, auch zu Hause in Freiburg, und greift so – halbwegs dazu gezwungen, aber auch manchmal aus eigener Machtvollkommenheit – immer mehr in sein Leben ein.

Am 13. Februar 1954 findet in Gegenwart von Bundespräsident Theodor Heuss die Uraufführung von »Innozenz und Franziskus« in Essen statt, vorbereitet durch einen Vortrag Werner Bergengruens im Essener Opernhaus am 17. Januar über das Thema »Reinhold Schneider und die Tragik Gottes«. Etwa zwei Drittel des Dramentextes müssen geopfert werden. Schneider geht dennoch ganz in dieser faszinierenden Arbeit mit den Theaterleuten auf und schreibt an das Ehepaar van Look: »... wir sitzen in den Proben, die mir viel Freude machen und für mich lehrreich sind. Morgen und übermorgen in Münster zu Vorträgen, dann wieder hier, dann Freiburg und zur Premiere wieder in Essen.«[634] Anna Maria Baumgarten fügt hinzu: »Die Matinee mit Bergengruen war ein Erlebnis ganz besonderer Art. Viel, viel steht noch bevor. Hier wunderbare Begegnungen! Ich bete nur um Kraft für Reinhold.«[635]

Im Anschluß an die Uraufführung gibt der Bundespräsident einen Empfang, der bis in den neuen Tag hinein dauert. Schneider sieht aber, daß seine Sache in dieser Zeit und Welt eine ganz fremde ist, obwohl Heuss die Gegensätze überbrückt und Werner Bergengruen, der Publizist Walter Abendroth, der im schlimmen Jahr 1952 in einem Artikel in der Wochenzeitung »Die Zeit« für ihn eintrat, sein Verleger Hegner und andere Freunde ihm beistehen.

Die Presseleute sind weithin ratlos. Aber auch Schneider kann trotz einzelner eindringlicher und einfühlsamer Rezensionen mit ihnen nichts anfangen. Sein Eindruck nach der Pressekonferenz vor der Premiere: »... was für Gesichter, Existenzen, Anmaßungen und Dürftigkeiten!«[635a]

Im Programmheft der Aufführung schreibt Reinhold Schneider: »Selber habe ich mich nie um die Aufführung meiner dramatischen Arbeiten bemüht, obwohl ich meine, in ihnen am deutlichsten ausgedrückt zu haben, was ich sagen soll: die Tragik der christlich-geschichtlichen Existenz; das Drama einander bekämpfender Sendungen, der Leidenschaft für die Ämter, der einander herausfordernden und steigernden Ideen. Ich habe die Stücke alle auf ›meiner‹ Bühne gesehen und gehört; sonst hätte ich sie ja nicht geschrieben; keine aber Nacht für Nacht, in so verzehrender Gegenwart unversöhnlichen Streites wie den ›Innozenz‹.«[636] Schneider flüchtet sich während der Uraufführung zu den Schauspielern in die Kantine:»... dort saß ich abwechselnd mit dem Kardinalskollegium«, berichtet er an Erich Przywara,»mit Maria von Schwaben, deutschen Fürsten, dem jungen Raymund zusammen, mit dem ich ein sehr ernsthaftes Gespräch hatte. Ich durfte meinen Wacholderschnaps nicht bezahlen, und nur in abgerissenen Sätzen der Kommenden und Gehenden erfuhr ich vom Ablauf ... Während des vorletzten Bildes befahl mich der Inspizient hinauf; ich hörte in den Kulissen das letzte Röcheln des Papstes und die Ansprache des neuen im Schlußbild, das ich für das Theater hinzugeschrieben habe, den Zusammenbruch des Franziskus.«[637] Nach dem sechsten oder siebenten Vorhang wird er auf die Bühne geholt.»Heuss klatschte unentwegt, ich konnte Kenter und den Künstlern auf offener Bühne danken, und es ist wohl auf über zwanzig Vorhänge gekommen.«[638]

Im Jahr 1954 beginnt die Periode, die Reinhold Schneiders letzte Lebensjahre kennzeichnen wird: Er beschäftigt sich intensiver mit den Naturwissenschaften. Schon früh, im »Portugal«-Reisebuch, hat ihn der radikale Kampf ums Leben schokkiert, als er dem Todeskampf der Langusten zusah. Der sogenannte Bios-Aspekt[639] verliert lebenslang nicht an Bedeutung. Die in den fünfziger Jahren beginnende Weltraumfahrt fügt dem immer wieder aufgenommenen Gedanken an die Lebensprinzipien der Natur den kosmischen Aspekt hinzu, der in wenigen Jahren sein Weltbild bis in die Weltanschauung hinein umstürzen wird. 1951 hat er bereits Albert Schweitzer kennengelernt, den er als einen der bedeutendsten Menschen des Jahrhunderts begreift, auch in seinem ethischen Christentum ehrt. Intensive Zusammenarbeit mit verschiedenen Rundfunkstationen setzt ein: Am 16. April 1954 sendet der Süddeutsche Rundfunk als Karfreitagssendung in Zusammenarbeit mit dem Westdeutschen und dem Hessischen Rundfunk den »Großen Verzicht«. Auch das erste seiner Dramen überhaupt, »Belsazar«, erfährt eine Wiederaufführung in Graz nach der Uraufführung 1951 in Berlin. Nach »Verhüllter Tag« erscheinen die »Sonette von Leben und Zeit, dem Glauben und der Geschichte« mit einem Vorwort des Freundes aus den Potsdamer Jahren, Harald von Koenigswald. Noch im selben Jahr wird »Die ewige Krone« veröffentlicht, eine autobiographische Darstellung, die vieles, manchmal wörtlich, vorwegnimmt, was wenig später in »Verhüllter Tag« erscheint.

Ein neues Jahr – 1955 – bringt den Aufbruch zu einem neuen literarischen Genre: Schneider schreibt seinen einzigen Roman »Die silberne Ampel« aus der portugiesischen Geschichte, für den unruhige Zeiten und Leser kaum aufnahmebereit sind. Schneider eilt mit Anna Maria Baumgarten von Ort zu Ort, von Rundfunksender zu Rundfunksender, von Vortrag zu Vortrag. Er spricht mehrfach zum Schillerjahr; so hält er am 7. Juni anläßlich des 150. Todestages des Dichters den Festvortrag in der Bayerischen Akademie der Künste.

Wie schon im Vorjahr die von ihm revidierten und mit neuem Vorwort erschienenen »Hohenzollern« bei Hegner, kommt in diesem Jahr »Das Inselreich« im Insel Verlag mit neuem Nachwort wieder heraus.

Im August besucht er Albert Schweitzer in Günzbach, der für ihn ganz allein in der Kirche auf der Orgel Bach und Mendelssohn spielt. Am 22. September wird Reinhold Schneider zum ordentlichen Mitglied der Abteilung Dichtung in der Akademie der Künste in Berlin berufen. Zum ersten Mal seit 1941 kommt er wieder in diese Schicksalsstadt. Es ist seine erste Flugreise: Die Liebe zu den Wolken beginnt.

Aber auch schwere Verluste bringt dieses Jahr mit sich: Am 8. April 1955 stirbt der Stiefvater Dr. med. Joseph Mayer und am Vorabend von Allerheiligen die Mutter. Von den nächsten Verwandten lebt nun allein noch Bruder Willy in Baden-Baden, mit dem ihn seit je ein besonders herzliches Verhältnis verbindet. Schwermütig-gedankenvoll schreibt Reinhold Schneider an den Freund Franz Niedermayer: »Nun liegen die beiden mit meinem Vater ... und den Großeltern und Urgroßeltern im selben Grab in Baden. Ich stand letzten Sonntag wieder dort ganz unfähig gegenüber diesen Schicksalen, in bitterer Reue. Ich habe allen unrecht getan. Aber ich weiß auch heute nicht, wie ich hätte recht tun sollen.«[640]

Geliebter Süden –
unüberwindlicher Norden

Seit langem fühlt sich Reinhold Schneider nicht nur vom Süden, sondern auch vom Norden angezogen. Im Jahr 1955 wird die erste ausgedehntere Reise nach Skandinavien zum großen, tief wirkenden Erlebnis. In Helsinki, Stockholm, Göteborg und Malmö hält er zwischen dem 9. September und 24. Oktober Vorträge, spricht an den Universitäten von Uppsala und Oslo. Diese Reise wird vom Auswärtigen Amt unterstützt und findet auf Einladung finnischer und schwedischer Gesellschaften statt. Durch die Vortragsverpflichtungen sind die Anstrengungen sehr groß. Aber ohne die Honorare wäre die Reise nicht finanzierbar, und es scheint fast, als könne der »unüberwindliche Norden« die Kräfte verdoppeln.
Schon seit einiger Zeit kann Reinhold Schneider stundenlange Bahnfahrten nicht mehr vertragen. Die Schmerzen steigern sich beim Sitzen ins Unerträgliche. Das Fliegen bedeutet Verkürzung der Reisezeit. Zuerst ist es nur Ausweg, dann eröffnet es neue Dimensionen: »... in diesen unendlichen Räumen fühle ich mich frei und unbeschwert«, sagt er zu Maria van Look, »fast schon geborgen.«[641] Auf die Frage, was dort oben in den Wolken am schönsten gewesen sei, antwortet Schneider: »Ich sah das Meer brennen vor Bläue.«[642]
Der unüberwindliche Norden, von dem schon das Tagebuch sprach, der später im »Verhüllten Tag« wetterleuchtet, von dem Oranien zeugt in »Philipp II.«, der in den »Hohenzollern« pocht und immer wieder in allen protestierenden Geistern, die ihn überfallen und bewegen – jetzt überwindet er ihn sogar so weit, daß er sich bereit findet zum »Krebsfang in Oestergötland«. Land und Haus sind ursprünglich und heutig zugleich. Die Krebse hat man eigens für diesen Abend aus dem entlegenen Bach in einen Teich umgesetzt. Ein Fotograf steht bereit. Es ist nicht zu verhindern. Eine Taschenlampe erleuchtet die halb lächerliche, halb traurige Szene. Es ist keine Kunst, auf diese Weise Krebse zu fangen, »es ist reichlich beschämend«[643]. Der Ehrengast bleibt denn auch bei Schnaps und Bier, als die gesottenen Krebse aufgetragen werden.

Anna Maria Baumgarten und Reinhold Schneider in Schweden.

Aber die Atmosphäre des Hauses, der Landschaft, der Menschen, sogar der Regen, das ist einzig. »Ja, ich will wiederkommen, nächstes Jahr, und ich kann nur wünschen, daß bis dahin – ein Jahr ist so viel – alles bleibe wie es ist, gerade noch ist; die Menschen und das Land und die Freundschaft und die Gewalt der Natur – und auch das Unbegreifliche, das Grausame und das Lächerliche unserer selbst und unserer List sind darin eingeschlossen, Jäger und Elch, Fischer und Krebs.«[644]

Finnland, so lange zerrissenes Land, Reichtum der Natur. »Jetzt, in der Morgenfrische, die das Schiff durchschneidet, ohne daß ein Widerstand spürbar wird, fühle ich mich mit Windesschnelle aus der bisher bewohnten Welt gleiten ... Ich fliehe vom Boden bisher erlebter Geschichte, und es ist mir, als ob ich ins Geschichtslose eilte.«[645]
Siebenhundert Jahre lang hat Schweden versucht, dem Land geschichtliche Prägung zu geben und seit dem 18. und 19. Jahrhundert auch die Zaren. Das Denkmal Zar Alexanders II. steht unberührt in Helsinki, der Platz ist weiter nach ihm benannt. Seine Architektur »ist die Formensprache eines späten nordischen Empire, das man preußisch-russisch nennen könnte und das von Potsdam bis Petersburg reicht. Es ist vornehm, eindrucksvoll in seiner Gemessenheit und seinem Selbstbewußtsein, finnisch ist es wohl kaum. Aber finnisch ist die Pietät und Toleranz, die es bewahrt, die Selbstgewißheit, die, auch nach härtestem Kampf, eine fremde Sprache nicht zu fürchten braucht.«[646]
In der Kathedrale aus der Zarenzeit feiert ein Priester den Gottesdienst nach russisch-orthodoxem Ritus.
Der Rückflug führt über Berlin, das er bereits im Juli besuchte, auch um in der Evangelischen Akademie, bei Herder auf dem Kurfürstendamm und beim evangelischen Studentenseelsorger der Freien Universität zu sprechen und zu lesen. Damals faßte er in einem Brief an Otto Heuschele seinen Eindruck so zusammen: »Berlin ist die Hauptstadt geblieben ... es hat sich auch erwiesen, daß es entweder keine Hauptstadt gibt – oder diese.«[647]
Jetzt, bei diesem zweiten Berlin-Besuch, fährt er in den Ostteil der Stadt, um Anna Seghers, die bekannte Schriftstellerin, zu treffen, die Verfasserin von »Das siebte Kreuz«. An Leopold Zieglers Sekretärin, aber eigentlich an den Freund, schreibt er

nach der Rückkehr:»Wie sehr es mich bewegte, die Fahne auf dem Brandenburger Tor zu sehen, die gebieterische Russische Botschaft im Stil des vorigen Jahrhunderts; die Leere, wo das mir vertraute Schloß stand, über das Schloß hinweg zu fahren und dann die Stalin-Allee bei Nacht, erdrückende Repräsentation, das werden Sie und der verehrte Freund empfinden.«[648]
Hart begegnen sich die Gegensätze. Das nordische Erlebnis reflektierend, schreibt Reinhold Schneider am 8. November 1955 an Erich Przywara:»Es war mir so unsagbar wohl, unter Kronen zu leben – selbst wenn es verlöschende Kronen sein sollten.«[649]

Das Jahr 1955, so bewegt in seinen gegensätzlichen Erlebnissen und Erfahrungen, geht mit einer großen Freude zu Ende. Am 11. Dezember fliegen die Gefährten nach Portugal. Nach fünfundzwanzig Jahren betritt Reinhold Schneider wieder das Land seiner Sehnsucht, seiner ersten, fast verzweiflungsvollen Kämpfe als Schriftsteller, seiner schmerzlichen Liebeserfahrung.

Er ist vom Portugiesischen Informationssekretariat eingeladen, hält Vorträge in Coimbra und Lissabon und ist mit der Neufassung seines Buches über Portugal beschäftigt. Er trifft auch den Diktator Salazar in dessen Privathaus. Schneiders Empfänglichkeit für herrscherliche Menschen, die aus seiner monarchistischen Überzeugung weitere Nahrung erhält, läßt ihn diese Begegnung als ein wichtiges Erlebnis erfahren.

Wieder zurück in Freiburg schreibt er in dem in neuer Form wiedererscheinenden Buch:»Im vergangenen Winter feierte ich Wiedersehen mit Portugal; seit mehr als 25 Jahren war ich nicht mehr dort. Ich fuhr hinaus nach Cascais, wo ich in dunkler, schwermutvoller Jugendzeit mein erstes Buch geschrieben habe: über Camoes und die Vollendung der portugiesischen Macht in seinem großen Gedicht. Das Meer strahlte wie immer, blaues, flüssiges Feuer; es schien mir noch herrlicher als damals, gepflegter die Ufer, und der kleine Palmenhain vor der Festung war noch üppiger geworden. Ich fand auch das Haus wieder meiner ersten Arbeit, eines erfüllten Winters, aber es war nicht mehr blau gestrichen wie vor Zeiten, und von den Bewohnern wußte mir niemand etwas zu sagen.«[650]
Aus dem Gefühl der Vergänglichkeit, das die Freude des Wie-

dersehens und Wiederfindens überschattet, folgt die Reflexion: »Aber war ich noch, der ich war? Ich hatte über ein Vierteljahrhundert Weltgeschichte durchlebt, vom Jahre des Heils 1929 bis 1955, in Deutschland Jahre der Not, der Verfinsterung, der Hybris, des Sturzes, der Einsicht, des suchenden Wiederbeginns. Und in all diesen Erfahrungen fühlte ich mich in Portugal verstanden. Denn das portugiesische Volk hat sich in bewundernswerter Weise aus den Tälern der Geschichte emporgearbeitet.«[651] Dies gerade habe ihm nach der Katastrophe des Ersten Weltkrieges, die für ihn ja die Auslöschung von bis dahin hochgehaltenen Werten, die Lockerung und Lösung menschlicher Bindungen und Verbindungen bedeutete, nach Portugal gezogen: daß es sechzig Jahre lang fast ausgelöscht war und dann doch die Kraft fand, sich aus sich selbst wieder zu erneuern. »Das Gedicht des Camoes schwebte mir vor als eine Weisung für Deutschland in seiner reinigenden Kraft als Selbstgericht und Selbsterneuerung, als Tafel unabdingbarer Werte.«[652]
Aber die Zeiten haben sich geändert: »In der Katastrophe des Zweiten Weltkrieges und der ihm folgenden Zeiten ist das Geschichtsbewußtsein der europäischen Völker in einen Umwandlungsprozeß eingetreten, der noch lange nicht abgeschlossen ist. Immer deutlicher zeigt sich, wenigstens im westlichen Teile Europas, daß ernsthafte Konflikte zwischen europäischen Völkern nicht mehr möglich sind. Wohl verstehen sie einander noch nicht gut. Wohl fällt es dem einen nicht leicht, sich in das andere zu versetzen, das Bedeutende einer fremden Tradition zu erkennen und zu achten. Zu viele Mauern sind noch stehen geblieben, die nur langsam abgetragen werden können. Es soll auch gar nicht in wenigen Jahren geschehen. Wer seine Tradition nicht behauptet, hat dem andern wenig zu bringen. Und nicht die Vermischung, sondern der Zusammenklang allein verdient den Namen Europa.«[653]
Die Portugalreise, die ebensosehr eine Fahrt in die Vergangenheit wie in die Gegenwart und in die Zukunft ist, sollte schon im Frühjahr stattfinden. Aber der Besitzer ließ das Haus in der Mercystraße sanieren und das Dach neu decken, so daß sie besser daheim blieben.
Mitte Februar geht die Reise weiter nach Spanien, wo Vorträge in Madrids größtem Festsaal »Ateneo« über »Spaniens geistige Leistung« und in Barcelona über Schiller folgen.

Schneider besucht den Escorial. Das dort aufgenommene Bild zeigt eine große, dunkle, auf einen Stock gestützte Gestalt im Hintergrund die ernsten, wie verschlossen wirkenden Mauern. Anfang März wird die Rückreise angetreten. Am 19. März erfährt Reinhold Schneider, daß er den Friedenspreis des Deutschen Buchhandels erhalten wird.

Der geliebte Süden mit der Traumstadt Lissabon, der Strenge Spaniens, der Süße Italiens, und der unüberwindliche Norden[654], der ihm in Wilhelm von Oranien und Potsdam, in Erfurt und Luther, in der Mark und der Marienburg, in den engen Zimmern des Genies von Königsberg und am Grabe Nietzsches begegnet ist, sie verbinden sich zu einer Sehnsucht: In Portugal und in Skandinavien findet sie ihr Ziel.

Am 7. August 1956 brechen die Gefährten zur zweiten Nordlandreise auf – nach Schweden, Norwegen und Dänemark, und wieder beglückt das Erlebnis, den Wolken so nahe zu sein. Der uralte Menschheitstraum vom Fliegen, unabhängig und frei und mit weitem Blick über die Erde – es scheint, dem Dichter des Völkergedichts, des Weltgedichts (Jochen Klepper) habe die Technik auch seinen Traum erfüllt und zugleich neue Dimensionen eröffnet: »Dann breitet sich ein violetter Wolkenteppich unter dem Flugzeug über der Stadt, den Fjords, den Wäldern und dem Meer; er zerreißt über Oslo, das heraufflammt wie eine Milchstraße, zuckend und flackernd in der Unruhe vor dem Wetterumschlag. Und wieder eine Weltinsel in der Tiefe: Göteborg und ein paar Trabanten in der großen Verlassenheit; und endlich ein weithin sich ausdehnendes Strahlen, einander sich kreuzende Lichtbahnen, spielende Feuerräder aller Farben und der Widerschein auf der See: Kopenhagen. Der Anblick der großen Städte von oben, bei Nacht, ist eines der wunderbarsten Geschenke an die Zeit wie die Wolkenlandschaften und Lichtspiele, der atemberaubend rasche Heran- und Vorüberflug weißer Gebirge, das Zittern und Tanzen an der Wettergrenze, der Blick hinab in verschneite Schluchten und auf die von Schaumflocken gemusterte See. Unsere Abschiede sind rasch, und in wenigen Minuten sind wir um Dimensionen voneinander getrennt. Unten schließen sich die Berge hinter dem Heimkehrenden zusammen, und der Regen verdeckt ihm den Weg: der andere, der kaum noch eben hier auf dem Stuhle saß am Feuer, ist fort, in den Lüften, im Nirgendwo, schon unerreichbar.«[655]

Schneider meint, kein Talent zu den verschiedenen Sprachen zu haben, nichts von Grammatik und Melodik zu verstehen. Aber in Lissabon hat er sich nach der ersten Nordlandreise in Ibsen und Björnson hineingelesen, und nun kann er sie in ihrer Sprache verstehen: Strindbergs Königsdramen, Hamsuns »Sult«, Holbergs Komödien – »welches Farbenspiel der Gefühle, welche Gefaßtheit und Verhaltenheit. Das sind die Reflexe auf dem Vättersee und dem Oeresund in der lange hinzögernden Dämmerung, dem Tage, der nicht enden will und kann, weil noch immer das Letzte von Licht und Schatten nicht gesagt ist – aber das könnte auch portugiesisch sein, das Spiel des Tejo, ehe die Wolkenwand über die Zacken von Cintra heranzieht, das Gewitter losbricht und die Fischerboote auf den Sand flüchten.«[656]
Abschiedsgedanken eigener Art wachsen auf solchem Grund: »Völker können die letzte Liebe eines Menschen sein, die letzte Gesellschaft, ein unermeßliches Glück. Ich will wiederkommen, gewiß nächstes Jahr; genau an diesem Tage, dem 11. September, war ich voriges Jahr hier. Und in wenigen Tagen packe ich die Gefährten aus Stockholm, Oslo und Kopenhagen in den Koffer für Lissabon.«[657]
Aber diese Reise bleibt ungereist. Die Koffer werden nicht mehr gepackt, um in den geliebten Süden, den unüberwindlich lokkenden Norden zu ziehen. Es bleiben nur noch wenige Stationen. Das »Nordische Finale« setzt den Schlußstrich unter Nord und Süd.

»... was noch nie geschehen ist ...«

Bald nach der Rückkehr aus Skandinavien treten Reinhold Schneider und Anna Maria Baumgarten am 21. September 1956 in Begleitung von Freunden die Reise nach Frankfurt am Main an, wo am 23. September in der Paulskirche die Verleihung des Friedenspreises des Deutschen Buchhandels stattfindet. Die Laudatio hält Werner Bergengruen unter dem Titel »Reinhold Schneider und der Friede«.

Und Bergengruen spricht nun vor einer illustren Versammlung, an ihrer Spitze Bundespräsident Heuss, aus, was entscheidend ist: »Reinhold Schneider nennt den Namen des Friedens nicht, weil er vorteilhafter, sondern weil er heiliger ist als der Krieg. Friede ist ihm nicht eine Forderung der Prosperität und des ungestörten materiellen Wohlbehagens – hier sollten alle Mißverständnisse beseitigt werden – sondern die Erfüllung eines göttlichen Gebots. Sein Friedensruf ist der Ruf eines Mannes, der seinen Ort nicht in Organisationen und Kanzleien hat, sondern in der Einsamkeit des Geistes; eines Mannes, welcher der Sache des Friedens eher in einer halbverfallenen Kapelle zu dienen meint, als in einem prunkvollen Völkerpalast und in lärmigen Kongreßhallen; des Mannes ohne Apparat. Ja, er ruft nicht einmal so sehr zum Frieden auf, sondern zu jener Sinneswandlung, die allein die Voraussetzungen für den Frieden schaffen kann. Er strebt danach, den Frieden in sich zu verwirklichen, soweit dies dem Menschen gewährt ist.«[658]

Damit ist Reinhold Schneiders Friedensengagement in das Licht gerückt, in dem es im Grunde immer stand. Es geht von einem unabhängigen Mann aus, den auch Ideologien und Ideologen nicht in Abhängigkeit zwingen können, und ist das eines Christen, der sich bemüht, Gott mehr zu gehorchen als den Menschen.

Schneiders Dankesworte tragen den Titel: »Der Friede der Welt«. Hier und vielleicht noch mehr in der Fassung, die er vier Tage später in Düsseldorf vorträgt, ist ihm ein Höhepunkt seiner historisch-philosophischen Essayistik gelungen. Von Immanuel Kants Schrift »Vom Ewigen Frieden« ausgehend, dessen Titel sich auf ein niederländisches Gasthausschild bezieht, das über

der Abbildung eines Friedhofes die Worte »Ewiger Friede« trägt, faßt er zusammen, was Krieg, was Waffenstillstand, was Pazifismus und was Friede ist. Und die nach vielen Hunderten zählende exklusive Zuhörerschaft hört von dem leidenschaftlichen Friedensrufer die für manchen erstaunlichen Sätze: »Ich liebe und verehre die großen Feldherren, die ihre Namen wirklich verdienten; den portugiesischen Kronfeldherrn Nun'Alvares, der seine Tradition behauptete und dann, nachdem seine Tat getan war, ein Kloster baute in Lissabon; und ebenso teuer ist mir spanischer Rittersinn und Wagemut, sind mir die schwedischen Feldherrenkönige und Marschälle, Turenne, Prinz Eugen, Clausewitz, der Graf zur Lippe, Friedrich, Scharnhorst, Radetzky, Moltke, Schlieffen.«[659] Aber sofort fügt er an: »Höhere Ehre vielleicht gebührt dem Namenlosen, dem unbekannten Soldaten, der die Schuld dieser Welt mitgetragen und Blut vergossen hat und dessen Blut wieder vergossen worden ist: das Opfer der Geschichte, das keinen Ausweg fand.«[660] Aber dann erscheint in dem Generalobersten Ludwig Beck eine andere, neue Gestalt. Daß der Offizier die Gnade des Königs opferte, um zu retten, was die Ehre gebot, hatte Friedrich anerkannt. Jetzt ging es darum, den unverantwortbaren Befehl zu verweigern und dadurch die Ehre hinzugeben. Der Name Becks steht daher »für eine Gruppe edler Männer, die in den bisher gültig gewesenen Ehrbegriffen erzogen worden waren. In einer ganz bestimmten Situation mußten sie erkennen, daß die Pflicht nicht mehr heilig, der Sieg nicht mehr Ruhm, der Befehl nicht mehr gültig war.«[661]
Die Zusammenhänge von Krieg und Kultur scheinen auf. »Europa verdankt seinen Feinden fast ebensoviel als eigener Kraft. Was die Türken wider ihren Willen zur Erweckung und Festigung europäischen Bewußtseins und Gemeinschaftsgefühls getan haben, ist kaum zu ermessen. Mit den Arabern steht es kaum anders.«[662] Und dann folgt fast ein wenig ironisch, aber doch auch wieder sehr ernsthaft der Zusammenhang zum Hier und Jetzt, zur eigenen Person: »Übrigens verhält es sich mit dem Schriftsteller an seiner bescheidenen Stelle ähnlich, sofern er, was ja nicht immer der Fall ist, sich als soziale Existenz empfindet und der Öffentlichkeit gegenüber ein Gewissen hat: er verdankt nächst seinen Freunden seinen Feinden das Beste, und ich möchte nicht vergessen, auch diesen Dank abzustatten.«[663]

Der Gegensatz zwischen Ost und West ist alt. Dagegen und daneben ist der uralte Widerspruch zwischen Nord und Süd fast vergessen, jedenfalls zu der Zeit, da Reinhold Schneider diesen Vortrag hält. Er schaut in die Vergangenheit: Die Mittelmeerkultur fühlte sich vom Norden wie von der Vernichtung bedroht. Natürlich haben wir es in diesem Zusammenhang nicht mehr mit kriegerischen Aufgaben zu tun – »wie in den Paarungen Karl der Große und Katalonien, die Normannen und Byzanz und Sizilien, Kaiser und Papst« – »aber etwas ist doch geblieben: Kant und Thomas von Aquin oder gar Bonaventura, Kierkegaard und die spanische Mystik, Wittenberg und Rom und Genf. Das ist ein unschätzbares, ein unvergängliches Erbe. Europa besteht nicht allein in der Defension, in Abwehr des Ostens; es trägt die Fülle fruchtbarer Konflikte in sich selbst; und wenn es dieser nicht bewußt bleibt, wird es die Kraft seiner Existenz in der Geschichte nicht vollziehen. Und wie soll es sich dann behaupten?«[664] Aber Schneider weiß ganz genau und sagt es auch sogleich: »Man kann Europa ganz anders sehn. Ich denke nicht daran, andere Perspektiven zu bestreiten.« Und dann folgt das Bekenntnis: »Für mich ... hat es die Gestalt des Kreuzes.«[665]

Die zwei Strömungen, die sich in den genannten Paarungen abzeichnen, kreuzen sich in Deutschland, man kann sogar einen geographischen Ort benennen, wo das geschieht: »... in der Gegend der Wartburg, wo die Heilige aus Ungarn ihr verzehrendes Liebeswerk übte und Martin Luther sich dem Teufel stellte und dem deutschen Wort.«[666] Unweit Gotha ist der Geburtsort Meister Eckeharts, Eisenach und Weimar sind nicht weit. »Mit nationalen Prätentionen hat das nichts zu tun. Es sind nur noch existentielle.«[667]

Gerade der Schriftsteller kann sich nicht abfinden mit der Teilung seines Volkes, »daß er nur für einen Teil ..., die Hälfte oder zwei Drittel schreiben kann«[668], und er merkt, daß sich die Sprache teilt: »Es ereignet sich eine Entfremdung, die unannehmbar bleibt.«[669] Schneider läßt Erfahrungen einfließen, die er in jüngerer Zeit gemacht hat, und er tut es auf eine Weise, die Protest ist: »Unter der väterlichen Aufsicht gewisser deutscher und nicht-deutscher Stellen, die um eine geistige Selbständigkeit besorgt waren, habe ich mir erlaubt, eine Zeitlang in östlichen Zeitungen diese Akzentverschiebung zu verfolgen, und zwar mit

tiefem Kummer. Was aber ist schmerzlicher, als an einem Herbstabend – wenn man etwa aus den glänzenden nordischen Hauptstädten kommt – im kalten, regenschweren Nebel durch das Brandenburger Tor zu fahren, von dem die *andere* Fahne weht, über den Platz, wo das Schloß stand und unter dem noch immer, wer weiß wo, die alten Kurfürsten begraben liegen, in fremdes Land, das doch Heimat ist!«[670] Was trennt von diesem »fremden Land«, sind nicht die Arbeits- und Lebensverhältnisse, ihre Regelung, sondern die Vorstellungen von Freiheit, vom Sinn des Lebens.»Und die Frage ist nun, wie die beiden konträren Machtgestalten sich einigen können über den Frieden der Welt.«[671] Diese Einigung sei in hohem Maße unwahrscheinlich, und doch bestehe der Glaube an die Macht geistiger Veränderungen,»die Johann Gottfried Herder aus Mohrungen in Ostpreußen – als führende Kraft der Geschichte erkannt hat«[672].
Aber ist nicht inzwischen die Naturwissenschaft die führende Geistesmacht geworden? Ja und nein: Ja, was ihre unbestreitbare Bedeutung angeht; nein, was ihre Unfreiheit durch ihre Abhängigkeit vom Staat als Geldgeber betrifft. Schneider besteht auch jetzt darauf, anders als Spätere meinen, daß die These, der Feind könne oder müsse »mit der böseren Waffe niedergehalten werden«[673],»entweder Wahn oder Unaufrichtigkeit« sei. Denn die Welt sei längst ein Ganzes geworden und Erfindungen seien weder geheimzuhalten noch blieben sie auf ein Land beschränkt. Was aber soll, was kann getan werden? »*Es müßte geschehen, was noch niemals geschehen ist, wenn die Welt, die wir kennen und lieben, gerettet werden soll.* Das heißt: es müßte zum ersten Mal seit Anfang Friede geschlossen werden im Sinne Kants. Aber Kant machte eine Vorbedingung, nämlich die, daß mitten im Kriege ein Vertrauen auf die Denkungsart des Feindes übriggeblieben sein müsse.«[674] In diesem Sinne ließ Schiller Max Piccolomini fragen: Wenn der Krieg im Kriege nicht aufhöre, woher denn dann der Friede kommen solle? Für Schneider konkretisiert sich die aktuelle Gefahr in der Antwort, die der amerikanische General James Gavin, der den Mut zur Ehrlichkeit hatte, gab: daß nämlich im Falle eines Atomkriegs mit mehreren hundert Millionen Toten zu rechnen sei. Schneider stellt seinerseits die Frage, wo das geschehen könne, und gibt selbst die Antwort, die sich inzwischen bestätigt hat:»Wo? Nun, das wird in einem gewissen

Grade die Windrichtung entscheiden. Dort eben, wohin der Wind weht.«[675]
Rund drei Wochen vor seinem Vortrag in Düsseldorf, am 27. September 1956, liest Schneider in der Zeitung von einem Gutachten des Radiologischen Instituts in Freiburg,»daß Landwirtschaft und Ernährungswirtschaft infolge der Verseuchung der Weiden bereits in einem das zulässige Minimum überschreitenden Grade von radioaktiven Teilen betroffen sei, und zwar im Hochschwarzwald um das Fünffache stärker als in den Niederungen.«[676] Er schließt daraus und gehört damit zu den allerfrühesten, gleichsam hellsichtigen Warnern vor einer tödlich verseuchten Umwelt:»Der Krieg ist also schon da, nur daß er ein wenig langsam und im Verborgenen arbeitet, dafür aber vermutlich auf Generationen. Er hat an Raffinesse gewonnen und legt es vorläufig auf die Keimzellen und die Gehirne an. Was soll man aber von einer Generation halten, die es nicht fertigbringt, den Kindern reine Milch zu bieten?«[677] Das Publikum im Robert-Schumann-Saal in Düsseldorf schweigt – vor Ergriffenheit? Gebannt von Angst? Oder weil es gleichgültig bleibt?
Europa hat mehr als einen Friedensmahner und Verfasser von Friedensschriften gekannt: von Sebastian Franck, den Katholiken und Lutheraner gleicherweise für einen Ketzer hielten, über Erasmus von Rotterdam, William Penn, Bentham, Saint-Pierre, Rousseau bis zu Kant und Friedrich von Gentz. Kant meinte, wenn das Gebot»Du sollst nicht lügen« beachtet würde, wäre der Friede geschlossen, der Krieg besiegt.
Aber für den Christen ist das Ende klar: Es ist prophezeit, daß Volk gegen Volk aufstehen wird und die Geschichte einer Katastrophe entgegengeht. Und doch liegt, so sagt Reinhold Schneider,»eine unbegrenzbare Verheißung auf dem Gebot, und doch werden die Füße des Friedfertigen gepriesen, ist er anerkannt als Macht. Hier, an dieser Kreuzung, unter diesem Kreuz steht der Christ. Der Aspekt der Geschichte, der heute aufgist, ist von einer so unerhörten Größe, daß Lehrer und Autoritäten jenseits der Schwelle an ihr versagen.«[678] »Hier aber, auf Erden, in unserer Zeit gilt Luthers gewaltiges Wort: ›Solange ich bete, wird Friede sein‹. Beten in diesem Sinne aber bedeutet die Darbringung heiliger und wissender Existenz als Bitte für den Frieden der Welt.«[679]

Weit über die deutschen Grenzen hinaus findet die Frankfurter Rede Reinhold Schneiders Widerhall. In Westdeutschland werden Teile, die vom Recht auf Wehrdienstverweigerung handeln oder damit in Verbindung gebracht werden können, von manchen Medien nicht gebracht.
Die mit der Preisverleihung verbundenen Feierlichkeiten kann Schneider nur unter Aufbietung aller Kräfte bestehen. Am 13. Oktober schreibt er an Jakob Hegner: »Mein Befinden ist miserabel.«[680] Es erscheint jetzt »Die silberne Ampel« bei Hegner und im Insel Verlag, ganz aktuell, die Essay-Sammlung »Der Friede der Welt«.
Das arbeitsreiche Jahr, von dem er schon im März fürchtete, daß, wenn es so weitergehe, er »nicht mehr lange bei Verstand bleiben kann«[681], endet mit schweren menschlichen Verlusten: Am 18. November stirbt Paul Mahnert in Essen, von dem Schneider einmal schreibt, daß es ihm doch seltsam vorkomme, einen Freund der Großindustrie zu haben. Bei ihm, in seinem und seiner Frau gastfreien Haus in Essen, hat er oft gearbeitet, hat hilfreiche Zuwendung gefunden, auch in der Zeit von Boykott und Kränkung. In der großen Werkshalle des Unternehmens hält Reinhold Schneider dem Freund vor etwa zweitausend Trauernden die Abschiedsrede.
In Essen ist es auch, wo Schneider am 20. Juni 1956 seine Einleitung zu Jochen Kleppers Tagebüchern »Unter dem Schatten deiner Flügel« schreibt. In diesem Vorwort scheint noch einmal auf, was in dem im Angesicht der Bibel gelebten Leben des Freundes an Angst und Not, an Glück und Verantwortung zusammengepreßt war. »Er war an eine Stelle genötigt worden, von der niemand zurückkehrt – und also können die Lebenden nicht urteilen über die Entscheidung, die er dort vollzog. Uns geht nur an, was vor diesem Geheimnis liegt, dem letzten Ich und Du zwischen dem Menschen und dem furchtbaren Vater –: diese unsere schlimme Wirklichkeit, unsere Schuld, die Verhärtung der Herzen.«[682]
Als auch Bettina von Bomhardt, die jüngste Tochter von Anton und Katharina Kippenberg, die beide nicht mehr unter den Lebenden sind, um diese Zeit stirbt und schließlich seine dreiundneunzigjährige Patentante Augusta Brenner, geborene Messmer, da umfängt Schneider wieder der Flügelschlag des dunklen Engels.

Mit am schwersten aber lastet auf ihm der Bruch mit seinem Bruder Willy. Am 4. November 1956 richtet Willy noch sehr herzliche Kartengrüße nach Freiburg. Er ist seit Jahren verheiratet. Aus brieflichen Bemerkungen von Mutter und Stiefvater geht hervor, daß sie die Wahl des Sohnes nicht billigen. Wahrscheinlich in den ersten Monaten des Jahres 1957 stellt Reinhold Schneider seinen Bruder vor die Wahl, sich zwischen ihm und seiner Frau zu entscheiden. Es muß ihm klar gewesen sein, daß eine solche Aufforderung kaum ein anderes Ergebnis haben kann als den Bruch zwischen ihnen. Reinhold Schneider hat den Hergang – wahrscheinlich am 21. März 1957 – Maria van Look berichtet. Er läßt in dem Gespräch keinen Zweifel daran, wie schwer ihm dieser Entschluß gefallen ist, wie sehr ihn die Erinnerungen an die gemeinsame Jugendzeit, in der ihm der Bruder half, lebensbedrohliche Krisen zu überwinden, und an das bis vor kurzem bestehende herzliche Einvernehmen quälen.
Willy Schneider bezeichnet Anna Maria Baumgarten als die treibende Kraft dieses tiefen Einschnittes in das Leben beider Brüder.[682a] Auch Josef Rast schreibt ihr einen Teil Schuld an dieser tragischen Entwicklung zu.[683] Ihre Eifersucht auf alle, die Reinhold Schneider nahe waren, auch in späteren Jahren, ist mehrfach geschildert worden.
Aus all diesen bedrückenden Erlebnissen und Gefühlen schreibt Reinhold Schneider, noch hoffend, er werde Portugal wiedersehen, an Anna von König: »Die portugiesische Melancholie ist zwar kein Wohnhaus, aber doch immerhin ein Zelt auf der Wanderschaft, die mir eigentlich schon zu lange dauert.«[684]

Ein ehrlicher Name

In seinem letzten Buch, den Tagebuchaufzeichnungen »Winter in Wien«, schreibt Reinhold Schneider: »Wenn man die in den Literaturbeilagen der resteuropäischen Blätter verflimmernden Namen zusammenzählen wollte, könnte man leicht auf tausend kommen. Kein Mensch wird ernstlich behaupten, daß heute tausend Dichter leben ... Man bewerbe sich um einen ehrlichen Namen: Schriftsteller, Schreiber, Stimme und sonst nichts.«[685] Während des berühmten Streitgespräches mit Gottfried Benn im Kölner Funkhaus am 15. November 1955 hat Schneider gesagt, daß er »nichts zum ewigen Vorrat deutscher Poesie beigetragen habe, nichts zum Kronschatz weniger unzerstörbarer Gedichte, die sind, auch wenn sie nicht mehr zu sein scheinen«[686], um dann freimütig festzustellen: »Ich bin ganz zufrieden damit, ein Schriftsteller in dieser Zeit zu sein, wenn es möglich ist, ein christlicher Schriftsteller.«[687]
Aber ist das möglich? Schneider beantwortet diese Frage mit einer andern: »... gibt es Dichter, die an Christus glauben?« Und er fügt hinzu: »Denn dann gibt es auch eine christliche Dichtung.«[688]
Gegen diese klare Position aus dem Aufsatz »Der Bildungsauftrag des christlichen Dichters« ist eingewandt worden, christliche Dichtung, wenn sie denn als Dichtung anerkannt werden wolle, müsse eigene Formen hervorbringen. Schneider antwortet darauf mit einer existentiellen Zuspitzung: »Wie der Glaube des Dichters mit der Form, um die Form ringt: das ist eben ein erregender Prozeß christlicher Dichtung.«[689] Sein eigenes Werk – vom »Leiden des Camoes« bis hin zum »Inselreich« und den Sonetten – zeugt davon. Und dann folgt eine weitere Klarstellung: »Keinesfalls *muß* sie [die christliche Dichtung] Verkündung sein; vielleicht soll sie es sogar nicht sein.«[690] Der Glaube fordere den ganzen Menschen ein, durchdringe ihn und damit auch sein künstlerisches Werk, denn es sei Ausdruck des Glaubens. Aber eine Schranke dürfe nicht überschritten werden: »... er wird es [das Werk] verderben, wenn er das will. Nur unwillentlich unter seinen Händen, aus dem Gesetz seines Daseins, kann es geschehen.«[691] Dabei geht christliche Ethik auf die

Wahrheit zurück, auf »das Tun der Wahrheit«[692]. Und: »Die Wahrheit bleibt wahr, auch wenn sie mißbraucht wird.«[693] Sicherlich nicht ohne Bekümmernis schreibt Schneider, daß das Verhältnis der katholischen Kirche zum dichterischen Wort mindestens in Deutschland »schwach, unverbindlich«[694] sei. Der evangelische Dichter hingegen könne sich jederzeit auf Luthers Satz berufen, den dieser an Spalatin schrieb: »Ich habe mich nie vor etwas anderem gefürchtet, als daß ich schreibe, was den Leuten wohlgefällt.«[695] Luther, meint Schneider, habe damit nur die Leitlinie des christlichen Schriftstellers gegeben. »Aber sie muß überall Mißfallen erregen, wo vom dichterischen Wort allein eine Unterstützung der Verkündigung oder einer ins Politische vorgeschobenen kirchlichen Stellung erwartet wird. Der Dichter aber hat kein priesterliches Amt; er steht nicht auf der Kanzel und nicht am Altar; er hat ... nicht zu verkünden. Er ist ein Kind dieser Welt, ausgeliefert und angefochten wie wenige; ein Mensch, der von den Widersprüchen zwischen Glauben und Künstlertum, zwischen dem Weg, der die Wahrheit ist, und der ›Laufbahn‹ bis ins Innerste zerrissen wird. Die Öffentlichkeit hat die Tendenz, zur Hölle zu werden; – das wurde von allen Zeiten empfunden und bezeugt. Aber er kann nicht von ihr lassen, wenn er tun will, was er soll. Er muß in diesem Klima leben.«[696] Dichtung stelle sich psychologischen, sozialen, politischen, philosophischen Themen, »aber nur selten der religiösen Not des vom Kosmos bedrohten Menschen«[697]. Hier sind Aufgaben der Wahrheit und der Freiheit, denn die Wahrheit wird nicht gesagt oder geschrieben, sondern *ist,* und wer die Wahrheit tut, ist frei. »Das Werk ist einfach ein Soll, auf die Welt gewendet, aber unabhängig von seiner Annahme oder Verwerfung. An dieser Stelle fallen Künstlertum und Christentum in Notwendigkeit und Freiheit zusammen, denn auch den Christen kann es nicht kümmern, ob sein Zeugnis angenommen wird; seine Sorge kann nur sein, ob es glaubwürdig ist aus der Kraft, der Resonanz seines Lebens ... Mehr und mehr fallen die Worte des Glaubens und der Kunst in die Nacht. Vielleicht, daß sie einen Acker überdecken, den noch niemand sah.«[698]

Daß Kunst auch und nicht zuletzt Wille und Vermögen zur Form ist und des Vermögens bedarf, Form zu schaffen sowie Inhalt und Form miteinander zu verschwistern, versteht sich von selbst. Alles Übergewicht des Inhalts über die Form bedroht die Kunst, ja kann sie verhindern. Reinhold Schneider hat in wichtigen Jahren seines Lebens bewußt auf einen künstlerischen Anspruch für Teile seines Schaffens verzichtet. Die vielen kleinen Schriften, die während des Krieges zahllosen Menschen zum Trost, zur seelischen Stärkung gereichten, sind durch ihre gewählte Sprache, angemessen dem religiösen, seelsorgerlichen Gegenstand und Ziel, über die üblichen Traktate weit hinausgehoben. Aber sie sind keine Kunst. Sie haben einem bestimmten Zweck gedient. Menschen aller Bildungsgrade sollten durch sie angesprochen werden und sich mit ihren Leiden und ihren Verlassenheiten verstanden fühlen. In solcher Lage bedarf es der Ermutigung, des Aufrufes. So tragen viele der Arbeiten Reinhold Schneiders aus Kriegs- und erster Nachkriegszeit unverhüllten Appellcharakter. Sie enden häufig mit gebetsähnlichen Wendungen, sind ganz auf die seelsorgerliche Aufgabe gerichtet und widersprechen damit in strengem Sinne der eigenen Maxime, daß christlicher Dichtung durch gewollten Ausdruck des Religiösen das Künstlerische verlorengehe und sie damit aufhöre, Dichtung zu sein. Schon damit ist klar, daß ein nicht unwichtiger Teil von Reinhold Schneiders literarischer Produktion seit 1942 auf andere Weise wirken mußte und sollte als auf dem Weg über den künstlerischen Ausdruck.

Das gilt auch für einen Teil der Essayistik, sofern sie den Forderungen des Inhalts stärker Folge leistet als denen der Form, so daß keine gegenseitige Durchdringung gelingt, allerdings – und das ist wichtig – auch nicht beabsichtigt ist. Hier stehen ethische, moralische, weltanschauliche Gesichtspunkte im Vordergrund.

In anderer Weise zeigen die Erzählungen Reinhold Schneiders, von einzelnen abweichenden Stücken seiner erzählenden Prosa abgesehen, gegenüber den großen geschichtspoetischen Werken einen formalen Abfall. Am 5. Januar 1936 schreibt Jochen Klepper in sein Tagebuch: »Die Lektüre: Schneiders drei Novellen, ›Das Erdbeben‹ –. Interessanter Nebenertrag seiner großen Werke; doch nicht mehr.« Und dann fährt er fort: »Manchmal neige ich doch dazu, Schneider den Historikern zuzuzählen. In einer Zeit, da Deutschland keine Dichter hatte, übernahm das Amt der Dichtung an der Nation ein Historiker, vermöge seiner sprachlichen Gewalt und der unendlichen Verfeinerung seines Gefühls.«[699]

Man mag Kleppers Meinung, daß Deutschland in den letzten Jahren der Weimarer Republik, oder – mit mehr Recht – des beginnenden Dritten Reiches, keine Dichter gehabt habe, mit Fragezeichen versehen oder ihr widersprechen. Und wahrscheinlich hätte Klepper eine solche Auffassung bei näherer Überlegung selbst nicht aufrechterhalten. Aber daß ihm Schneider gerade in seinen historiographisch-poetischen Werken als Dichter erscheint, wirft ein Licht auf die sensibel erspürte dichterische Substanz dieser Werke, die außer in den besten der Sonette, in autobiographischen Spätwerken und in einigen der kleineren Essays nicht wieder erreicht worden ist.

Rund vierzig Jahre nach Kleppers Tagebuchnotiz wird die partielle Schwäche des erzählerischen Werkes auch von Fachwissenschaftlern ausgemacht, als »gerade durch sein [Schneiders] Bemühen um strenge Form bedingt. Die ernsten Themen: Schuld, Vergebung, Tragik bedienten sich zuweilen der Bilder eines verwelkten Klassizismus. Das Gehäuse der Konvention hinderte hier und da die eigengeartete Aussage in der adäquaten Form. Der Autor war also nicht immer radikal bei sich selber«[700].

Das ändert aber nichts daran, daß zahlreiche Passagen auch in diesem Teil des weitgespannten Œuvres von hervorragender sprachlicher Präzision und Bildkraft sind. Ekkehard Blattmann nennt mit Recht das Prosastück »Pantheon« im Reisetagebuch »Portugal«, und Pirmin Meier hebt die Erzählung »Das Nashorn« hervor.[701]

Zur Sonderstellung des Erzählwerkes hat beigetragen, daß die einzelnen Teile fast durchweg auf Materialien zurückgehen, die bei der Abfassung der großen historiographischen Werke keine oder nur geringe Verwendung finden. Das gilt zum Beispiel für den gesamten russischen Bereich. Die Erzählungen »Elisabeth Tarakanow« und »Taganrog«, aber auch das Schauspiel »Alexander III.« stammen stofflich aus den vorbereitenden Studien zu einem großen Werk über Rußland, das schließlich nicht geschrieben worden ist.

Die starke Abhängigkeit und zugleich künstlerische Ermattung nach der Gestaltung der Hauptwerke zeigt sich zum Beispiel auch in »Der Traum des Heiligen«, dessen Thema das Schicksal von Thomas Morus ist, des Lordkanzlers Heinrichs VIII. Gleiches gilt beispielsweise für »Die Rose des Königs«, eine im Anschluß an »Die Hohenzollern« entstandene wehmütige Erzählung, die Leben und Persönlichkeit der Königin Luise von Preußen aufleuchten, aber weder entschlossene Formkraft noch wirklich eigenständige sprachliche Mittel erkennen läßt.

Was die großen Werke der Frühzeit, bis einschließlich des »Inselreichs« auszeichnet, ist ihre weitausholende Sprachgebärde, die dennoch von ungewöhnlicher Prägnanz ist und deshalb geschichtlicher Realität und religiöser Transzendenz zugleich Ausdruck geben kann. Daß dabei des öfteren eine neuromantisch anmutende Wortwahl bevorzugt wird, die mehr auf Vergangenes als auf Gegenwärtiges deutet, wird durch die klare Zeichnung des Gegenstandes wieder aufgefangen, insbesondere in »Philipp II.«, »Die Hohenzollern«, »Das Inselreich« und »Las Casas vor Karl V.«.

Die politische Situation der frühen dreißiger Jahre, die sich auch im »Inselreich« niederschlägt, spiegelt sich vorher in zwei Artikeln, die Reinhold Schneider für die Berliner Zeitung »Der Tag« schrieb: »Die Wiederentdeckung des theatralischen Spiels« vom 18. Dezember 1933 (Datum der Veröffentlichung) bringt das Drama als Kunstgattung in Zusammenhang mit Phantasie und deren Vollzug in der Politik und den großen Massenveranstaltungen, die auf das Gemeinschaftserlebnis zielen. Der zweite Artikel »Der Wiedereintritt in die Geschichte« erschien am 31. Dezember 1933 und ist sicherlich weit früher entstanden. Er setzt den Machtantritt Hitlers mit dem Regierungsbeginn Friedrich Wilhelms I. in Parallele; dabei wird »die Macht des Innern« als das Verbindende bezeichnet.[702] Hitler wird zugetraut, daß er den Part des Wegbereiters einer erneuerten Monarchie übernimmt.

Auf jeden Fall endet diese Phase der Hoffnung auf Wiederherstellung des König-/Kaisertums, gehegt gegen alle skeptischen Erwartungen, wie sie das Tagebuch ausspricht, allerspätestens am 30. Januar 1934, als Rudolf Pechel Schneider über Existenz und Realität des Konzentrationslagers Dachau unterrichtet. Es ist aber anzunehmen, daß die Dominanz des geschichtlichen Bildes gegenüber der politischen Wirklichkeit schon eher geschwunden ist. Jürgen Steinle setzt den Eintritt der Ernüchterung sogar schon für den Frühsommer an. Die Phase der Illusion habe von März bis Juni 1933 gedauert.[703]

Für die Autoren der Inneren Emigration – so oft kritisiert, obwohl die Gegnerschaft zur NS-Diktatur nicht bestritten werden kann – ist dieses Verhalten und die nachfolgende Ernüchterung weithin repräsentativ, wenn man darunter nicht die abbildhafte Wiederholung im einzelnen versteht. Die politische, wirtschaftliche, soziale Situation Deutschlands nach dem Ersten Weltkrieg, die bis dahin für undenkbar gehaltene Art des Friedensschlusses, die offenbare Demütigung des unterlegenen Gegners hatten dem damals noch sehr bewußt empfundenen Ehrgefühl breiter Volksschichten schwere Kränkung zugefügt. Schneiders wiederholte Hinweise auf die deutsche Situation, die er auch als Grund für seine Hinwendung zu Portugal und dessen Geschick angibt, zeigen, daß das auch für ihn gilt. Trotz seiner betont, aber keineswegs ausschließlich ästhetisch bedingten Abneigung gegen Hitler, beeindruckt ihn der, wie es scheint, spontan ausbrechende Wille des Volkes, der in den großen Fackelzügen zum Ausdruck kommt.

Daß hier sowohl er wie das Volk einem fatalen Irrtum erliegen, wird Schneider in spätestens einem Jahr wissen, das Volk aber in seiner ganzen Härte erst nach und nach, viele sogar erst zwölf Jahre später realisieren. Die Frage, die sich für manchen jüngeren Literaturwissenschaftler und Historiker wie von selbst beantwortet, nämlich ob nicht das vorgespiegelte Ideal sofort als Schimäre hätte erkannt werden müssen, beruht auf der vermeintlich unverrückbaren Sicherheit, die sich im Besitz nüchterner Voraussetzungen und Maßstäbe glaubt. Gerade diese Vorstellung ist aber inzwischen mehrfach zweifelhaft geworden durch Relativierung und Relativität von durchaus wohlüberlegten Auffassungen wie zum Problem der Wiederbewaffnung oder dem Einsatz von Kernenergie.

Sieht man von der Novelle »Las Casas vor Karl V.« ab, so hat Reinhold Schneider in keiner anderen Form seinem christlichen

Protest gegen das Dritte Reich so klar und unmißverständlich Ausdruck gegeben wie im Sonett. Dabei spielt die ganz persönliche Katastrophe eine Rolle, die von der sein Werk bedrohenden Macht ausgeht, und nachlassende künstlerische Produktivität, die ermattet ist angesichts der Furchtbarkeiten jeden Tages, zur Folge hat. Am 5. August 1938 schreibt Schneider das Sonett:

Nicht lang, mein Volk, so wirst du mich verlassen,
Und was ich Edles suchte zu erwerben,
Wie schutzlos Gut entweihen und verderben,
Und was ich schrieb, verhöhnen auf den Gassen.

Mir aber wird mein Tagewerk verblassen,
Eh sich geliebte Bäume herbstlich färben,
Und eh sich noch mein Herz bequemt zu sterben,
Wird mich der Himmel meiner Heimat fassen.

Ich wollte lieben und du hast mit Hassen
Mein Werk gestört, bevor es sich vollendet,
Und hast das Wort erstickt in meinem Munde.

So mußt ich dich und mußt mein Werk verlassen
Und ward verworfen und zugleich gesendet,
Der ich dich rief in deiner schwersten Stunde.[704]

Zwei Jahre später schreibt er das Sonett »Allein den Betern kann es noch gelingen,/Das Schwert ob unsern Häuptern aufzuhalten[705], in dem klar und unwiderleglich die Zeit und ihr Verhängnis beschrieben wird: »Jetzt ist die Zeit, da sich das Heil verbirgt/Und Menschenhochmut auf dem Markte feiert...« Im großen Sonettjahr 1938 aber zeichnet Reinhold Schneider prophetisch das Bild des »Antichrist«:

Er wird sich kleiden in des Herrn Gestalt,
Und Seine heilige Sprache wird er sprechen
Und Seines Richteramtes sich erfrechen
Und übers Volk erlangen die Gewalt.

Und Priester werden, wenn sein Ruf erschallt,
Zu seinen Füßen ihr Gerät zerbrechen,
Die Künstler und die Weisen mit ihm zechen,
Um den sein Lob aus Künstlermunde lallt.

Und niemand ahnt, daß Satan aus ihm spricht
Und seines Tempels Wunderbau zum Preis
Die Seelen fordert, die er eingefangen;
Erst wenn er aufwärts fahren will ins Licht,
Wird ihn der Blitzstrahl aus dem höchsten Kreis
Ins Dunkel schleudern, wo er ausgegangen.[706]

Das Gedicht trägt den Untertitel »Nach Luca Signorelli«, und dem Gemälde dieses bedeutenden Malers der italienischen Renaissance »Taten und Sturz des Antichrist« folgt das Sonett, wie Ekkehard Blattmann nachgewiesen hat.[707] Die Übertragung eines Werkes der bildenden Kunst in das Medium der Sprache und damit zugleich die Verwandlung in Aussage und Bildkraft, die dem Wort zugehören, geschieht in vollendeter Form. Nicht immer gelingt das, insbesondere nicht immer in den religiösen Sonetten, die manchmal in Gefahr sind, das zu werden oder zu sein, was der Theologe Rudolf Hermann einmal Jochen Klepper gegenüber »Theologische Begriffe in Versen« nannte.[708] In manchen der anderen, in freien Versmaßen geschriebenen Gedichte ist auch die künstlerische Prägung stärker. So in »Magischer Abend« (1946), wo im fahlen Schein eines Unwetters vertraute Dinge eigenes, fremdes Licht aussenden. Das magische Leuchten geht weiter von Gegenstand zu Gegenstand und wird zum Leuchtzeichen vergangenen und zukünftigen Geschehens, bis der Gedanke, das innere Schauen wieder zurückfinden in die Gegenwart – und darüber hinaus:

Und im Zimmer Blitz und Funken
Und der Blüten Glut verschattet
Und das Zauberlicht ertrunken
Und der Wetterstrahl ermattet.
Unaufhaltsam, leise, leise
Fließt der Raum aus starren Wänden
Da verwandte Sternenkreise
Fern sich Liebeszeichen senden.[709]

Und eines der letzten Sonette überhaupt, die Schneider geschrieben hat – »Schubert« – endet mit unstillbarer Klage:

Was ist das Leben noch? Es tönt sich aus.
Im dunklen Lied, drin reinste Sterne schimmern,
Hat sich die Erde selber ausgeklagt.[710]

Dem Dichter von Sonetten, Liedern, freien Versen, dem Völkergedicht, dem Weltgedicht ist die Ethik wichtiger als die Ästhetik: »Nur das Wort, das gelebt und vertreten wird, gilt.«[711] Doch es gibt einige Sonette Reinhold Schneiders, in denen die Durchdringung von Inhalt und Form, von Ethik und Ästhetik gelungen ist, so daß sie zum besten gehören, was er geschrieben hat. Dazu gehört sicherlich auch das folgende, 1944 entstandene Sonett:

Dies ist die Zeit der Gnade und der Sünde,
Und unsre Zeit, die nimmer wiederkehrt,
Da Gott das Herz, das tiefverwirrte, lehrt,
Daß es im Weltenlauf sich selbst ergründe.

Am Jetzt liegt alles; daß uns Feuer zünde
Von oben her und den Gewalten wehrt
Und tief in uns des Dämons Macht verzehrt,
Und sich der Wahrheit treu das Herz verbünde.

Klagt nicht die Väter an! Erwartet nicht
Das Heil vom Tage, der uns immer tagt!
Von jedem Herzen wird die Welt bewegt.

Es wird sie wandeln, wenn es das Gericht
Sich selbst bereitet und das Zeichen fragt
Der dunklen Zeit, die Gott ihm auferlegt.[712]

In dem kurzen Dialog-Essay »Der Künstler und die Dämonen« läßt Schneider den Künstler über die dämonischen Menschen und Kräfte sagen: »Diese Nähe des Feindes fühlen wir Dichter in der Zeit... Das ist ja wohl unser Amt: dem Feinde das Wort zuzurufen, das ihn bannt. Auch eine geringe dichterische Kraft muß den Feind spüren. Auf irgendeine Weise ist sie ihm verwandt. Aber als die großen Dichter die Unheimlichen in ihrem Werk scheuten, standen sie am Ende oder hatten ein großes Stück Wegs hinter sich gebracht.« Und dann folgt ohne Absatz und unvermittelt der Satz: »Ich habe die Mitte nicht erreicht – und soll aufhören.«[713] Diese Aussage stammt aus dem Jahr 1940,

und es kann kein Zweifel daran bestehen, daß Reinhold Schneider die Tragik seines künstlerischen Verstummens tief bedrückt hat. Die politischen Zeitumstände und die darauf reagierende Melancholie wirkten zusammen. Aber wahrscheinlich hätte sich Schneider unter anderen Zeitverhältnissen nicht so intensiv als christlicher Dichter bezeugt. Als er mit Gottfried Benn die Frage zu beantworten sucht: »Soll die Dichtung das Leben bessern?« kommt Benn zu dem Schluß: »Die Dichtung bessert nicht, aber sie tut etwas viel Entscheidenderes: sie verändert.«[713a] Dagegen bringt Schneider seinen christlichen Protest und Tragizismus in die trotz allem vom Dennoch getragenen Sätze: »Der christliche Dichter weiß, daß er der Welt in einem wesentlichen Grade nicht helfen kann. Denn ihre letzten Zeiten werden schlimmer sein als die ersten«[714]; die Apokalypse ist unabwendbar, sie ist Voraussetzung der Rettung. Und auf Benn zurückgreifend, sagt Schneider: »Der christliche Dichter ändert also auch nicht den Menschen. Vielleicht aber wird es ihm gegeben, den Menschen zu stellen für den Biß des himmlischen Jagdhundes, ihn durch sein Wort so zu bewegen, daß er das Wort aus den Himmeln vernimmt...«[715] Durch die Verbindung von Ethik, Religion und Literatur soll aber die Kunst, die Ästhetik nicht etwa verleugnet oder verabschiedet werden. Im Gegenteil: »...dient die Kunst der Verherrlichung Gottes und der Wahrheit, so kann sie ihren Dienst nur tun, wenn sie in sich vollendet ist.«[716]
Das alles aber wird diesen Dichter der Welt nicht angenehm machen. Schneider weiß, wovon er spricht, er hat es alles selbst erlebt und zählt auf, wohin man den, der so schreibt, werfen wird: zu den Unruhestiftern, Anklägern; er wird Wurm im Gewissen, den Mächtigen verhaßt, den Oberhirten »höchst unerwünscht«[717], »willkommen den Feinden Christi ..., Narr zwischen allen Fronten, belastet mit dem Vorwurf richterlicher Überheblichkeit ... Die Frage nach der Wirkung ist eine unchristliche Frage, Kants kategorischer Imperativ eine echt christliche Konzeption. Es geht nur um ein Soll: in der Ethik, im Christentum, in der Kunst«[718].
Die einfachen Antworten gibt es nicht. Es gibt nicht einmal immer Hoffnung auf Antwort. Der Schriftsteller Reinhold Schneider, der so viele Menschen getröstet hat in notvollen Zeiten und sein Tiefstes dabei offenbarte, er weiß um die letzte Ausgesetzt-

heit des christlichen Dichters, des Christen überhaupt in einer nichtchristlichen Welt – gestern, heute und immer: »Nur die Küsten des christlichen Kontinents sind gesellig, besiedelt und bepflanzt, im Innern flimmern und glühen die Wüsten, die von spanischen Mystikern durchquert und beschrieben worden sind. Solchen Entdeckern war der Wüstenvogelton wohl vertraut. Vielleicht besteht ein christlicher Dichter diese Stunde, wenn er einigen wenigen ans Herz rührt mit einer Frage, auf die niemand antworten kann als Gott. Das gilt auch dann, wenn der Dichter keine Hoffnung auf Antwort hat.«[719]
In den letzten Jahren seines Lebens stellt sich Reinhold Schneider immer mehr dem ins Endlose schweifenden Blick in die kosmischen Räume. Dies ist unausweichlich; aufrichtig, ehrlich, wahrhaftig merkt er kritisch an: »Die Dichtung stellt sich psychologischen, sozialen, politischen, philosophischen Themen, aber nur selten der religiösen Not des vom Kosmos bedrohten Menschen.«[720]
In diese Not, wie überhaupt in die Not des Menschen, die seine eigene ist, spricht Reinhold Schneider wie der Wüstenvogel sein Wort. Es ist im Laufe seines Lebens mehr und mehr ein Wort von der religiösen, der christlichen Wahrheit geworden. Und er betrachtet das, was er tut, nicht vornehmlich unter dem Gesichtspunkt der Kunst, als rein ästhetisches Gebilde, sondern als das Wort eines Schriftstellers, Schreibers, einer Stimme – nicht mehr und nicht weniger. Aber er setzt alles ein, was er hat, seine ganze moralische Integrität, sein Können – seinen ehrlichen Namen.

Winter

»Die werkh zaigen ann, das die Arbeit uss ist.« Mit diesem Satz von Paracelsus leitet Reinhold Schneider sein vorletztes Buch »Der Balkon« ein. Und damit jeder weiß, worum es hier geht, daß das Ende vorgezeichnet ist und zeichenhaft vorgegeben wird, verweist ein weiterer einleitender Satz auf die Entwicklungskette, auf die historisch-familiären Zusammenhänge: »Anfang des Jahres 1957«, heißt es, »wurde das Hotel Messmer in Baden-Baden abgerissen«.
Aber ist das Werk wirklich zu Ende, die Arbeit aus? Trotz der Gewißheit, daß ein Zeitalter nicht mehr zu besichtigen ist, sondern abgeräumt wird, folgt noch einmal ein Aufbruch, ein Fortschreiten in neue Räume und zugleich eine Neuzuwendung zu Gedanken, Problemen und Sehnsüchten der eigenen Vergangenheit – aber nicht aus Sentimentalität oder Resignation, sondern aus Wahrhaftigkeit.
Zwei Winter werden entscheidend: der Winter 1956/57 in Baden-Baden und der Winter 1957/58 in Wien. Dazwischen liegen kurze Sommertage in der österreichischen Hauptstadt. Sie bilden die Brücke zum letzten Akt. Aber das Stück beginnt mit dem Blick vom Balkon.

Baden-Baden

In Dänemark, genauer gesagt in Tinstedt, »wo Jens Peter Jacobsen geboren wurde«[721], soll das Geburtshaus des Dichters einem Parkplatz weichen. Ebenso in London das Haus of Devonshire Terrace, in dem Dickens den »David Copperfield« schrieb. Und der Rhein wird eines Tages »gänzlich zur industriellen Vorrichtung geworden« sein, »also zur vollkommenen Leere, in die höchstens noch zwischen Bingen und Koblenz, im Interesse der Winzergenossenschaften, die ›Loreley‹ erklingt!«[722]
Auf den Mann, der dies alles denkt und an sich vorüberziehen läßt, kommt der aufsichtführende Zimmermann zu. Der Mann fragt, ob er das Haus noch einmal betreten darf: »Es gehörte meinen Eltern. Ich habe hier meine Kindheit verbracht. Hier un-

ten auf dem Bänkchen in der Ecke der Terrasse, saß jeden Abend mein Vater.«[723] »›Ja‹, sagt der Aufseher mit verhaltenem Unterton des Bedauerns, ›das Messmer. Aus anderen Zeiten!‹«[724] Der Mann, der hier seine Kindheit und einen Teil seiner Jugend erlebte, darf noch einmal durch die zum Teil schon abgetragenen, ins Leere starrenden Räume gehen. Aber Vorsicht auf den Treppen: »Im dritten, vierten Stock sind die Geländer nicht mehr fest ...«[725] Abschied vom Balkon, vom Kaiserfenster des schon durch den Abbruch »geschändeten Zimmers, das früher stets mit Ehrfurcht betrachtet wurde«[726]. Mehr als vierzig Jahre lang haben hier die Majestäten Wilhelm und Augusta vom Balkon herab die Huldigungen entgegengenommen, darunter vieler, deren Eltern oder die selbst einst dem »Kartätschenprinzen« grollten, der die Niederschlagung des badischen Aufstandes befehligte. Am Abend des Allerseelentages jenes Jahres bekränzen Soldaten auf dem Friedhof in Durlach die Gräber gefallener Kameraden. »Ein preußischer Offizier ohne Abzeichen tritt, begleitet von seinem Reitknecht, vor die Kreuze, von denen die Trauernden zurückweichen. Er betet. Nun erkennen sie den Prinzen, der das schwere Kommando führte.«[727]
So berichtet Reinhold Schneider über eine historische Begebenheit von großer Tragweite in vieler Hinsicht – ganz präzise, mit genauen Angaben über das Regiment, die Kompanie, und in seiner Darstellung dunkelt die Tragik der historischen Dissonanzen. »Ein Volk«, zitiert er Fichte, zu dem er sich damit durchaus noch bekennt, »begreift sich nur als solches durch seine Geschichte.«[728] Und Schneider fügt selbst hinzu: »und mit Traumesgegenwart dämmern unüberwindliche Leiden im Bewußtsein der Völker.«[729]
Selten gelingt es, die Wunden zu heilen, die geschlagen wurden. »Hier ist es in einem gewissen Grade gelungen«[730] – in diesem Hause, in dem Gustav Freytag schrieb, aus dem Walter Rathenau auszog, weil nach dem Ersten Weltkrieg nur unzulänglich geheizt werden konnte, wo die gekrönten Häupter ein- und ausgingen und in dem lange zuvor der »Kartätschenprinz« Quartier nahm. Bereits zehn Jahre vorher war er schon einmal am Ort – zur Erholung. Und dann, als endlich alle kriegerischen Auseinandersetzungen überstanden waren, immer wieder. Kronprinz Friedrich, einer der schönsten Männer seiner Zeit, Liberaler von

Gesinnung, was damals fast revolutionär, auf jeden Fall fortschrittlich war, wurde hierher zum Vater befohlen, und im »Englischen Hof« wohnte Bismarck, dessen »großartig-stürmisch-herrscherliche(n) Handschrift«[731] auf dem Umschlag, adressiert an des Kaisers Majestät, im Gästebuch prangte – das schon längst nicht mehr existiert. Hier ist er, der erste Minister, später Reichskanzler, »häufig zu Besprechungen und Audienzen erschienen, deren einige zu den dramatischsten seines Lebens gehören. Er ist der eigentliche Gestalter, Träger der Ära, die das Haus einst erfüllte: ihr ins Dämonische gesteigerter Repräsentant.«[732] Der Mann, der das Haus seiner Kindheit, das verurteilte Haus, wie er es nennt, durchschreitet, meint fast, daß er noch einmal da sei, dieser Repräsentant der mit Preußens Ende endgültig versunkenen Epoche, »daß unten sein schwerer Schritt zu hören sei, das Knirschen des Leders; daß sein Gesicht erschiene, fahl zuckend vom Spiel der Nerven, zerklüftet von politischer Leidenschaft, Erbitterung, Zorn. Die Revolution hatte ihn gerufen; er ist gleichsam ihr Sohn, geboren zu unversöhnlicher Gegnerschaft und doch ihr verwandt – und nach dem Tode von ihr besiegt.«[733] Seine Wirkung ist dennoch groß. Auch Reinhold Schneider weiß: »Ich werde nicht von ihm loskommen, solange ich hier sein werde.«[734]

Jetzt, im Winter 1957, starrt der Balkon in die Luft, ohne Geländer, aber er belebt sich »mit aufgeregten Schatten«[735]: Am Vormittag hat ein Attentat Seine Majestät leicht verletzt – ein Streifschuß. Am Abend ziehen die Badener, die Kurgäste, die Fremden am Balkon der Maison Messmer vorüber und bringen durch einen Fackelzug Liebe und Verehrung zum Ausdruck. Der Kartätschenprinz ist längst zum geliebten König geworden. Moltke, Bismarck, König Johann von Sachsen, Franz Liszt, Bertha von Suttner – die Gestalten kommen und gehen. Friedrich, der junge Großherzog von Baden, hat hier in der Maison um sein Glück gefreit: um die Prinzessin Luise, Tochter der Majestäten, Enkelin der bedeutendsten Königin Preußens, deren Namen sie trägt. Der Knabe Reinhold hat sie als alte Dame gesehen, wie sie, allein, ohne jede Begleitung, sich unter den Kastanien am Schloßberg erging.

Dramatisch und epochal wurde es, als 1863 die deutschen Fürsten von Österreich nach Frankfurt gerufen wurden, um zu reformieren, was noch übrig war vom Deutschen Bund – unter Österreichs Führung. Der junge Kaiser Franz Joseph besuchte König Wilhelm in Badgastein, um ihn zu bewegen, nach Frankfurt zu kommen und damit Preußens Kompromißbereitschaft zu signalisieren. Bismarck wußte, was das bedeutete: das Ende seiner Vorstellung von einem Deutschen Reich unter Preußens Führung. Auf der Fahrt im offenen Dreispänner durch den Schwarzwald nach Baden-Baden mußte der erste Minister seinen König dazu bestimmen, nicht nach Frankfurt zu gehen, wenn er seine Konzeption retten wollte. In der Maison Messmer erwarteten sie die katholische Sympathien hegende, stets gegen Bismarck eingestellte Königin, die Großherzogin von Baden und die Königin-Witwe Elisabeth, Gemahlin Friedrich Wilhelms IV. und bayrische Prinzessin, mit König Johann von Sachsen. Sie alle plädierten für Frankfurt.

Auf der Fahrt nach Baden-Baden hatten der König und sein Minister Französisch gesprochen. Aber die Kutscher vorne und die Lakaien hinten begriffen genug und behielten es nicht für sich. Im Grunde war alles geregelt. Aber in der Maison schien sich noch einmal eine Wendung anzubahnen: Der König neigte nun, in monarchischer Solidarität, zu den anderen gekrönten Häuptern. Doch Bismarck, dieser Sohn der Revolution – genau gesagt: eines ostelbischen Junkers und einer bürgerlichen Gelehrtentochter – brachte das kaum Mögliche fertig: Um Mitternacht unterschrieb der König unter Weinkrämpfen die Absage nach Frankfurt: Preußen nahm nicht teil an dem Versuch, Deutschland unter Mitwirkung oder Führung Österreichs zu einigen. Es wird berichtet, daß Bismarck in einer Phase, da alles auf des Messers Schneide stand, die Tür aufriß, ein riesiges Waschgefäß ergriff und es auf den Fußboden schmetterte. Dann hatte der preußische Ministerpräsident gesiegt, und die Königin, die weimarische Prinzessin mit den katholischen Sympathien, dieser Feuerkopf, verloren.

Reinhold Schneider blickt wehmütig den Schatten nach, die dort auf dem Balkon in wechselnden Gruppierungen vorüberziehen: »Was etwa noch in der Luft schwebte im Jahre 1863, verschwand mit der Frankfurter Fürstenversammlung: der geistiggeschichtliche Gehalt Österreichs, seine Lebensform, die der

Westen nicht entbehren, nicht ersetzen konnte; es verschwand, bei vielen Gebrechen, eine gewisse Menschlichkeit geschichtlicher Existenz, ja deren echte Kontinuität; der Untergang der wichtigsten europäischen Position im Osten, des Wiener Brückenpfeilers, setzte sich fort.«[736]

Wien – das Stichwort, ohne dessen Beachtung das Drama nicht geschlossen, die Arbeit nicht getan ist – es kündigt sich an. Aber noch wechseln die Schatten auf dem Balkon, noch ist das Haus nicht endgültig gefallen.

König Wilhelm reiste nicht nach Frankfurt. Napoleon III. kam nach Baden-Baden. Aber seine Phantasien und Wünsche paßten nicht zu denen des gleichwohl ritterlichen Königs. Es dauert nicht lange, und er wird dem gefangenen Kaiser auf Schloß Wilhelmshöhe bei Kassel mit den Worten entgegentreten: »Ich bedaure, Eure Majestät in dieser Lage zu sehen.«

Als Wilhelm, nun Kaiser, nach dem gefährlichen Attentat 1878 in die Sommerresidenz Maison Messmer einkehrt, schaukeln in allen Bäumen Lampions, »die Glocken läuten und die Böller krachen von den Bergen – vielleicht hat man gar die Schloßruine beleuchtet, was immer hochromantisch wirkte. Die Honoratioren defilieren, ihnen folgen die Gesangvereine des Städtleins, von Oos und Gernsbach und Balg, einer jeden auf patriotische Repräsentation bedachten Ortschaft; vom ›Englischen Hof‹ bis zur Maison erstreckt sich eine Via triumphalis: allenthalben sprühen Fontänen im Schein der Gasflammen, Raketen knattern und strahlen sich aus über dem Tal. Nun waren alle Wunden vernarbt: im Herzen des Volkes war das Bild des gütigen Vaters vollendet, der vor einigen Jahren ganz friedlich seinen Kränchenbrunnen getrunken hatte, als ihn die Herausforderung seines Gegners traf, und der dann glorreiche Rache nahm: Völker erleben Geschichte nur, indem sie sie umdichten.«[737]

Winter in Baden-Baden. Schneider meint: »... seit meiner Schulzeit habe ich keinen Winter mehr hier verbracht. Es ist das Resultat von über dreißig etwas mühsamen Jahren, daß ich als Gast

zu halber Kurtaxe hier dem Abbruch zuschauen darf ... Ein Spiegel wird vor uns aufgebaut. Das ist alles, was geschieht. Blicken wir hinein.«[738] Während das Haus stirbt und der Besucher, der hier einst daheim war, zuschaut und über Gott und die Welt, die Zeit und die Geschichte nachdenkt, schreibt er an einer Skizze, die man so nicht von ihm erwarten müßte: Otto von Bismarck, der ostelbische Junker, der Revolutionär mit der Todfeindschaft gegenüber der Revolution, und seine Begegnung mit Ferdinand Lassalle, dem Sohn eines Breslauer Seidenhändlers, dem Begründer des Allgemeinen Deutschen Arbeitervereins, aus dem die deutsche Sozialdemokratie hervorging. Reinhold Schneider sind sie beide sehr fern und doch faszinierend nah: beide sind, je auf ihre Weise, Hasardeure, unbürgerlich, dem Augenblick folgend, alles auf eine Karte setzend, entschlossen und schnellebig in einem. Bismarck war bereit, sich zu duellieren, sofort und unerschrocken. Lassalle fiel im Duell bevor er sein Werk, die Befreiung der Arbeiter, der Menschen, vollendet hatte. So kam es, außer einer wichtigen Unterredung, zwischen den beiden so ungleichen und doch so ähnlichen Männern nicht zur eigentlichen Auseinandersetzung. Schneider ist überzeugt: »Der Kampf zwischen beiden hätte vielleicht das deutsche Volk gezwungen, auszutragen, was unausgetragen blieb und sich in der Folge eher destruktiv als konstruktiv ausgewirkt hat. Dieses – geistige – Duell hätte ein Bild des Geschichtlichen überhaupt werden können; es hätte vielleicht die soziale Organisation vor den Banalitäten bewahrt, in denen sie versinkt.«[739] »Lassalle zweifelte keinen Augenblick, daß Bismarck, wenn er in der bisher eingehaltenen Richtung fortschreite, den Sieg seiner, der revolutionären Ideen bewirken werde. Und er hat darin, in gewissen Grenzen, recht behalten.«[740]
So sehr wetterleuchtet Bismarcks Geist über dem alten Haus, daß der Nachfahr in seine Aufzeichnungen einen sonst unvermittelten Exkurs einschiebt: über den Kanzler und seinen Widersacher – zwei Männer, die sich Respekt erwiesen.

Vorbei. Vorbei auch das Stück eigenes Leben in dieser Stadt, in dem Haus, das stirbt. Kurz vor ihrem Tode ist die Mutter noch zweimal durch seine Räume gegangen, die angefüllt sind mit Er-

innerungen. In ihrer Jugend habe sie es nicht lassen wollen, und so bestimmte es ihr Schicksal, schreibt der Sohn. »Auf dem Friedhof stehen die Namen dreier Menschen, die einander ihr Leben bauten und zerrütteten und einander Glück und Verhängnis waren, unter demselben schwarzen Kreuz.«[741]
Vor wenig mehr als einem Jahr hat Schneider einen Toten in der Leichenkammer des Friedhofes gesehen, »der über alle Siege erhaben war und über die Auferstehung: vor ihm«, schreibt er, »habe ich zum ersten Mal empfunden, daß es Tote gibt, vor deren Antlitz der Glaube verstummt. Es bedarf keines Trostes und keiner Verheißung. Vor diesem Gewesensein haben sie keinen Sinn.«[742] Der Tote war ihm vertraut, ein Mann von Werken »der Liebe und Tapferkeit«. »Ich kenne keine ernsteren Gesichter«, schreibt sein Stiefsohn Reinhold Schneider, »als die der großen Ärzte. Die Rosenranken, die vor Jahren sein einsam-stolzes Haus umblühten, sind ausgerissen, und die Spuren der Tragödien, die er durchlebte, sind vernarbt. Er war mir ganz nahe in Stockholm, der Stadt seiner besten Zeit ... Nur hier, seltsam, vor Jahrzehnten, war der Tote er selbst.« »Es gibt ein Versinken ohne jegliche Wiederkehr, ohne ›Bestehen‹; Abgrund des Friedens, jenseits von Leben, Gott und Gericht. Dieses Unwidersprechliche war des Toten letztes Wort an mich: ohne Trost unendlicher Trost.«[743]
Im selben Jahr noch starb die Mutter: »Das Alter war ohne Sinn, gefürchtet, nicht bedacht, ein leeres Haus, vom Winter durchschauert, mit welken Kränzen traurig geschmückt, etwas, das nicht sein sollte. Das Alter war ein langer, dunkler Gang, an leeren Zimmern vorüber, in denen Lebens- und Todesangst wohnten: und es waren die Zimmer märchenhaft-glücklicher Jugend, einer bis auf den letzten Schimmer erloschenen Welt.«[744]

Vorbei auch dies. »Die Toten sind vorüber. Die Via triumphalis hat sich verfinstert. Für uns gibt es keine Feste mehr, keine vollgültige Repräsentanz. Die morschen Balken solcher Scheingerüste werden nicht mehr heil.«[745]
Aber warum ist das so? »Fast alles, was der Mensch von der Geschichte verlangt«, schreibt Schneider in »Der Balkon«, diesem Resümee einer Epoche im historischen wie im persönlichen Rahmen, »ist der Sinn seiner Existenz, der Anschein festen Bo-

dens.«[746] Der Anschein – also keine Gewißheit, denn »Geschichte ist durchaus unberechenbar und undurchschaubar ... Geschichte ist eine Art Folgerichtigkeit des Irrationalen: das Paradox.«[747] Und so ist es denn auch ganz folgerichtig, daß Abschied genommen werden muß: »Liebes altes Haus, keinen Protest, es ist ganz in der Ordnung, daß du abgerissen wirst ...« »Das Vermächtnis war in schlechten Händen; es hätte würdiger enden können.«[748] Aber dennoch oder gerade deswegen: »Dein Prunk könnte niemandem mehr imponieren, es ist besser, die Damen der alten Zeit, in der abgetragenen Mantille, mit dem Stöckchen; den verkrümmten Füßen und die steifen Exzellenzen mit dem letzten Gamsbart am abgetragenen Hut lassen sich nicht mehr sehn.«[749] Es ist etwas unwiederbringlich zu Ende gegangen. Der Mann, der von einer Ära und einem Stück seines Lebens, von Kindheit und Jugend, Abschied nimmt, sieht sich, wie das Haus, dem Ende nahe: »Noch ein paar Wochen der Enthüllung und Schande, und dann ist es getan, und das Zeitalter und du und ich gehen denselben Gang.«[750]

Wien

Im Sommer 1957 – der Abschied von Baden-Baden ist bereits vollzogen, obwohl dort der Freund Werner Bergengruen gerade sein Heim neu begründet – ist Reinhold Schneider zum ersten Mal in Wien. Es ist nur ein kurzer Aufenthalt, lange hinausgeschoben, als würde etwas auf ihn zukommen, dem er sich noch nicht gewachsen fühlt. Nun aber ist er, bestärkt durch die Briefe und die Weltsicht Erich Przywaras, wiedergekommen – im November, im stummen »Wirbel herbstlicher Blätter«[751]. Der bleiche, ernste Gast, der an einem späten Abend ankommt, in der Morgenfrühe ein Liebespaar Abschied nehmen sieht, während in der Dominikanerkirche Frauen vor dem Hochaltar den Rosenkranz beten, fragt sich, was er hier will – in Wien, der Stadt, die er bislang gemieden hat, und er gibt selbst die Antwort: »Was ich hier will? Ich bin lebenslang Regungen gefolgt, für die mir die Bezeichnung Ruf heute zu pathetisch ist.«[752] Aber er weiß, was er nicht will: »Kein Rückblick! Keine Sehnsucht! Besser die Erschütterung unter unsagbarer Dissonanz.«[753]

Darauf also hat er sich eingerichtet, der stille, ernste Besucher, der in zwei bevorzugten Cafés seine Schulhefte ausbreitet, freundlich empfangen und umsorgt von den Kellnern, die schon auf ihn warten, seinen Platz freihalten, das täglich Gleiche servieren. Er will der Zeit begegnen, ihr zumindest nicht fortlaufen: »der Zeit, die ganz und gar das persönliche Leben ist, Umkreis und Inhalt. Welche Torheit, über sie hinwegzustreben, statt immer tiefer in sie hinein!«[754]
Das ändert nichts daran, ja, es folgt sogar daraus, daß Zeit und Leben die Grundlage der Geschichte sind. Es bedarf keines Rückblicks, keiner Sehnsucht, um Geschichte zu erfahren: »Des Menschen paradoxes Wesen ist: Partizipation an Geschichte, seine Aufgabe: mitspielender Zuschauer zu sein. Die explosiven Veränderungen, die sich nach unbegrenzbarer Vorgeschichte in dieser Stunde ereignen, können uns nicht lassen, wie wir waren, verweigern, was wir wollen, fordern, was wir nicht vermögen. Die Zepter wurden im Dunkel vertauscht; ein unbekannter Souverän ist gekommen von verschlossener Stirn; seine Strahlung ist in uns eingedrungen, ist ein Bestandteil geworden unseres Selbst. Was ich mir noch wünsche, ist das gewissenhafte Innewerden seiner Allgegenwart, ist eine Art Standhalten vor der regierenden Machtgestalt, der Versuch, die Sterne über ihr zu sehen, *auch* über ihr.«[755]
Geschichtliche Mächte, ihre Zeitgestalt und Dissonanzen – das sind Elemente der Gegenwart, denen sich der stille Gast in den kleinen Beisels aussetzt, abgestoßen von der »unerträgliche(n) Anwesenheit der Geschichtsfremden, deren Kamera tagaus, tagein auf Geschichte spannt: auf dem Meere treibendes Seegras, das – wie es den Anschein hat – dem Kolumbus Land anzeigt. Aber welches Land?«[756]
Der Mann, der seinen späten Winter in Wien sorgfältig in Notizbüchern festhält, kann sich nicht entschließen, mit seinen schwachen Kräften die hohen Treppen zur Dominikanerkirche emporzusteigen. Aber es gibt ganz in der Nähe eine kleine Kirchentür, die es ihm leichter macht. Er tritt ein und ist in der griechisch-katholischen Kirche der heiligen Barbara, an die Kaiser Joseph II., der aufgeklärte Sohn Maria Theresias, noch einen zweiten Geistlichen berief, der des Rumänischen und slawischer Sprachen mächtig war. Und von nun an erlebt der stille Beter Morgen für Morgen »Rom und Byzanz in der Gegenwart der

Reinhold Schneider im Winter 1957/58 in Wien.

Ikonen«. Und er fragt sich in jener Mischung von Frage und Antwort, die tiefer lotet als das übliche Frage-Antwort-Spiel: »Was könnte, was muß dieser Zusammenklang uns bedeuten?«[757]

Wien – das ist vieles ineins: Vergangenheit und Gegenwart und die Übertragung auf das Theater. In der »Burg« sieht Reinhold Schneider Paul Claudels religiöses Lehrstück »Das Buch von Christoph Columbus«. Und da regt sich wieder der unüberwindliche Norden: Der Autor, der »Las Casas vor Karl V.« schrieb, ist von der »Geschichtsoper«[758] nicht zu fesseln. Er weiß zuviel: »Das ist nicht zu ertragen, daß die blutgierigen Götter unverständlicher Völker als klappernde Gespenster agieren. Sie waren mehr. Und wenn sie nur Phantasmen der Sehnsucht gewesen wären, so sollten sie uns ehrwürdig sein, Zeichen der Sehnsucht des Menschen über den Menschen hinaus.«[759]
Aber der rebellierende Zuschauer, der nach dem ersten Akt leise die Loge verläßt, weiß auch: »Wir blicken nicht empor.«[760]

Wien fordert geradezu die Auseinandersetzung mit der Macht der Gegenwart heraus, der »Machtgestalt der Strahlung«, der Forschung, der Wissenschaft – in Wien gegenwärtig wie anderswo auch.
Auf dem Minoritenplatz, vor dem Tor zum Kultusministerium, wo Max Mell anläßlich seines fünfundsiebzigsten Geburtstages gleich vom Minister geehrt werden soll, trifft Schneider Otto Hahn, den bescheidenen Chemiker, den so viele für einen Physiker halten, seit er zusammen mit Fritz Straßmann die erste Atomkernspaltung im Experiment durchführte, ohne ganz genau zu wissen, was da eigentlich geschah. Fern im schwedischen Exil rechnete Lise Meitner, dachte nach und sagte kopfschüttelnd: »Hähnchen hat den Atomkern gespalten.« Am Abend wird Hahn im Konzerthaus sprechen, und Reinhold Schneider darf sich auf ihn berufen, um Einlaß zu finden.
Während wenig später im Ministerium auf sehr würdige, stille, geistvolle Weise, mozartumspielt, Max Mell geehrt wird und Stifters Wort »Mäßigung besiegt den Erdkreis« ergreift, sieht Schneider vor sich »den großen Forscher im unauffälligen

grauen Mantel ... es dunkelt draußen; Regen kündigt sich an. Ist denn das noch da, was uns umgibt? Was würde Stifter tun heute, wenn er wüßte, was wir wissen müssen – und fände Mozart, Schmetterling vor Wintersanbruch, noch eine Blüte?«[761] Otto Hahns Vortrag offenbart, was prägend geworden ist, aber selten wahrgenommen wird: »Die Forschung war nicht darauf vorbereitet, die Verantwortung für Geschichte anzunehmen ... ihr geschichtlicher Ort ist eine überraschende Entdeckung und noch kaum erforscht.«[762] Was die Zuhörer an diesem Abend erfahren, erleben, schreibt Schneider in sein Tagebuch: »Der kühne Versuch eines ringenden Gewissens, einer Gruppe bedeutender Forscher, sittliche Freiheit zu dokumentieren, ist achtungsgebietend, ist ergreifend.«[763]
Es ist der 13. November 1957 im altehrwürdigen Konzerthaus zu Wien, wo Otto Hahn, einer der Göttinger Achtzehn, die sich nicht scheuten zu protestieren gegen die Anwendung der Atomkraft für militärische Zwecke, über »Atomenergie für den Frieden oder für den Krieg« spricht. Und Schneider, der seine eigenen Erfahrungen gemacht hat, weiß, »daß dem Nein der Achtzehn morgen ein Ja der Tausende sich entgegenstellen wird und daß die Geschichtsmächte sich die bisher geleistete Arbeit der Protestierenden restlos angeeignet haben.«[754] Die Geschichtsmächte – die Macht ...
Ein junger Mann dringt bis ins Künstlerzimmer vor und stellt dem berühmten Gelehrten die Frage, ob nicht die Botschaft Christi Grundlage für den Frieden der Welt sein könne. Hahn gibt die Frage an Schneider weiter. Der schreibt: »Aber auch ich lasse mich nicht darauf ein: Christus ist nicht der Ordner der Welt. Er ist unsere tödliche Freiheit. Aber wir müssen uns darüber klar sein, daß diese Freiheit in eine Welt überging, die von der intelligiblen Tat unserer Jahre – von unser aller Sache – bis in ihre Substanz verändert worden ist.«[765] Nichts führt daran vorbei, und man muß sich der Tatsache stellen: »Mozarts, Stifters, Mells Gebilde werden sich nicht verändern, aber das fragende Experiment hat den Erdkreis besiegt.«[766]

Tödliche Freiheit – Christi Macht geht durch den Tod; seine Freiheit, von ihm verheißen, durch ihn bezeugt und gespendet, ist nur existent durch das Kreuz. Im Zeichen des Kreuzes und

dessen, der daran starb, werden Tod und Freiheit eins. Luthers Kreuzestheologie scheint auf, die Wege der Mystiker in den Wüsten des christlichen Kontinents zeichnen sich ab.
Wer und was ordnet? Wenn Christus nicht der Ordner der Welt ist? Der Physiker Erwin Schrödinger definiert Leben »als natürliche Neigung der Ordnung zur Unordnung, zum Chaos überzugehen ..., die von ordnenden Kräften gehemmt wird, als Verfallsprozeß, der durch Aufnahme freier Energie unter bestimmten Verhaltensweisen sich zu verzögern strebt«[767].
Immer wieder tauchen in diesen Wiener Tagebuchblättern zwischen Berichten über Besichtigungen, Besuchen, Theateraufführungen und Kaffeehausschilderungen Reflexionen über Geschichte, Gott und die Welt auf. Was ist die Welt? Wo und wie zeigt sich Gott in dieser Welt? Was vermag der Mensch selbst? »Wenn ich das Leben nicht will, nicht mehr wollen kann, so vermag auch Gott nichts über mich; denn Gott ist das Sein und dieses ›Nicht mehr‹ (nicht das affektive und daher verdächtige ›Nein‹) entrückt seinem Bereich.«[767a] „Die Frage nach dem Wert des Daseins legt die Axt an die Wurzeln; fällt die Antwort verneinend aus – und warum sollte das nicht geschehen? – so stürzt alles zusammen.«[768]
Es sind Probleme, Fragen, Qualen der Jugend, die da wieder heraufsteigen, langsamer als einst, fast bedächtig, nicht mehr so stürmisch und gefährlich drängend. Es ist nicht mehr quälend, was einst umtrieb und worauf es heute mehr denn je Antwort zu suchen gilt, um zu überleben: »Der hambre de inmortalidad, dessen – zweiflerischer – Sprecher Unamuno war, hat etwas Barbarisches; ich habe ihn nur als Todesangst verstanden; aber jetzt verstehe ich beides nicht mehr: weder die Angst noch den Trost; oder ist das ein Durst über den Durst hinaus, Durst derer, die nie getrunken haben, der Mönche, die nie oder zu flüchtig eine Frau umarmten? Attrahiert die Frau aber nicht mehr, so haben wir schon eine bedenkliche Situation. Ohne Lebensbejahung keine Religion; das Ja zum Leben ist vielleicht die eigentliche Gnade, die Kanzel der Verkündung.«[769]
Was die Wissenschaft – die Naturwissenschaft – zutage fördert, was sie dem denkenden Menschen präsentiert, stellt ihn, stellt seine Vorstellung von sich und seiner Herkunft unter ein neues Zeichen. Aber hatte er nicht dieses Zeichen schon lange erkannt, nur noch nicht wirklich benannt? Karl von Frisch, der Physio-

loge, Adolf Portmann, der Schweizer Zoologe, Max Planck, Robert Jungk – sie alle sprechen vom Leben, vom Chaos, von der Ordnung, vom Menschen und von dem, was er ist. Reinhold Schneider liest und denkt ihnen nach. Er stellt sich dem Wirklichen, der unvermeidlichen Einsicht: den biologischen, physikalischen Abläufen, die Leben und Welt bestimmen. Bios und Kosmos dringen in sein geschichtliches Weltbild vor und beginnen es zu verändern. Nüchtern analysiert und bilanziert er seinen sich wandelnden Zustand: »Wollte ich, was sich in mir während dieses Winters ereignet, im Gespräch mit dem Phänomen Wien pathetisch ausdrücken, so müßte ich von einem inneren Unfall sprechen, vom Einbruch der dunklen Wasser in einen leer gewordenen Raum, einen Einbruch also von unten her. Man blickt nicht ungestraft in den Kosmos, die Tiefsee, die Geschichte – und vielleicht auch nicht ungestraft in sich selbst, in den Menschen. Was mich überrascht, ist, daß ich keine Bangnis empfinde; daß es mich beruhigt, dort wieder anzulangen, wo ich in den Jünglingsjahren war.«[770] Diese durch und durch wahrhaftige Auseinandersetzung mit Gott und der Welt beunruhigt nicht, so wie einstmals ebenfalls nicht, als er Schopenhauer und Nietzsche las – und nicht zu vergessen Jean Paul und Hebbel. Hebbel ganz früh schon, der Tapfere, fest auf dem Sinn und seinem Leben Beharrende, der ihm lange Lehrer war: hier in Wien gelangte er zu Anerkennung und Ruhm, hier starb er – noch nicht alt. Im »Balkon« ist ihm eine Sequenz von klarer Dichte und unwandelbarer Dankbarkeit gewidmet, die in Wien entstand.

»Statt der Kaiser regiert nun die Atombehörde in Wien«[771] – auch das gehört zu dieser Stadt und dieser Zeit. Und weil alles dissoniert und von Gegensätzen bestimmt wird – erst heute? nicht schon immer? – ist auch der Widerspruch nicht verwunderlich, der den Mann an seinem Caféhaustisch in sein Schulheft schreiben läßt: »Man muß beten, auch wenn man es nicht kann. Ich kann sehr wohl beten für andere, die Priester, Forscher, Staatsmänner, die Völker, die Kreatur, die Erde; für die Kranken zuerst, wie es sich versteht, und für die Toten; das ist die stille Bestätigung eines rätselvollen Zusammenhangs. Ich habe ein tiefes Bedürfnis danach; es ist das, was mich hält, was mich

morgens in die Kirche ruft; für mich kann ich nicht beten; und des Vaters Antlitz hat sich ganz verdunkelt; es ist die schreckliche Maske des Zerschmeißenden, des Keltertreters; ich kann eigentlich nicht ›Vater‹ sagen.«[772]
Die Versuchung, hier von den Spuren und Folgen seelischer und körperlicher Erschöpfung zu sprechen, hat sich als groß erwiesen, und damit die Versuchung, Reinhold Schneider nachträglich zu entmündigen. Aber der Mann, der Tag für Tag an seinem Caféhaustisch sitzt, umsorgt vom Ober, versorgt mit Zeitungen, in denen die Schrecklichkeiten des »ganz normalen Lebens« dem Leser dargeboten werden, in vier, fünf Sprachen, dieser Mann ist vollkommen bei sich, nur eben, daß sich hier in Wien der Kreis zu schließen beginnt, ohne sich doch zu wiederholen. Anfang und Ende neigen sich zueinander, die Jünglingsjahre und -gedanken zu denen des reifen Mannes, der sich die Frage stellt: »Warum sollte es nicht erlaubt sein, *in* der Kirche zu beten um die ewige Ruhe? Sie verheißt sie doch. Aber Ruhe ist nicht Leben; denn Leben wendet sich immer gegen sich selbst. Es ist doch gar nicht möglich, in *einem* Atemzuge um die ewige Ruhe und das ewige Leben zu bitten. Gilt aber die zweite Bitte nicht, so gelangt die Brücke nicht ans andere Ufer – und alle Wagen stürzen ab.«[773]
Und dennoch beseelt ihn ein tiefes Vertrauen zu diesem Gott, der ihm so fremd geworden ist: »Ich kann mir einen Gott nicht denken, der so unbarmherzig wäre, einen todmüden Schläfer unter seinen Füßen, einen Kranken, der endlich eingeschlafen ist, aufzuwecken. Kein Arzt, keine Pflegerin würde das tun, wieviel weniger Er.«[774]

Weihnachtsabend. Anna Maria Baumgarten beschenkt das Zimmermädchen in der Pension am Stubenring, wo sie wohnen. Der Maler und Freund Hans Fronius bringt dem Schriftsteller an seinem Arbeitsplatz im Café sein Geschenk: ein Blatt mit der Darstellung der Pietà. Sturm und Regen durchtoben die Heilige Nacht. »Zum Stephansdom reichte es nicht.«[775]
Und während die Begegnungen und Gespräche sich fortsetzen, die Kaiserstadt mit den Reichsinsignien – Reichsapfel, Krone und Zepter –, die Stadt der Schriftsteller und Künstler, lebend oder schon im Schattenreich – Richard von Schaukal, Friedrich

Heer, Felix Braun, Alexander Lernet-Holenia, Max Mell, Carl Zuckmayer und manche anderen von Hofmannsthal bis Grillparzer, Ferdinand Raymund nicht zu vergessen – ihre Weite und Toleranz beweist, verlangen doch immer wieder die bohrenden, auf Wahrheit und Wahrhaftigkeit gerichteten Gedanken ihr Recht: »Wer sich in den Nicht-Glauben nicht ernsthaft versetzt«, notiert der Denkende und kompromißlos Wahrhaftige, »kann ihn nicht bestreiten, heute jedenfalls nicht. In christlicher Sicht mag man das Verstummen der Frage nach Unsterblichkeit als eine seelische Katastrophe betrachten, wohl gar als ein Geheimnis der Finsternis; das ewige Leben wird erlangen, wer Gott aus ganzer Seele liebt und den Nächsten wie sich selbst.«[776] Doch das ist keineswegs das letzte Wort. Schneider weiß: »... auch diese Bezogenheiten richten sich an eine ganz bestimmte seelische Gegebenheit. Kann der nur Gott lieben aus ganzer Seele, der das ewige Leben will: Liebt er Gott um dieses Lebens willen? Kann nur der den Nächsten lieben wie sich selbst, der Gott liebt? – Ist nicht eine Existenz möglich, die diese Beziehungen nicht zu leisten vermag, wenigstens nicht zugleich, die Gott liebt, aber das Leben nicht sucht, die den Nächsten liebt, aber vielleicht nicht Gott und nicht das Leben?«[777] Ist dies der Schriftsteller, der Dichter, der einst den Menschen Trost zusprach, der an ihre religiösen Kräfte appellierte, der die Großen der Geistesgeschichte der christlichen – und hier muß man sagen: fast ausschließlich der katholischen – Moral, und eigentlich nur ihr, unterworfen sehen wollte, ist dieser Mann von Wien derselbe? Es hat sich viel verändert und auch wieder nicht: Orientierung und Halt hat er selbst einst gesucht und später aus seiner Erfahrung anderen mitgeteilt. Nun aber ist er eingebogen in die Straße der letzten Erkenntnis – seiner selbst und der letzten Dinge. Was ihm dort zustößt, spricht er aus. Vieles davon hat sich vorbereitet, nur die Menschen sind es nicht. »Ich fühle selbst«, schreibt der Mann am Caféhaustisch, »daß solche Fragen« – wie er sie stellt – »mich isolieren und die Menschen enttäuschen oder verletzen, die noch ein wenig von mir hielten oder Trost suchen, ohne bekümmert zu sein.«[778] Aber wenn auch die Theologie solche Fragen beantworten oder auch vernichten kann, so weiß er doch von dem Erfahrungsgrund, aus dem sie aufsteigen, und nicht nur für ihn, sondern für viele, die damals und seitdem ähnliche, gleiche, dieselben Fragen stellen:

sie gipfeln meistens in der Frage nach dem Dasein Gottes. Von Erich Przywara hat Schneider das Bild von dem, »geschichtlich gesprochen, nicht endende(n) Untergang Gottes in der Todesnacht« übernommen »und deren, wieder geschichtlich gesprochen, nicht endendes Überwundenwerden«. Es handelt sich also »um ein Hervortreten unter dem Kreuze, an dem der Besiegte gesiegt hat, um fortwährendes Sich-ereignen«[779]. Hier ist »Theologie der Stunde«[780], der Gegenwart, des sich Ereignenden, immer wieder aufs neue.

Durch alle Phasen dieses Winters in Wien geht wie durch die Jahrzehnte dieses Lebens das Sinnen und Fragen nach Gott, nach dem Ewigen, nach dem, was bleibt und besteht, jenseits von ptolemäischen Himmelsvorstellungen, in der Dunkelheit und Endlichkeit des unbegrenzten Kosmos. Er kommt zu dem Schluß: »Für mich ist die Offenbarung der Liebe ein personales Wort an den, der glaubt, der zu glauben vermag, kein Wort an die Kreatur, die Räume, die Gestirne, auch nicht an die Geschichte (so paradox das zu sein scheint). Aus einer unbegrenzbaren kosmischen Dunkelwolke schimmert schwach ein einziger Stern; das muß uns genug sein; mehr ist nicht geoffenbart.«[781] Die Paradoxie des aus tiefem Bedürfnis glaubenden Menschen, für den Glauben mit Wahrhaftigkeit unlösbar verbunden ist, führt zu dem Satz: »Der Zweifel ernährt den Glauben; der Glaube den Zweifel.«[782]

Es ist ein kalter Winter, dieser Winter 1957/58 in Wien. Zwischen Krankheit, die die ohnehin schon schwachen Kräfte weiter schwinden läßt, und der Macht der Geschichte, die Wien verkörpert, steht der aufgewühlte Besucher der Kaiserstadt an der Donau vor letzten Fragen und Aussagen, in denen sich zusammendrängt, was den modernen Menschen in seiner Denk- und Glaubensnot aus Wahrhaftigkeit zum Äußersten, zum denkbar Absurden herausfordert: »Beten über den Glauben hinaus, gegen den Unglauben, gegen sich selbst, einen jeden Tag den verstohlenen Gang des schlechten Gewissens zur Kirche – wider sich selbst und wider eigenes Wissen –: solange dieses Muß empfunden wird, ist Gnade da; es gibt einen Unglauben, der in der Gnadenordnung steht. Es ist der Eingang in Jesu Christi kosmische und geschichtliche Verlassenheit, vielleicht sogar ein Teil an ihr: der Ort vor dem Unüberwindlichen in der unüberwindlichen Nacht.« Und dann stellt Schneider die Frage, die radikal Standort und Ausgesetztsein des heutigen Menschen benennt: »Ist diese Erfahrung aus der Verzweiflung an Kosmos und Geschichte, die Verzweiflung vor dem Kreuz, das Christentum heute?« Und in Klammern – als bedürfe das schier Ungeheuerliche dieses aus der »Theologie der Stunde« erwachsenen Gedankens einer Abschwächung, um erträglich zu sein – fügt er hinzu: »(Ich habe nur Fragen, eine Ahnung des Leidens, des herrscherlichen, das alle Dimensionen übersteigt.)«[783]

Er ist müde geworden, noch müder und schwächer als zuvor schon. Sein Tag beginnt um halb fünf Uhr morgens, das ist seine beste Zeit. Von den Angeboten der Kochkunst hat er sich schon lange verabschiedet. Sein Körper lebt überwiegend von Flüssigkeiten, von Wein. Die Vorliebe für Höhlen und Keller ist ausgeprägt. Schon der junge Mann zog die Vorhänge zu, um das Tageslicht zu dämpfen. Nachts aber »versammeln sich die Rätsel ... Geschichte? Was maßte ich mir eigentlich an, von ihr zu verstehen?«[784] Wie im Zwiegespräch mit einem guten Freund fährt er fort: »Ich würde am liebsten die Wandlung verbergen, die seit einigen Jahren unter der Entschleierung gewisser düsterer Perspektiven in mir in Gang gekommen ist. Die Menschen guten Willens sehen in mir den, der ich war, als mein Name da und dort genannt wurde: um die Zeit also, da ich mich im religiösen Sanitätsdienst bemühte und mich keineswegs scheute, ein bißchen literarisches Ansehen – und literarischen Hochmut – durch die Veröffentlichung von Traktaten zu beeinträchtigen ... geistige Existenz ist soziale Existenz, Dasein im Zusammenhang – und es steht einem jeden frei, seine Mittel zu wählen.«[785]
Es wird Bilanz gezogen; die Karten müssen auf den Tisch: »Unsere Bahn ist entschieden; all unsere Freiheiten fahren hinein.«[786] »Es kommen dunkle Nächte, während die Stadt einschläft und widerwillig unter Schneegestöber aufwacht. Seit Jahr und Tag bin ich in Völkern, Zeiten versunken, in Wahrheit nur in der Gegenwart, wie ich sie nun einmal zu verstehen vermag: Kreuzung über Kreuzung, ein Strahlenbündel, das in die Kälte schießt.«[787] Die Trostlosigkeit ruft eine neue, herbe, umweglose Sprache und letzte Abwehr hervor. Auch Seltsames kann hilfreich sein:

»Warum sollte ich nicht gestehen, daß die Operette mein Trost ist?«[788] Das Theater, besonders die kleinen Kellertheater, in denen moderne Stücke ohne Hintergrund und ohne Zukunft gegeben werden, sind Fluchtburgen. Und gleichzeitig, im Milieu bleibend, stellt er fest: »Ich bin nicht lebensmüde, aber es reicht; ich stelle keine Ansprüche mehr; ich habe genug gesehen für mein Billett. Ich bekomme ein schlechtes Gewissen: so viel habe ich ja gar nicht bezahlt. Auch braucht man das Stück nicht abzusitzen; ich gehe gerne in der Pause.«[789]

Am 6. März verlassen Reinhold Schneider und Anna Maria Baumgarten Wien. Einen Tag später, bereits in Freiburg, schreibt Schneider auf die letzte Seite seines Wiener Tagebuches: »Die Vernunft zerstört den Glauben keineswegs; viel ernster zu nehmen ist die Arbeit des Schmerzes am Fels, vernichtende Erosion.«[790]

»Winter in Wien« ist Reinhold Schneiders letztes und reifstes Werk, gereift am unerbittlichen Willen zur Wahrhaftigkeit. »Es ist das Dokument eines aus innerster Redlichkeit bezeugten Glaubensentzugs, der Fragmentierung eines Glaubens, der die Hoffnung verliert, ohne aufzuhören, Glaube zu sein.«[791] »Sein Autor hat den Tod bereits hinter sich. Daraus erklärt sich die Freiheit seines Denkens, die Gelassenheit seines Urteils, das Einverständnis mit dem Gang der Dinge, das Licht im Grund der beschworenen Finsternisse«, schreibt Eugen Biser.[792]
Am Ende bekennt der Todmüde: »Fest überzeugt von der göttlichen Stiftung und ihrer bis zum Ende der Geschichte währenden Dauer, ziehe ich mich doch am liebsten in die Krypta zurück; ich höre den fernen Gesang. Ich weiß, daß Er auferstanden ist; aber meine Lebenskraft ist so sehr gesunken, daß sie über das Grab nicht hinauszugreifen, sich über den Tod hinweg nicht zu sehnen und zu fürchten vermag.«[793]
»... schlösse das Grab bald.«[794]

Heimkehr

Die Räume in der Mercystraße sind noch nicht geheizt. So bleiben die Gefährten für einige Zeit im Hotel Oberkirch. Am Tag nach der Ankunft sieht Reinhold Schneider vom Fenster aus den Trauerzug für den verstorbenen Erzbischof Dr. Eugen Seiterich: »Eine großartige Selbstdarstellung der Kirche, im wesentlichen noch mittelalterlichen Gepräges, in der die Vertreter der Regierungen ein klägliches Aussehen haben, erschütterndes Bekenntnis des Glaubens an Unsterblichkeit.«[795]
Bevor sie in ihr Heim zurückkehren, sind sie zu einem kurzen Aufenthalt in Baden-Baden, wo Schneider Werner Bergengruen in seinem neuen Haus besucht. Dazwischen sind in Freiburg die Wiener Notizen abgeschrieben, in druckreife Form gebracht und an den Herder Verlag übermittelt worden. Am 6. Februar, noch in Wien, hatte Schneider an Lotte von Schaukal, die Tochter des Dichters, geschrieben, er sei unsicher, ob er seine »konfusen Wiener Notizen« veröffentlichen solle: »Es stehen dunkle Fragen darin. (Gerade Wien macht mir, indem es mich überreich beschenkt, die religiöse und geschichtliche Problematik, in der wir uns befinden, zur schweren Last).«[796]
Am 2. April, dem Mittwoch der Karwoche, sind Schneider und Anna Maria Baumgarten bei dem Freundesehepaar van Look im Nachbarhaus zu Gast und berichten von den Wiener Erlebnissen. Reinhold Schneider ist sehr elend. Als er erzählt, wie ihm der von der Mutter übergebene Ring seines Vaters in einem Stuttgarter Hotel gestohlen wurde, sagt er: »Ich werde kein Glück mehr haben ... es kommt alles, alles zu spät; ich werde auch nicht mehr nach Wien kommen, um die Aufführung meines Dramas [›Der große Verzicht‹] zu erleben; auch dafür ist es zu spät; der Abschied von dort liegt bereits hinter mir.«[797]
Als Anna Maria Baumgarten mit dem Hausherrn im Nebenzimmer ist, nimmt Reinhold Schneider Maria van Looks Hände in die seinen und sagt: »Daß ich gehen muß, weiß ich; ich weiß, wie kurz die Spanne Lebens ist, die mir noch verbleibt; aber was geschieht mit Anna Maria?«[798] Maria van Look verspricht, alles für sie zu tun, was sie vermag. Bewegt spürt sie Schneiders Erleichterung, seinen Dank.

Am 3. April schreibt Reinhold Schneider an den Maler Hans Fronius und bittet um Illustrierung seiner »Fragmente«, wie er seine Wiener Notizen nennt. Gegen Ende des Briefes heißt es: »Entschuldigen Sie bitte die schlechte Schrift: Ich liege und friere, die Anstrengungen der letzten Zeit sind zu groß.«[799] Am Karsamstagvormittag erledigt er Post und geht dann, mit Briefen und Päckchen beladen, aus dem Haus. Auf dem Rückweg, nachdem er die Kirche St. Cyriak aufgesucht hat, stürzt er gegenüber dem Antoniushaus in der Kirchstraße. Ein Student bemüht sich um ihn und begleitet ihn im Rettungswagen ins Lorettokrankenhaus. Dort wird ein Schädelbasisbruch mit Gehirnblutung festgestellt. Nach Auskunft des behandelnden Arztes, der noch ein etwa zehnminütiges Gespräch mit dem Schwerverletzten führte, hat Reinhold Schneider gesagt, »man möge ihn sterben lassen, er habe nun genug gelitten und endlich seine Ruhe gefunden«[800].
Der Arzt erklärt bei späterer Gelegenheit, daß »dem Sturz auf der Straße eine ungefähr dreitägige Hungerperiode vorausgegangen« sei.[801]
Reinhold Schneider stirbt an den Folgen seiner Verletzungen am 6. April, dem Nachmittag des Ostersonntags.

Über die Trauerfeierlichkeiten berichtet der Freund aus Potsdamer Jahren, Harald von Koenigswald, der am Morgen des Todestages noch einen Brief Reinhold Schneiders erhalten hat, in dem dieser seine Isolierung in seiner Kirche beklagte: »Das Münster war schon dunkel, das große Kirchenschiff ganz voll mit Menschen und die Glocken läuteten, als der Sarg, von einem Riesenbusch roter Nelken überragt, hineingetragen und vor dem Altar niedergesetzt wurde... Rektor und Dekane der Freiburger Universität waren in ihren Talaren da, viel Geistlichkeit und sehr viele ausgezeichnete, vom Geiste geprägte Gesichter, eine große ergriffene Gemeinde.« »Als der Sarg ... aus dem Münster herausgetragen wurde, der Bischof ging hinter dem Sarg her, berührt eine einfache alte Frau den Sarg mit ihrem Rosenkranz und küßte hinterher sehr andächtig das Kreuz. Das ... war in dieser Stunde ein sehr ergreifender Ausdruck der tiefen Verehrung.« »Nach der Feierlichkeit im Freiburger Münster war am andern Tag das Begräbnis in Baden-Baden.« »Die Ka-

pelle war übervoll mit Blumen und Menschen ... Es wurden immer mehr Kränze hereingetragen und lagen schließlich bis zur Tür hinaus – am ergreifendsten für mich ein sehr strenger Kranz mit Lorbeerzweigen und dem Schwarz-weissen Band der Pour-le-mérite-Ritter ... Für die Freunde [und für die Akademien in Mainz und Darmstadt] sprach Bergengruen, der jetzt in Baden-Baden sein Domizil aufgeschlagen hat ... Bergengruen war sehr warmherzig und echt ... Sehr kurz sprach zuletzt noch ein Pour-le-mérite-Ritter – ein ungewöhnlicher, imponierender Kopf, von dem niemand den Namen wußte, aber vielleicht war das gerade so sehr echt für dieses Begräbnis von Reinhold Schneider. Man hatte das Gefühl, die ganze geistige Welt war in ihrer Repräsentanz zugegen und doch spielte der Einzelne dabei gar keine Rolle. Die geistige Welt würdigte in Reinhold Schneider einen ihrer Grossen. Die Aussage im Werk ist gegeben.«[802]
Koenigswald erinnert sich noch an eine andere Abschiedsstunde und an den Ort, wo Schneider und er sich begegneten: »Kleppers Begräbnis stand damals so sehr unter dem Druck und der Hasserfülltheit der nationalsozialistischen Zeit, dass Ihlenfeld und ich die einzigen männlichen Freunde waren, die es gewagt hatten, zu dem Begräbnis zu gehen – und nun dagegen Schneiders Begräbnis in so pompösem Gepränge – und Potsdam, das nicht mehr ist ...«[803]

»Geschichte«, schrieb Reinhold Schneider in »Winter in Wien«, »ist ein Verbrennungsprozeß – Ereignis des Endes.«[804]

Tod des Dichters

Der Schmerz zehrt alles auf; nur die Gedanken
Sind wach und rütteln vor verschloßnem Erz.
Nah ist die Wahrheit. Näher ist der Schmerz.
Was ist ein Kranz noch in der Hand des Kranken?

Ich flechte nicht mehr; draußen blühn die Ranken.
Mich aber zieht es haltlos tiefenwärts.
Was war mein Bilden? Todversehrtes Herz.
Die Bilder flüchten und die Zeichen schwanken.

Das Gottesreich, ein Trümmerstrom, entrauscht
Ins fahle Licht des jüngsten Tags. Ich bin
Nur Schatten meiner selbst, zertretner Wurm.
Und bin ein Adler doch. Der Geist vertauscht
Die Kleider bald. Ich glühe zu ihm hin.
Der Mittag brennt sich aus. Die Nacht bringt Sturm.[805]

(1951)

In seinem Testament, das er 1957 niederschrieb, setzte Reinhold Schneider Anna Maria Baumgarten, die er hier »die Gefährtin meines Lebens« nennt, als Alleinerbin ein. Sie starb am 22. August 1960.

Nicht nur die Toten hoff ich dort zu schauen,
Auch dich und deine Jugend möcht ich finden,
Die mir entging wie Sonnenlicht den Blinden
Und wie die Tränen, die auf Gräber tauen.

Doch einmal wird die Wehmut von den Brauen
Und aus der Seele mir die Trauer schwinden,
Die dir allein verliehen war zu binden
Bis jenseits uns die Morgenstunden grauen.

Dann trittst du vor mich, ganz von Licht umwoben,
Mit jenem Lächeln, das zu seltnen Stunden
Dein leidgeprägtes Angesicht verklärt.

Und wunderbar zu dir emporgehoben
Fühl ich mein dunkles Leben überwunden
Und deines Lichts und deiner Liebe wert.[806]

(1938)

Quellennachweise und Anmerkungen

Autorennamen verweisen auf das Literaturverzeichnis, römische Ziffern auf die entsprechenden Bände der »Gesammelten Werke«, arabische Ziffern auf Seiten-, wo sie in Klammern gesetzt sind, auf Jahreszahlen. Briefwechsel sind mit den Namen der Partner gekennzeichnet.
Im Reinhold-Schneider-Archiv der Badischen Landesbibliothek in Karlsruhe befindliche Briefe *an* Reinhold Schneider tragen die Signatur K 2875, Briefe *von* Reinhold Schneider die Signatur K 2876.

Folgende Abkürzungen werden verwendet:

Balkon	= Der Balkon
BLB	= Badische Landesbibliothek
Briefw.	= Briefwechsel
GW	= Gesammelte Werke
HZ	= Die Hohenzollern
Klepper-Tagebuch	= Jochen Klepper: »Unter dem Schatten deiner Flügel«
MvL	= Maria van Look: »Jahre der Freundschaft mit Reinhold Schneider«
RSA	= Reinhold-Schneider-Archiv der Badischen Landesbibliothek
Schmitt	= Franz Anselm Schmitt und Bruno Scherer: »Reinhold Schneider – Leben und Werk in Dokumenten«
Tgb.	= Tagebuch
VT	= Verhüllter Tag
WW	= Winter in Wien

[1] VT 19
[2] Dass. 32
[3] Dass. 20
[4] Ebd.
[5] Dass. 21
[6] Dass. 15
[7] Schmitt 39
[8] VT 27
[9] Ebd.
[10] Ebd.
[11] Dass. 31
[12] Ebd.
[13] 5.10.1943, RSA, BLB
[14] VT 32
[15] Ebd.
[16] Ebd.
[17] Dass. 36
[18] Dass. 37
[19] Dass. 36
[20] Dass. 23
[21] Dass. 24
[22] Ebd.
[23] Dass. 25
[24] Dass. 54
[25] Balkon 21
[26] VT 58
[27] Dass. 60f.
[28] Dass. 58
[29] Dass. 59
[30] Dass. 61
[31] Dass. 62
[32] Dass. 34
[33] Dass. 33f.
[34] Dass. 34
[35] Dass. 35
[36] MvL 34
[37] Ebd.
[38] VT 64
[39] Schmitt 49
[40] MvL 35
[41] Dass. 36
[42] Ebd.
[43] Ebd.
[43a] Davon berichtet auch Willy Schneider in seinen Aufzeichnungen 1972/73 in den Mitteilungen der Reinhold-Schneider-Gesellschaft.
[44] 6.6.1923, RSA, BLB

⁴⁵ 7.6.1923, RSA, BLB
⁴⁶ 8.6.1923, RSA, BLB
⁴⁷ 9.6.1923, RSA, BLB
⁴⁸ 10.6.1923, RSA, BLB
⁴⁸ᵃ 9.6.1923, RSA, BLB
⁴⁸ᵇ 11.6.1923, RSA, BLB
⁴⁸ᶜ Ebd.
⁴⁸ᵈ Ebd.
⁴⁹ 4.6.1923, RSA, BLB
⁵⁰ 5.6.1923, RSA, BLB
⁵¹ 12.6.1923, RSA, BLB
⁵² 5.6.1923, RSA, BLB
⁵³ 6.7.1923, RSA, BLB. »Wuz«: Trotz abweichender Schreibweise wahrscheinlich auf Jean Pauls »Leben des vergnügten Schulmeisterlein Maria Wutz in Auenthal« zurückgehend; in dieser »Art Idylle« spielt der 13. Mai, der auch Reinhold Schneiders Geburtstag ist, eine besondere Rolle.
⁵⁴ Handschriftl. Manuskript, RSA, BLB, auch Schmitt 47
⁵⁵ RSA, BLB
⁵⁶ VT 66
⁵⁷ RSA, BLB
⁵⁸ 29.5.1923, RSA, BLB
⁵⁹ RSA, BLB
⁶⁰ Ebd.
⁶¹ 18.10.1952, RSA, BLB, auch Schmitt 56
⁶² VT 68
⁶³ 18.6.1928, Schmitt 58
⁶³ᵃ Ebd.
⁶⁴ Ebd.
⁶⁵ 30.3.1928, RSA, BLB
⁶⁵ᵃ Ebd.
⁶⁶ 18.8.1928, Schmitt 59
⁶⁷ Dass. 59ff.
⁶⁸ Tgb. 136
⁶⁸ᵃ Zum Todesmotiv in R. Sch.s Leben und Werk vgl. E. Blattmann: »Zu einigen Grundlagen von Reinhold Schneiders Thanatologie« in: E. Blattmann u. B. Hoth-Blattmann (1985), S. 81–124
⁶⁹ Tgb. 31
⁷⁰ Josef Rast, Tgb. 913
⁷¹ Tgb. 67
⁷² Schmitt 46   ⁷²ᵃ Ebd.
⁷²ᵇ R. Willaredts (1992), S. 58–94, Ansichten zu Schneiders Verzichts- u. Askesehaltung werden durch die Jugendbriefe weitgehend relativiert.

⁷³ Tgb. 74–76
⁷³ᵃ Ebd.
⁷⁴ Dass. 87
⁷⁵ Dass. 96ff.
⁷⁶ Dass. 111
⁷⁷ Dass. 113
⁷⁸ GW, V, 196
⁷⁹ Tgb. 113ff.
⁸⁰ Dass. 219
⁸¹ Dass. 425
⁸² Dass. 444
⁸³ Dass. 483
⁸⁴ Dass. 255
⁸⁵ Dass. 261
⁸⁶ Dass. 268
⁸⁷ Dass. 274
⁸⁸ Dass. 277ff.
⁸⁹ 16.1.1969, Willy Schneider an Friedrich Singer, RSA, BLB
⁹⁰ Tgb. 914, Nachwort von J. Rast
⁹¹ 16.1.1969, Willy Schneider an Friedrich Singer, RSA, BLB
⁹² 19.2.1969, Friedrich Singer an Dr. Franz Anselm Schmitt, RSA, BLB
⁹³ VT 151
⁹⁴ Dass. 152
⁹⁵ 28.3.1932, RSA, BLB
⁹⁶ 25.4.1932, RSA, BLB
⁹⁷ Tgb. 565
⁹⁷ᵃ Ebd.
⁹⁸ Ebd.
⁹⁹ GW, V, 10
¹⁰⁰ »Erfüllte Einsamkeit« 22
¹⁰¹ »Verpflichtung und Liebe« (Freiburg 1964), 194f., zitiert nach Reddemann 55
¹⁰² Tgb. 715
¹⁰³ Dass. 714
¹⁰⁴ Dass. 162
¹⁰⁵ Unamuno (1924) 24
¹⁰⁶ P. A. Meier (1978) 27
¹⁰⁷ Balkon 111
¹⁰⁸ C. Koepcke (1989³) 95
¹⁰⁹ »Schicksal und Landschaft« (Freiburg 1960) 299
¹¹⁰ Tgb. 76f.
¹¹¹ Dass. 77
¹¹² Dass. 45
¹¹³ Dass. 681
¹¹⁴ Ebd.
¹¹⁵ Ebd.
¹¹⁶ Ebd.
¹¹⁷ Ebd.

[118] Tgb. 681 ff.
[119] Dass. 682
[120] Unamuno (1941): »Andanzas y Visiones« (1941) 137, zitiert nach P. A. Meier 29
[121] VT 66
[122] Ebd.
[123] VT 69
[124] »Portugal« 9
[125] Dass. 44
[126] Ebd.
[127] Dass. 124
[128] Dass. 127 f.
[129] Dass. 129
[130] Dass. 128
[131] Dass. 130
[131a] Camoes 61
[132] VT 71
[133] Camoes 140
[134] Dass. 141
[135] Schmitt 65
[136] Dass. 64
[137] Die Annahme von R. Willaredt (1992), Schneider sei hier bestimmend an Nietzsche orientiert, ist nicht einsichtig. Unruhe u. Ortlosigkeit ziehen sich, abgesehen von den Potsdamer und – kriegsbedingt – ersten Freiburger Jahren, durch sein gesamtes Leben und beruhen offensichtlich auf individuellen Voraussetzungen: Furcht vor Festlegung bei gleichzeitigem Wunsch nach Bindung, Lebensangst. Vgl. Tgb. 256
[138] Tgb. 906, Nachwort J. Rast
[139] VT 74
[140] Dass. 69
[141] Dass. 79
[141a] Tgb. 69
[142] Dass. 9
[143] Ebd.
[144] Tgb. 17
[145] Dass. 18
[146] Dass. 19
[147] Dass. 21
[148] Dass. 22
[149] Dass. 23
[150] Dass. 26
[151] Ebd.
[152] Ebd.
[153] Nach K.-W. Reddemann (1978), S. 33, ist Schneider durch »die stille evangelische Frömmigkeit des Vaters..., die gerade in ihrer Wortlosigkeit für den Sohn Zeichen der Transzendenz bereithielt«, für das ganze Leben beeinflußt worden.
[154] Tgb. 23
[155] Ebd.
[156] Dass. 27
[157] Ebd.
[158] Ebd.
[159] VT 114
[160] Philipp II. 27
[161] Dass. 53
[162] Dass. 55
[163] Dass. 55 ff.
[164] Dass. 68
[165] Dass. 117
[166] Ebd.
[167] Dass. 185
[168] Dass. 186
[169] Dass. 196
[170] Ebd.
[171] Philipp II. 207
[172] Schmitt 67
[173] »Erfüllte Einsamkeit« 123
[174] Tgb. 203
[175] VT 84
[176] Ebd.
[177] Ebd.
[178] Tgb. 204 ff.
[179] Dass. 219
[180] Ebd.
[181] Dass. 220
[182] Ebd.
[183] Dass. 221
[184] Ebd.
[185] Dass. 224 f.
[186] Dass. 225 f.
[187] Dass. 226
[188] Ebd.
[189] Dass. 227
[190] Ebd.
[191] Dass. 229
[192] Ebd.
[193] RSA, BLB
[194] Tgb. 194
[195] Dass. 242
[196] Dass. 249
[197] Dass. 256
[198] Ebd.
[199] Ebd.
[200] Dass. 256 f.
[201] Dass. 266
[202] Dass. 276

[203] Dass. 279
[204] Dass. 306
[205] Dass. 329
[206] Dass. 330
[207] Dass. 341
[208] Dass. 359
[209] Dass. 367
[210] Dass. 357
[211] Innozenz 27
[212] Ebd.
[212a] Innozenz 31
[213] Dass. 36
[214] Dass. 64
[215] Ebd.
[216] Dass. 66
[217] Dass. 72
[218] Dass. 134
[219] Dass. 138
[220] Dass. 145
[221] Dass. 152
[222] Dass. 197
[223] Dass. 198
[224] Dass. 201
[225] Dass. 203
[226] Dass. 202
[227] Dass. 203
[228] Schmitt 85
[229] VT 85
[229a] Ebd.
[230] Schmitt 84
[231] Tgb. 434
[232] Dass. 439
[233] Ebd.
[234] Tgb. 445
[235] Dass. 534
[236] Dass. 535
[237] Ebd.
[238] Dass. 537
[239] Ebd.
[240] Fichte 104 ff.
[241] Dass. 170
[242] Dass. 192
[243] Dass. 201
[244] Dass. 159
[245] Dass. 240
[246] Dass. 241 ff.
[247] Dass. 129
[248] Dass. 132
[249] VT 85
[250] Tgb. 500
[251] VT 87
[252] Schmitt 89
[253] Ebd.

[254] Tgb. 552 f.
[254a] Der Vorwurf des Rassismus, den R. Willaredt (1992) erhebt (S. 343 bis 347), wird von ihm selbst relativiert (347)
[255] VT 88
[256] HZ 9
[257] GW V, 238/239
[258] Tgb. 554
[259] Dass. 555 f.
[260] VT 91
[261] Ebd.
[262] Tgb. 556
[263] Ebd.
[264] HZ 302
[265] Dass. 83
[266] Ebd.
[267] Dass. 85
[268] Dass. 107
[269] Dass. 167
[270] Dass. 191
[271] Dass. 192
[272] Dass. 301
[273] Dass. 302
[274] VT 92
[275] HZ 304
[276] Ebd.
[277] Tgb. 605
[278] VT 89
[279] Tgb. 636
[280] GW, V, 192
[281] zitiert nach Ch. Perels, GW, V, 410
[282] Tgb. 245
[283] Ebd.
[284] Dass. 258
[285] Dass. 261
[286] GW, V, 196–197
[287] Elisabeth Schmidt 303
[288] GW, V, 284/285
[289] Philipp II. 337
[290] Tgb. 659
[291] Siehe R. Willaredt (1992), z. B. 271
[292] RSA, BLB
[293] RSA, BLB
[294] Tgb. 670
[295] Ebd.
[296] Dass. 689
[297] Ebd.
[298] Dass. 669
[299] Ebd.
[300] Jürgen Steinle (1992), 75
[301] Ders. 82
[302] RSA, BLB

[303] Tgb. 793
[304] Dass. 792
[305] VT 128
[306] Tgb. 796
[307] Dass. 797
[308] Ebd.
[309] Tgb. 708
[310] Dass. 800
[311] Ebd.
[312] Tgb. 802
[313] Ebd.
[314] Dass. 805
[315] Ebd.
[316] Tgb. 811
[317] Dass. 816 ff.
[318] Dass. 822
[319] Dass. 827
[320] Ebd.
[321] Dass. 828 ff.
[322] Dass. 829
[323] Dass. 830
[324] Dass. 833
[325] Dass. 835
[326] Inselreich 16
[327] Dass. 592
[328] Dass. 83
[329] Dass. 85
[330] Dass. 86
[331] Dass. 95
[332] Dass. 94
[333] Dass. 241
[334] Dass. 243
[335] Dass. 244
[336] Dass. 247
[337] Dass. 249
[338] Ebd.
[339] Dass. 248
[340] Dass. 236
[341] Dass. 249 f.
[342] Dass. 285 f.
[343] Dass. 286
[344] Dass. 351
[345] Dass. 360 f.
[346] Dass. 393
[347] Dass. 407
[348] Dass. 495
[349] Ebd.
[350] Ebd.
[351] Dass. 496
[352] Dass. 569
[353] Ebd.
[354] Dass. 570
[355] Ebd.
[356] Dass. 587
[357] Ebd.
[358] Ebd.
[359] Ebd.
[360] Dass. 588
[361] VT 97
[362] Ewige Krone 46
[363] Erbe und Freiheit 155
[364] Kaiser Lothars Krone 43
[365] Dass. 44
[366] Dass. 315
[367] Dass. 316
[368] Erbe und Freiheit 14
[369] Ebd.
[370] Dass. 40
[371] Dass. 41 f.
[372] Dass. 42
[373] Ebd.
[374] Ricarda Huch 338
[375] Ewige Krone 45
[376] Dass. 44
[377] Ebd.
[378] VT 110
[379] Heuschele-Briefw. 159
[380] Dass. 161
[381] Ewige Krone 54
[382] WW 49
[383] Klepper-Tagebuch 9. 4. 1936
[384] Dass. 11. 4. 1933
[385] Dass. 15. 4. 1934
[386] Dass. 13. 9. 1933
[387] VT 111
[388] Klepper-Tagebuch 15. 4. 1934
[389] Ebd.
[390] VT 111
[391] Klepper-Tagebuch 27.–29. 4. 1934
[392] VT 112
[393] Dass. 113
[394] Dass. 112
[395] Dass. 113
[396] Dass. 112
[397] Ebd.
[398] Dass. 114
[399] Klepper-Tagebuch 5. 11. 1935
[400] Dass. 28. 9. 1936
[401] VT 114
[402] Klepper-Briefw. 70/71
[402a] Dass. 80
[403] Klepper-Tagebuch 23. 7. 1937
[404] VT 114
[405] Dass. 111
[405a] RSA, BLB
[406] Schmitt 100

[407] Ebd.
[408] Ebd.
[409] Schmitt 101
[410] Ders. 102
[411] Ders. 103
[412] Klepper-Tagebuch 13.11.1936
[413] Ebd.
[414] Dass. 26.11.1936
[415] RSA, BLB
[416] Schmitt 107
[417] Klepper-Tagebuch 29./30.6.1935
[418] VT 100
[419] Dass. 102
[420] Dass. 103
[421] Dass. 107
[422] Ewige Krone 44
[423] Ebd.
[424] RSA, BLB
[425] VT 145
[426] Ebd.
[427] Dass. 146
[428] Ebd.
[429] Klepper-Tagebuch 5.10.1937
[429a] Ebd.
[429b] Ziegler-Briefw. 44
[430] RSA, BLB
[431] RSA, BLB
[432] Klepper-Briefw. 96
[433] Dass. 98
[434] Dass. 100
[435] Dass. 102
[436] Dass. 103
[437] Ebd.
[438] Klepper-Tagebuch 18./19.7.1935
[439] Dass. 186
[440] VT 96
[441] Dass. 147
[442] Las Casas GW, III 204
[443] Dass. 208
[444] Dass. 225
[445] Dass. 245
[446] Dass. 226
[447] Dass. 228
[448] VT 155
[449] Ebd.
[450] GW, V, 270
[451] Klepper-Briefw. 104
[452] Klepper-Tagebuch 14.3.1938
[453] VT 149
[454] Ebd.
[455] Dass. 151
[456] Dass. 150
[457] Ebd.

[458] Ebd.
[459] VT 148
[460] Dass. 169
[461] Heuschele-Briefw. 54
[462] Dass. 55
[463] Corneille 28
[464] Klepper-Briefw. 125
[465] Heuschele-Briefw. 57
[466] Dass. 58
[467] Ernst Wiechert wurde 1938 wegen Widerstands gegen den NS-Staat verhaftet und ins KZ Buchenwald verschleppt. 1945 veröffentlichte er sein Buch »Der Totenwald«, das auf diesen Erlebnissen beruht.
[468] Heuschele-Briefw. 75
[469] Dass. 76
[470] Klepper-Briefw. 137
[471] Heuschele-Briefw. 81
[472] Ebd.
[473] Dass. 82
[474] Ziegler-Briefw. 67
[475] Klepper-Briefw. 138
[476] Heuschele-Briefw. 84
[477] GW, V, 110
[477a] Macht und Gnade 250
[478] Dass. 251
[479] Dass. 252
[480] Dass. 247 f.
[481] GW, V, 54
[482] RSA, BLB
[483] VT 141
[484] Dass. 140
[485] Ebd.
[486] RSA, BLB 12.3.1938
[487] Ebd.
[488] Ebd.
[489] Ebd.
[490] Ebd.
[491] Ebd.
[492] Ebd.
[493] 26.8.1931, RSA, BLB
[494] GW, V, 198/199
[495] VT 152
[496] 27.10.1939, RSA, BLB
[497] Ebd.
[498] Ebd.
[499] 25.5.1940, RSA, BLB
[500] Ebd.
[501] GW, V, 200
[502] Klepper-Briefw. 125
[503] Heuschele-Briefw. 108
[504] Dass. 87

505 Schmitt 130
506 Ebd.
507 Bergengruen-Briefw. 56 u. Anmerkung 26
508 VT 164
509 Dass. 165
510 Ebd.
511 Dass. 167f.
512 Dr. N. Luise Hackelsberger-Bergengruen: unveröffentlichtes Vortragsmanuskript
513 Schmitt 131
514 Dass. 132
515 VT 185
516 Ebd.
517 Ebd.
518 Dass. 187
519 Ebd.
520 Dass. 195
521 Dass. 194
522 22.12.1941, RSA, BLB
523 Schmitt 134
524 Ebd.
525 Ziegler-Briefw. 142
526 30.10.1943 u. April 1944, RSA, BLB
527 Klepper-Tagebuch 9.12.1942
528 VT 118
529 GW, V, 116
529a VT 201
530 Dass. 203
531 Schmitt 151
532 Schmitt 152
533 zitiert nach MvL 73f.
534 GW, VIII, 146
535 Dass. 152f.
536 Dass. 153
537 Dass. 158
538 Dass. 159
539 Ebd.
540 Ebd.
541 GW, VI, 281
542 Ebd.
542a Balthasar (1991) 96
543 Schriften zur Zeit 95
544 Ebd.
545 Dass. 94
546 Dass. 156
547 Dass. 159f.
548 Ewige Krone 42
549 16.8.1957, RSA, BLB
550 VT 85
550a Lothar Bossle schreibt hierzu, daß der Nationalsozialismus »die Harmlosigkeit politischer Formulierungskunst unverzeihlich gemacht hat«. (28ff.)
551 HZ 35
552 GW, VIII, 47
553 Dass. 47f.
554 Dass. 52
555 GW, VIII, 203
556 GW, V, 170/171
557 »Erbe im Feuer« 28
558 MvL 30
559 Ebd.
560 Dies. 12
561 GW, V, 317
562 Heuschele-Briefw. 142
563 Dass. 143f.
564 Bergengruen-Briefw. 116
565 Heuschele-Briefw. 147
566 VT 200
567 Schmitt 168
568 Ders. 169
569 VT 187
570 Zitat nach MvL 110
571 Heuschele-Briefw. 151f.
572 Vgl. Ekkehard Blattmann (1992)
573 Ingo Zimmermann (1982) 152–160
574 MvL 112f.
575 Dies. 113
576 Dies. 114
577 Ebd.
578 Dies. 115
579 Zitat nach E. Blattmann (1992) 157
580 Ders. (1992), 154/155 Anmerkung 31
581 Ebd.
582 Schmitt 177
583 E. Blattmann (1990) 38
584 E. Blattmann (1992) 174
585 Ebd.
586 In: »Die Zeit erwartet unseren Widerspruch. Dokumentation einer Diffamierung«. 29ff. und E. Blattmann (1992) 174, Anmerkung 20
587 zitiert nach E. Blattmann (1992), 181, Anmerkung 35
588 Hierzu: E. Blattmann (1992) 193–200
589 Dass. 194
590 Zum »Fall Reinhold Schneider« siehe auch die Beiträge von Anselm Doering-Manteuffel und Ludger Lütkehaus in: E. Blattmann/Klaus Mönig (Hg.) (1990) und Jürgen Steinle (1992), vor allem 238–246

[591] J. Steinle 245
[592] Ders. 246
[593] MvL 117
[594] Dies. 118
[595] Ebd.
[596] Dies. 119
[597] Heiseler-Briefw. 104
[598] MvL 120
[599] Lothar Bossle 132
[600] Ders. 134
[601] VT 213 ff.
[602] Heiseler-Briefw. 104 ff.
[603] Dass. 112
[604] Dass. 111 ff.
[605] Dass. 107
[606] Dass. 125
[607] Dass. 126
[608] Bergengruen-Briefw. 105
[609] GW, VIII, 330
[610] Dass. 331
[611] 15.12.1951, RSA, BLB
[612] 14.1.1939, RSA, BLB
[613] Ebd.
[614] 8.9.1940, RSA, BLB
[615] 5.10.1943, RSA, BLB
[616] Ebd.
[617] 11.9.1954, RSA, BLB
[618] 24.10.1954, RSA, BLB
[619] Ebd.
[620] Ebd.
[621] Przywara-Briefw. 49
[622] Ziegler-Briefw. 183
[623] Schmitt 179
[624] GW, VII, 115
[625] Heiseler-Briefw. 156
[626] Dass. 157
[627] Ebd.
[628] Ziegler-Briefw. 193
[629] Dass. 189
[630] 11.8.1953, RSA, BLB
[631] 3.3.1953, RSA, BLB
[632] Ebd.
[633] Ziegler-Briefw. 201
[634] MvL 138
[635] Ebd.
[635a] Heuschele-Briefw. 170
[636] Schmitt 196
[637] Przywara-Briefw. 64
[638] Dass. 65
[639] Hierzu u. a. Pirmin A. Meier
[640] Schmitt 209
[641] MvL 165
[642] Dass. 166
[643] GW, VII, 389
[644] Dass. 390
[645] Dass. 373
[646] Dass. 375
[647] Heuschele-Briefw. 178
[648] Ziegler-Briefw. 210
[649] Przywara-Briefw. 90
[650] Portugal 141
[651] Ebd.
[652] Ebd.
[653] Portugal 141 f.
[654] VT 74
[655] Pfeiler im Strom 382 ff.
[656] GW, VII, 396
[657] Dass. 398
[658] Schmitt 253
[659] GW, VIII, 365 ff.
[660] Dass. 366
[661] Ebd.
[662] GW, VIII, 367
[663] Ebd.
[664] Dass. 368
[665] Ebd.
[666] Ebd.
[667] Ebd.
[668] Dass. 369
[669] Ebd.
[670] Ebd.
[671] Dass. 370
[672] Ebd.
[673] Dass. 372
[674] Dass. 375
[675] Dass. 373
[676] GW, VIII, 392
[677] Dass. 393
[678] Dass. 403
[679] Dass. 404
[680] Schmitt 212
[681] an Willy Schneider, zitiert nach Schmitt 210
[682] Klepper-Tagebuch, Vorwort, 13
[682a] aus Briefen vom 16.1.1969 und 30.1.1969 von Willy Schneider an Friedrich Singer, RSA, BLB
[683] Tgb. Nachwort, 914
[684] Schmitt 211
[685] WW 192
[686] GW, VI, 279
[687] Ebd.
[688] Der christliche Protest 58
[689] Dass. 59
[690] Ebd.
[691] Dass. 60

[692] Dass. 62
[693] Dass. 65
[694] Dass. 66
[695] Ebd.
[696] Ebd.
[697] Dass. 75
[698] Dass. 78
[699] Klepper-Tagebuch 5. 1. 1936
[700] Ekkehard Blattmann (1979) 84
[701] Schicksal und Landschaft, 31 ff.
[702] Pirmin A. Meier (1978) 125
[703] Vgl. Jürgen Steinle (1992) 69, 82, Anmerkung 212, u. S. 81, 3. Abs.
[704] GW, V, 272
[705] Dass. 54
[706] Dass. 26
[707] Vgl. E. Blattmann (1979), 55–79
[708] Klepper-Briefw. 44
[709] GW, V, 318/319
[710] Dass. 288
[711] GW, IX, 11 ff.
[712] GW, V, 136
[713] GW, VI, 99
[713a] Dass. 276
[714] Dass. 287
[715] Ebd.
[716] GW, IX, 430/431
[717] GW, VI, 288
[718] Ebd.
[719] Dass. 289
[720] Der christliche Protest 83
[721] Balkon 8
[722] Dass. 9
[723] Dass. 11
[724] Dass. 12
[725] Ebd.
[726] Dass. 18 f.
[727] Dass. 60
[728] Dass. 27
[729] Ebd.
[730] Dass. 55
[731] Dass. 63
[732] Ebd.
[733] Ebd.
[734] Ebd.
[735] Dass. 64
[736] Dass. 81
[737] Dass. 83 ff.
[738] Dass. 107
[739] Dass. 126
[740] Dass. 127
[741] Dass. 147
[742] Dass. 148
[743] Dass. 148 ff.
[744] Dass. 147
[745] Dass. 85
[746] Dass. 39
[747] Dass. 41
[748] Dass. 85
[749] Ebd.
[750] Ebd.
[751] WW 7
[752] Ebd.
[753] Dass. 9
[754] Dass. 8
[755] Dass. 8 ff.
[756] Dass. 10
[757] Dass. 12
[758] Ebd.
[759] Dass. 13
[760] Dass. 14
[761] Dass. 16
[762] Dass. 17
[763] Ebd.
[764] Ebd.
[765] Dass. 18
[766] Ebd.
[767] Dass. 20
[767a] Dass. 73
[768] Dass. 72
[769] Dass. 72 ff.
[770] Dass. 110
[771] Dass. 118
[772] Dass. 119
[773] Dass. 129
[774] Dass. 79
[775] Dass. 66
[776] Dass. 99
[777] Dass. 99 ff.
[778] Dass. 100
[779] Pfeiler im Strom 301
[780] Ebd.
[781] WW 241
[782] Dass. 242
[783] Dass. 261
[784] Dass. 30
[785] Dass. 32
[786] Ebd.
[787] Dass. 29
[788] Dass. 30
[789] Dass. 214
[790] Dass. 284
[791] Eugen Biser 153
[792] Ders. 146, siehe dazu auch Ingo Zimmermann (1973), 139 und Hans Jürgen Baden (1968), 218–239

[793] WW 79
[794] Dass. 203
[795] Dass. 284
[796] Schmitt 226
[797] MvL 242
[798] Ebd.
[799] Dies. 241
[800] zitiert nach Ludger Lütkehaus (1984) 52
[801] Ders. 67
[802] 12.4.1958 an Ilse Gräfin Canitz RSA, BLB
[803] Ebd.
[804] WW 262
[805] GW, V, 294/95
[806] Dass. 33

Verzeichnis der benutzten Literatur

REINHOLD SCHNEIDER

Ausgewählte Werke in 4 Bänden: Köln und Olten 1953
Band 1: Das getilgte Antlitz (Erzählungen)
Band 2: Der fünfte Kelch (Erzählungen)
Band 3: Über Dichter und Dichtung (Literarische Essays)
Band 4: Herrscher und Heilige (Essays)

Gesammelte Werke in 10 Bänden. Im Auftrag der Reinhold-Schneider-Gesellschaft herausgegeben von Edwin Maria Landau. Frankfurt/M.
Band 1: Das Leiden des Camoes oder Untergang und Vollendung der portugiesischen Macht / Philipp II. oder Religion und Macht. 1979
Band 2: Das Inselreich. Gesetz und Größe der britischen Macht. 1979
Band 3: Der große Verzicht (Erzählungen, Drama). 1978
Band 4: Zeugen im Feuer (Erzählungen). 1979
Band 5: Lyrik. 1981
Band 6: Dem lebendigen Geist. 1980
Band 7: Geschichte und Landschaft. 1980
Band 8: Schwert und Friede. 1977
Band 9: Das Unzerstörbare (Religiöse Schriften). 1978
Band 10: Die Zeit in uns. Zwei autobiograph. Werke: Verhüllter Tag / Winter in Wien. 1978

Einzelausgaben

Auf Wegen deutscher Geschichte. Eine Fahrt ins Reich. Leipzig 1934
Belsazar (Drama). München 1950
Corneilles Ethos in der Ära Ludwigs XIV. Baden-Baden 1945
Das Erbeben (Drei Erzählungen). München 1959
Das Vaterunser. Colmar 1941
Der Balkon. Aufzeichnungen eines Müßiggängers in Baden-Baden. Wiesbaden 1957
Der Kronprinz (Drama). München 1948
Die Hohenzollern. Tragik und Königtum. Leipzig 1933
Das Leiden des Camoes oder Untergang und Vollendung der portugiesischen Macht. Hamburg 1959
Die silberne Ampel (Roman). Köln und Olten 1956
Die Stunde des heiligen Franz von Assisi. Colmar 1942
Die Tarnkappe (Drama). Wiesbaden 1951
Die Verwaltung der Macht. Freiburg 1945
Fichte. Der Weg zur Nation. München 1932

Formen der Macht. Nürnberg 1953
Innozenz der Dritte. Hg. Josef Rast. Köln und Olten 1960
Innozenz und Franziskus (Drama). Wiesbaden 1952
Kaiser Lothars Krone. Leben und Herrschaft Lothars von Supplinburg. Zürich 1986.
Philipp der Zweite oder Religion und Macht. Frankfurt/M./Hamburg 1953
Portugal. Ein Reisetagebuch. Frankfurt/M. 1984
Tagebuch 1930–1935. Im Auftrag der Reinhold-Schneider-Gesellschaft herausgegeben von Edwin Maria Landau. Frankfurt/M. 1983
Theresia von Spanien. München o. J.
Verhüllter Tag. Köln und Olten 1954
Winter in Wien. Aus meinen Notizbüchern 1957/58. Freiburg 1958

Sammelbände

Allein der Wahrheit Stimme will ich sein. Hg. C. Winterhalter. Freiburg/Basel/Wien 1962
Begegnung und Bekenntnis. Hg. C. Winterhalter. Freiburg/Basel/Wien 1963
Dämonie und Verklärung. Hg. C. Winterhalter. Freiburg/Basel/Wien 1965
Das Erbe im Feuer. Freiburg 1946
Der christliche Protest (enthält Die ewige Krone). Zürich 1954
Der ferne König (Erzählungen). Basel/Freiburg/Wien 1959
Der Traum des Eroberers/Zar Alexander (zwei Dramen). Wiesbaden 1951
Die ewige Krone (enthalten in Der christliche Protest)
Erbe und Freiheit. Köln und Olten 1955
Erfüllte Einsamkeit. Hg. C. Winterhalter. Freiburg/Basel/Wien 1963
Gelebtes Wort. Hg. C. Winterhalter. Freiburg/Basel/Wien 1961
Macht und Gnade. Gestalten, Bilder und Werte in der Geschichte. Frankfurt/M. 1977
Pfeiler im Strom (Essays). Wiesbaden 1958
Schicksal und Landschaft. Freiburg/Basel/Wien 1960.
Schriften zur Zeit. Baden-Baden 1948

Briefwechsel

Reinhold Schneider – Leopold Ziegler. München 1960
Briefe an einen Freund. Mit Erinnerungen von Otto Heuschele. Köln 1962
Reinhold Schneider – Erich Przywara. Zürich 1963
Reinhold Schneider – Bernt von Heiseler. Stuttgart 1965
Werner Bergengruen – Reinhold Schneider. Hg.: N. Luise Hackelsberger-Bergengruen. Freiburg/Basel/Wien 1966
Die Zeit erwartet unseren Widerspruch. Dokumentation einer Diffamierung. Briefe von Reinhold Schneider an Georg D. Heidingsfelder. Reinhold-Schneider-Stiftung Hamburg, Heft 26, Februar 1984
Jochen Klepper – Reinhold Schneider: s. Jochen Klepper

SEKUNDÄRLITERATUR

BADEN, HANS JÜRGEN: Literatur und Bekehrung. Stuttgart 1968
DERS.: Der Glaube des Dichters. Hamburg 1975
BALTHASAR, HANS URS VON: Reinhold Schneider. Sein Weg und sein Werk. Köln und Olten 1953
DERS.: Nochmals – Reinhold Schneider. (Ergänzte und bearb. Neuausgabe v. 1953) Freiburg 1991
BISER, EUGEN: Versöhnter Abschied. Zum geistigen Vorgang in Schneiders »Winter in Wien«. In: Widerruf oder Vollendung. Reinhold Schneiders »Winter in Wien« in der Diskussion. Schriften der Reinhold-Schneider-Stiftung, Bd. 3, Freiburg/Basel/Wien 1981
BLATTMANN, EKKEHARD: Reinhold Schneider – linguistisch interpretiert. Heidelberg 1979
DERS.: (Hg.): Trauer und Widerspruch – Über Reinhold Schneider. München/Zürich 1984
DERS.: Über den Kern von Reinhold Schneiders Friedensdenken. In: Reinhold-Schneider-Stiftung Hamburg, Heft 26, Februar 1984
DERS.: Waren Reinhold Schneider und Jochen Klepper Faschisten? Oder: Christliche Dichter im literarhistorischen Elend. In: Lothar Bossle (Hg.): Wirkung des Schöpferischen. Kurt Herberts zum 85. Geburtstag. Würzburg 1986
DERS. (Hg. mit K. MÖNIG): Über den »Fall Reinhold Schneider«. Freiburg/München/Zürich 1990
DERS.: Reinhold Schneider – Militarisierung oder Passion. Ein Beitrag zum »Fall Reinhold Schneider«. Frankfurt/M./Berlin/Bern/New York/Paris/Wien 1992
DERS.: (HG.): Reinhold Schneider. Ich – Tod – Gott. Jahrbuch der Reinhold-Schneider-Gesellschaft, Bd. 1, Frankfurt/M./Bern/New York 1985
BOSSLE, LOTHAR: Utopie und Wirklichkeit im politischen Denken Reinhold Schneiders. Mainz 1965
FRÜHWALD, WOLFGANG: Die Papierrosen der Literaturgeschichte. Zur literarischen Einordnung des Werkes von Reinhold Schneider. In: Carsten Peter Thiede (Hg.): Über Reinhold Schneider. Frankfurt/M. 1979
GETZENY, HANS: Reinhold Schneider – Seine geistige und künstlerische Entwicklung am Beispiel der erzählenden Prosa. (Phil. Diss.) Frankfurt/M./Bern/New York/Paris 1987
GRIMM, REINHOLD: Innere Emigration als Lebensform. In: R. Grimm und J. Hermand (Hg.): Exil und Innere Emigration. Third Wisconsin Workshop. Frankfurt/M. 1972
HAEHLING, VON LANZENAUER, REINER: Reinhold Schneider aus Baden-Baden. Der Dichter und sein Städtlein. Beiträge zur Geschichte der Stadt und des Kurortes Baden-Baden, NF Band 3, 1991.
HAMM, PETER: Wille zur Ohnmacht. Ein Porträt des katholischen Schriftstellers Reinhold Schneider. In: Die Zeit, Nr. 17, 20. April 1984, S. 43/44.
HUCH, RICARDA: Untergang des Römischen Reiches Deutscher Nation. Deutsche Geschichte Bd. 3. Freiburg 1954
KLEPPER, JOCHEN: Unter dem Schatten Deiner Flügel. Aus den Tagebü-

chern der Jahre, 1932–1942. Hg.: Hildegard Klepper. Auswahl, Anm. u. Nachw. Benno Mascher. Stuttgart 1956
DERS.: Briefwechsel 1925–1942. (Darin S. 61–158 Briefw. mit Reinhold Schneider). Hg. u. Bearb. Ernst G. Riemschneider. Stuttgart 1973
KOEPCKE, CORDULA: Lou Andreas-Salomé. Leben, Persönlichkeit, Werk. Eine Biographie. Frankfurt/M. 1986
LANDAU, EDWIN MARIA: MARIA VAN LOOK, BRUNO STEPHAN SCHERER: Reinhold Schneider. Leben und Werk im Bild. Frankfurt/M. 1977
LOOK, MARIA VAN: Jahre der Freundschaft mit Reinhold Schneider. Aus Tagebuchblättern. Weilheim/Obb. 1965
LÜTKEHAUS, LUDGER: Reinhold Schneider: Todessehnsucht – Lust zum Untergang? In: E. Blattmann (Hg.): Trauer und Widerspruch. Über Reinhold Schneider. München/Zürich 1984
DERS.: Eine große Gnade ist die Nacht. In: Ekkehard Blattmann/Klaus Mönig (Hg.): Über den »Fall Reinhold Schneider«. München/Zürich 1990
MEIER, PIRMIN A.: Form und Dissonanz. Reinhold Schneider als historiographischer Schriftsteller. Bern/Frankfurt/M./New York 1978
MEILE, RITA: Der Friede als Grundmotiv in Reinhold Schneiders Werk. Bern/Stuttgart 1976
RAST, JOSEF: Der Widerspruch. Das doppelte Antlitz des Reinhold Schneider. Köln und Olten 1959
REDDEMANN, KARL-WILHELM: Der Christ vor einer zertrümmerten Welt. Reinhold Schneider – ein Dichter antwortet der Zeit. Freiburg 1978
SCHERER, BRUNO: Tragik vor dem Kreuz – Leben und Geisteswelt Reinhold Schneiders. Freiburg/Basel/Wien 1966
SCHINK, HELMUT: Jugend als Krankheit? Linz 1980
SCHMIDT, ELISABETH: Tragik und Kreuz. Versuch einer Interpretation der Lyrik Reinhold Schneiders (Phil. Diss.). Wien 1963
SCHMITT, FRANZ ANSELM UND BRUNO SCHERER: Reinhold Schneider. Leben und Werk in Dokumenten. Olten und Freiburg 1969, Karlsruhe 1973
SCHNELL, RALF: Literarische Innere Emigration 1933–1945. Stuttgart 1976
STEINLE, JÜRGEN: Reinhold Schneider (1903–1958). Konservatives Denken zwischen Kulturkrise, Gewaltherrschaft und Restauration (Phil. Diss.). Zeitgeiststudien, Bd. 3. Aachen 1992
THIEDE, CARSTEN PETER (HG.): Über Reinhold Schneider. Frankfurt/M. 1979
UNAMUNO, MIGUEL DE: Das tragische Lebensgefühl. Ges. Werke. München 1925
WIDERRUF ODER VOLLENDUNG. Reinhold Schneiders »Winter in Wien« in der Diskussion. Schriften der Reinhold-Schneider-Stiftung Hamburg, Bd. 3. Freiburg/Basel/Wien 1981
WILLAREDT, ROLF: Reinhold Schneider und Nietzsche. Reinhold Schneiders »Tagebuch 1930–1945«. Unter dem Leitstern Friedrich Nietzsche. Frankfurt/M./Berlin/Bern/New York/Paris/Wien 1992
ZIMMERMANN, INGO: Der späte Reinhold Schneider. Eine Studie. Schriften der Reinhold-Schneider-Stiftung Hamburg, Bd. 1. Freiburg/Basel/Wien 1973
DERS.: Reinhold Schneider. Weg eines Schriftstellers. Berlin (Ost) 1982

Personenregister

Abendroth, Walter 222
Adenauer, Konrad 208
Alexander II. (Zar von Rußland) 227
Alfieri, Vittorio 150
Alfred d. Gr. (König von England) 117–118
Andreas-Salomé, Lou 51
Arnim, Achim von 31
Asmussen, Hans 200
August der Starke (König von Sachsen und Polen) 93
Augusta (Königin von Preußen, Deutsche Kaiserin) 9, 251
Augustin (Apostel Britanniens) 117
Augustin(us) 211

Bach, Johann Sebastian 83, 146
Baden, Hans Jürgen 281
Balthasar, Hans Urs von 187, 201, 219, 279
Barlach, Ernst 167
Bauer, Hilde 220
Baumgarten, Anna Maria (auch Maria, Putz, Puz, Spatz genannt) 20–22, 34–41, 44–46, 60–61, 68, 70, 82, 89, 100, 105–106f., 112, 143, 146, 149, 158, 163, 168, 172, 173, 178, 182–184, 219–220, 224, 232, 238, 264, 268, 269, 272
Beck, Ludwig 154, 233
Begas, Reinhold 9
Benn, Gottfried 239, 248
Bergengruen, Charlotte 220
Bergengruen, N. Luise: Siehe Hackelsberger-Bergengruen
Bergengruen, Werner 7, 143, 175, 176, 198, 206, 212, 220, 222, 232, 257, 269, 271, 279, 280
Bernanos, Georges 52
Biser, Eugen 268f., 281
Bismarck, Otto von 9, 252, 253, 255
Blancke, Wolfgang 8
Blattmann, Ekkehard 8, 205, 206–207, 242, 246, 274, 279, 281

Blomberg, Werner von 152
Boleyn, Anna 121, 122
Bomhard, Bettina von, geb. Kippenberg 220, 237
Bonaventura (Kirchenlehrer) 234
Bora, Katharina von 136
Bormann, Martin 183
Bossle, Lothar 210f., 279, 280
Boyen, Hermann von 98
Braun, Felix 265
Braun, Harald 139, 161
Brenner, Augusta, geb. Messmer 237
Busch, Fritz und Adolf 24

Calderón de la Barca, Pedro 17, 68, 136, 150
Camoes, Luis Vaz de 58, 59, 61, 75
Canitz, Ilse Gräfin 282
Cäsar 117
Catt, Henri Alexandre de 189
Chamberlain, Neville 154
Claudel, Paul 260
Clausewitz, Karl von 98, 233
Cölestin III. (Papst) 77, 79
Cölestin V. (Papst) 198
Corneille, Pierre 159, 160, 278
Cranmer, Thomas 122f.
Cromwell, Oliver 109, 111, 123

Daladier, Édouard 154
Dessau, Leopold Fürst von 94
Dickens, Charles 250
Doering-Manteuffel, Anselm 279
Dürer, Albrecht 160

Eckehart, Meister 234
Eckert, Prälat 220
Eichendorff, Joseph von 31, 75, 174
Elisabeth I. (Königin von England) 122
Elisabeth (Sissy) (Kaiserin von Österreich) 9
Engemann, Cilly 8
Erasmus von Rotterdam 236
Eugen, Prinz von Savoyen 233

Euripides 150
Eva (Singer) 44

Falkenhausen, Friedrich von 160
Färber, Karl 178, 220
Ferdinand (Bruder Karls V., Reichsverweser) 127
Fichte, Johann Gottlieb 83–88, 251, 276
Fort, Gertrud von le 196
Fouqué, Friedrich Heinrich Karl de (la Motte-Fouqué) 147
Fox, George 113
Franck, Sebastian 236
Franz II. (Deutscher und Österreichischer Kaiser) 131
Franz von Assisi 70, 71, 80, 217
Franz Joseph (Kaiser von Österreich) 253
Franze-Bauer, Familie 158
Freud, Sigmund 49
Friedrich (Kronprinz, später Kaiser Friedrich III.) 251
Friedrich II. (Hohenstaufen, Deutscher Kaiser) 78, 79–80
Friedrich II., d. Gr. (König von Preußen) 91, 93, 95, 97, 132, 143, 189, 191, 216, 233
Friedrich Wilhelm (der Große Kurfürst) 91, 95
Friedrich Wilhelm I. (König von Preußen) 90, 91, 93, 94, 102, 105, 130, 132, 133, 136, 139, 148, 243
Friedrich Wilhelm IV. (König von Preußen) 147
Frisch, Karl von 262
Fritsch, Werner von 152
Fronius, Hans 264, 270

Gentz, Friedrich von 236
Georg von Sachsen SJ 144, 145
Ghandi, Mahatma 211
Glock, Karl Borromäus 201
Gneisenau, August Graf Neithardt von 86, 98
Goebbels, Joseph 144, 154, 160
Göring, Hermann 144
Goes, Albrecht 209
Goethe, Johann Wolfgang 69, 75, 85, 174
Graf zur Lippe 233
Grillparzer, Franz 265

Grimm, Arthur 100
Gregor d. Gr. (Papst) 117
Grolmann, Karl von 98
Gundolf, Friedrich 79
Gustav Adolf (König von Schweden) 146
Guttenberg, Karl Ludwig Freiherr von 140, 144, 158, 182

Hackelsberger-Bergengruen, N. Luise 8, 176, 279
Hahn, Otto 260–261
Haehling von Lanzenauer, Reiner 16
Halem, Hans Nikolaus von 144, 182
Hamsun, Knut 231
Händel, Georg Friedrich 83
Hanna 43, 44, 46
Hardenberg, Karl August Graf/Fürst von 98
Hatzfeldt, Maleen Gräfin 8
Hau, Rechtsanwalt 10
Hauptmann, Gerhart 16, 31, 167
Hauptmann, Moritz 177
Hebbel, Friedrich 16, 31, 263
Heer, Friedrich 264, 265
Hegel, Georg Wilhelm 187
Heidingsfelder, Georg D. 205–207
Heinemann, Gustav 208, 212
Heinrich II. (König von Frankreich) 67
Heinrich IV. (Deutscher Kaiser) 77, 128
Heinrich VIII. (König von England) 109, 121, 122, 243
Heinrich der Löwe 77, 129
Heinrich der Stolze 128
Heiseler, Bernt von 204, 209, 211, 216, 217, 218, 280
Held, Heinrich 200
Herder, Johann Gottfried 235
Herder-Dorneich, Theophil 220
Hermann, Rudolf 246
Hermine (zweite Frau Wilhelms II.) 145
Hesse, Hermann 184
Heuschele, Otto 132, 143, 159, 162, 174, 196, 198, 201, 227, 277–280
Heuss, Theodor 142, 160, 216, 222, 232

Höfler, Heinrich 175, 178
Hoffmann, Kurt 200
Hofmannsthal, Hugo von 265
Holberg, Ludwig 231
Hoth-Blattmann, Barbara 274
Howard, Katharina 121
Huch, Ricarda 131, 277

Innozenz III. (Papst) 70–72, 74, 76–79, 191, 217, 276
Ihlenfeld, Kurt 139, 271

Jacobsen, Jens Peter 250
Jagow, Kurt 144
Jane 42, 74
Jean Paul 164, 263
Johann ohne Land (König von England) 118
Johann von Sachsen (König) 252
Johannes vom Kreuz 65, 66, 160, 172, 179
Joseph II. (Kaiser von Österreich) 258
Jungk, Robert 263

Kant, Immanuel 17, 50, 51, 84, 85, 88, 187, 232, 234–236
Karl I. (König von England) 109, 123
Karl II. (König von England) 109
Karl V. (Deutscher Kaiser) 65–67, 90, 127, 130, 145, 147, 150
Karl d. Gr. 127, 234
Katharina von Aragon 121
Kenter, Heinz Dietrich 218
Kierkegaard, Sören 31, 50, 75, 147, 234
Kippenberg, Anton 140, 142, 146, 150, 174, 178, 220, 237
Kippenberg, Katharina 146, 220, 237
Kleist, Ewald von 189
Kleist, Heinrich von 31, 75
Klepper, Hanni 133, 135, 147, 151, 154, 163, 181
Klepper, Jochen 64, 133–139, 142–144, 147, 149, 150, 151, 154, 156, 159, 161–163, 174, 175, 178, 181, 230, 237, 240, 241, 246, 271, 277, 278, 280, 281
Klepper, Stieftöchter: Siehe Stein

Knecht, Dr. 206
Knox, John 123
Koenigswald, Harald von 144, 160, 224, 270–271
Koepcke, Cordula 274
Kollwitz, Käthe 167
König, Anna von 163, 167, 179, 216, 238
König, Leo von 136, 143, 144, 161, 163, 167, 175–176, 182
Krauss, Werner 161
Kronprinz (von Preußen u. Deutschland) Wilhelm 144–145

Labre, Benedikt 160
Las Casas, Bartolomé de 150, 152, 153
Lassalle, Ferdinand 255
Law, William 126
Leander, Zarah 161
Lernet-Holenia, Alexander 265
Lessing, Gotthold Ephraim 187
Leo IV. (Papst) 117
Liszt, Franz 252
Look, van (Ehepaar) 220, 269
Look, Maria van 195, 208, 225, 238, 269, 273, 279, 280, 282
Lothar von Supplinburg (Deutscher Kaiser) 128, 129
Louis Ferdinand Prinz von Preußen 132
Loyola, Ignatius von 65
Luckner, Heinrich Graf 144, 174, 179
Ludewig, Heinrich 153
Luise (Königin von Preußen) 98, 243
Luise (Großherzogin von Baden) 9, 252
Luther, Martin 67, 83, 136, 160, 230, 234, 236, 240, 262
Luiz (König von Portugal) 57
Lütkehaus, Ludger 279, 282
Lützeler, Heinrich 175

Mahnert, Paul 237
Mahnert, Leni 237
Maria die Katholische (Königin von England) 122
Maria Stewart 122
Maria Theresia (Kaiserin von Österreich) 96, 191, 258

Maria von Ungarn 67
Maulbecker, Hildegard 8
Marwitz, von der 189
Mayer, Joseph 14, 126, 214, 215, 224, 256
Meier, Pirmin A. 242, 274, 275, 280, 281
Meitner, Lise 260
Mell, Max 260–261, 265
Mesmer, Anton 13
Michelangelo 32
Moissi, Alexander 167
Moltke, Helmut Graf 252
Moltke, Helmuth James Graf von 144, 182
Mönig, Klaus 279
Moritz von Sachsen 67
Morus, Thomas 243
Mozart, Wolfgang Amadeus 261 f.
Müller, Max 178
Münchhausen, Thankmar von 8, 163
Muth, Karl 139

Napoleon I. 86
Napoleon III. 9
Nassau, Adolf von 70
Niedermayer, Franz 224
Niemöller, Martin 200
Nietzsche, Friedrich 8, 17, 31, 50, 51, 75, 83, 84, 105, 113, 146, 187, 188, 212, 230, 263
Northoff, Gerda 8

Oranien, Wilhelm von 63, 67, 68, 93, 102, 119, 127, 191, 230
Otto von Bamberg 128, 129
Otto d. Gr. (Deutscher Kaiser) 127, 128
Otto IV. (Deutscher König) 77, 78, 80, 81
Otto von Wittelsbach 77

Parr, Katharina 121
Pascal, Blaise 50
Pechel, Rudolf 107, 243
Penn, William 236
Perels, Christoph 276
Philipp II. (König von Spanien) 60–61, 63–68, 93, 102, 104, 120, 127, 132, 137, 191

Philipp von Schwaben 77, 79
Picard, Max 205
Planck, Max 263
Plotzek, Sr. Maria Felicitas OCD 8
Portmann, Adolf 263
Preysing, Conrad Graf 144
Przywara, Erich SJ 216, 223, 228, 257, 266, 280

Radetzky, Joseph 233
Raimund, Ferdinand 265
Rast, Josef 220, 238, 274
Rath, vom 154
Reddemann, Karl Wilhelm 274, 275
Rée, Paul 51
Rembrandt Harmensz van Rijn 32
Richard II. (König von England) 132
Richenza (Deutsche Kaiserin, Gemahlin Lothars von Supplinburg) 129
Ritter, Gerhard 200
Röhm, Ernst 107, 111, 144
Rösel 61
Rossé, Joseph 175, 176, 182
Rousseau, Jean Jacques 85, 236

Saint-Pierre, Charles de 236
Salazar, Antonio Oliveira 228
Scharnhorst, Gerhard von 98, 233
Schaukal, Lotte von 269
Schaukal, Richard von 264
Schelling, Friedrich Wilhelm Joseph 85, 187
Scherer, Bruno 273
Schiller, Friedrich 31, 85, 129, 229, 235
Schleicher, Kurt von 151
Schlieffen, Alfred Graf von 233
Schmidt, Elisabeth 103, 276
Schmidt-Noerr, Friedrich 146
Schmitt, Franz Anselm, und Scherer, Bruno 273, 274, 275, 276, 277, 278, 279, 280, 282
Schnack, Friedrich 61
Schneider, Karl 13
Schneider, Wilhelm (Willy) 9, 13, 15, 183
Schneider, Wilhelma, geb.

Messmer, später: Mayer, verw. Schneider 9, 215, 219, 255–256
Schneider Willy (Wilhelm Rudolf), auch A. W. (Ander Wuz) genannt 12, 17, 20, 22, 23, 24, 26, 27, 43, 44, 61, 224, 238, 273, 274, 280
Scholz, Wilhelm von 146
Schopenhauer, Arthur 7, 17, 48, 49, 50, 51, 212, 263
Schröder, Rudolf Alexander 143, 216
Schultz, Walter 179, 180
Schuman, Robert 176
Schumann, Clara 161
Schweinichen, Heinrich von 175, 176, 220
Schweitzer, Albert 223, 234
Seghers, Anna 227
Segni, Graf Lothar von (Innozenz III.) 78
Seiterich, Eugen 269
Sepulveda, Ginés de 150, 153, 191
Singer, Friedrich 33, 44, 61, 171, 274, 280
Sophokles 150
Spalatin 240
Spranger, Eduard 189
Staupitz, Johann von 160
Stein, Freiherr vom 98
Stein, Brigitte (Stieftochter von Jochen Klepper) 151, 163
Stein, Renate (Stieftochter von Jochen Klepper) 151, 163, 181
Steinle, Jürgen 8, 107, 207, 244, 276, 279, 280, 281
Straßmann, Fritz 260
Strindberg, August 26, 231
Suttner, Bertha von 252

Taube, Otto von 32, 144, 204
Teresa von Ávila 65, 66

Thomas von Aquin 234
Tullius Aufidius 159
Turene, Henri Vicomte de 233

Uhse, Bodo 202
Unamuno, Miguel de 30–33, 50–51, 54, 55, 212, 262, 274, 275
Vittoria Colonna (Marchesa von Pescara) 24

Wagner, Richard 71
Walther von der Vogelweide 77
Wesley, John 126
Wessel, Helene 209
Whitman, Walt 31
Wiechert, Ernst 161, 162, 278
Wilhelm der Eroberer 118
Wilhelm I. (König von Preußen, Deutscher Kaiser) 9, 131, 251, 254
Wilhelm II. (König von Preußen, Deutscher Kaiser) 9, 16, 131, 145, 162
Willaredt, Rolf 274, 275, 276
Winnig, August 144
Winterswyl, Ludwig 175, 178
Wolde, Ludwig 178
Wolf, Erik 178, 200
Wurm, Theophil 213

Yorck von Wartenburg, Gräfin 204
Yorck von Wartenburg, Peter Graf 144, 182

Zarathustra 157
Ziegler, Leopold 143, 148 159, 175, 179, 218, 227, 278, 279, 280
Zieten, Hans Joachim von 189
Zimmermann, Ingo 279, 281
Zuckmayer, Carl 265

Von derselben Autorin

Edith Stein
Ein Leben. 1991.
336 Seiten. Gebunden. DM 48,– / öS 375,– / SFr. 49.20. ISBN 3-429-01495-6.

„Zum hundertsten Geburtstag der seligen Edith Stein haben wir endlich eine Biographie erhalten, aus der mehr zu erfahren ist, als daß sie konvertierte Jüdin war und von den Nazis in Auschwitz ins Gas geschickt wurde. Manche fromme Literatur, die vor vier Jahren anläßlich ihrer Seligsprechung erschien, beschränkte sich weitgehend auf diese Fakten. Dabei wissen wir von ihren letzten Lebenstagen fast nichts und von ihrem Tod nicht einmal das sichere Datum. Und mit der inneren Geschichte ihrer Konversion ist es ähnlich [...] Aber was für ein Mensch sie war, welchen geistigen Weg sie durchschritten hat von der pubertären Glaubensferne über die Husserlsche Phänomenologie bis zur durchdachten und gelebten Interpretation der Kreuzeswissenschaft des Johannes vom Kreuz – darüber wird man nun in der neuen Biographie von Cordula Koepcke gründlich und kompetent informiert. Man erfährt dabei nicht nur Neues, sondern Überraschendes, mancher möchte vielleicht sogar sagen Befremdliches [...] Wenn man das aber so liest, kommt die nächste Überraschung: Diese heute fast antiquiert scheinende Gedankenwelt [der Neuscholastik] wärmt das Herz mehr als die heute mit so viel Anspruch auf Unfehlbarkeit vorgetragene Rationalität der ‚Fortschrittlichen'. Edith Stein könnte zur Einladung werden, die Catholica der zwanziger und dreißiger Jahre wieder zu lesen [...]
Behutsam geht die (evangelische) Verfasserin dieser Biographie der Frage nach, warum Edith Steins Konversion zum Christentum in die katholische Kirche führte, nicht die evangelische Konfession [...] Am Beispiel Edith Steins wird sichtbar, welche Faszination von der katholischen Kirche im Deutschland der Zeit nach dem Ersten Weltkrieg ausging und wie diese Kirche Werkzeug Gottes sein konnte, einen Menschen so im Glauben zu verwurzeln, daß er die Kraft fand zur Hingabe bis in den Tod."
Lebendige Seelsorge

„echter"-Bücher erhalten Sie bei Ihrem Buchhändler!